수학교육학총서시리즈 Ⓑ 수학교육과정론 1

변수 개념의 분석 및 교수-학습

김남희 지음

경문사

머리말

학생들에게 수학을 의미있게 지도하고자 하는 수학 교사는 수학적 개념에 대한 충실한 이해를 할 필요가 있습니다.

학교수학에서 다루는 여러 가지 주요 개념들을 대상으로 하여 그 개념의 본질이 무엇인지를 탐구하고 다양한 관점에서 교수학적 분석을 행한 교사만이 교실 수업에서 수학적 개념의 심층을 의미있게 드러내어 지도할 수 있습니다.

이 책은 대수 중심의 학교 수학을 이해하는데 중요한 역할을 하는 기본 개념인 변수 개념을 논의의 대상으로 하여 변수 개념을 분석하고 변수 개념의 학습-지도 방향을 탐색한 것입니다.

변수는 풍부한 개념적 구조를 갖는 복합 개념으로 하나의 패러다임으로 지도할 수 있는 단일 차원의 개념이 아니라 다각도로 접근해야 그 풍부한 의미가 살아날 수 있는 다차원적인 개념입니다. 그러나 현재의 학교수학에서는 변수 개념의 의미를 적절히 다루지 않은 채 단순한 자리지기로 제시하는 경향이 있으며, 그 결과 학생들은 변수 개념을 이해하지 못한 채 단지 형식적 조작의 대상으로 다루는 도구적 이해 수준에 머물러 있다는 문제점이 제기되어 왔습니다. 이 책에서는 이러한 문제 의식에서 출발하여 변수 개념을 다각도로 분석하여 변수 개념 지도에 관한 선행 연구와 변수 개념 지도의 실제를 평가하고 반성하기 위한 이론적 토대의 구축을 시도하였습니다. 그리고 변수 개념 지도의 실태에 대한 평가와 반성을 통해 변수 개념의 지도를 개선하는 발전적인 대안을 제시하고자 하였습니다.

다양한 수학적 상황에서 여러 가지 의미로 사용되고 있는 변수는 수학의 전개 과정에서 단순한 기호의 조작으로 처리되기 쉬우며 그 이면에 있는 변수의 의미에 대한 고려에 소홀해지기 쉽습니다. 이 책에서는 변수 개념의 형식주의적인 지도 방식의 문제점을 밝히고 역사 발생적 원리에 입각한 변수 개념 지도의 방향을 제시하였습니다. 나아가 변수 개념의 지도 방향을 구체화하여 초, 중등학교에서 지도되어야 할 변수 개념의 내용과 지도 방법을 구체적으로 예시하였습니다.

이 책은 1997년 서울대학교 대학원에 제출한 저의 박사학위논문 〈변수 개념의 교수학적 분석 및 학습 지도 방향 탐색〉의 내용을 재구성한 것입니다. 박사학위논문의 짜임새를 그대로 유지하면서 그 내용의 일부를 다소 수정·보완을 하였습니다. 이 과정에서 박사학위논문의 후속 연구인 〈변수(문자)의 의미 이해를 위한 고찰(1997)〉, 〈학교수학의 변수 개념 학습과 관련된 몇 가지 지도 문제에 대하여(1999)〉, 〈제7차 수학과 교육과정 [7-가] 단계의 변수 개념 지도에 관한 교수학적 논의(2001)〉, 〈매개변수 개념의 교수-학습에 관한 연구(2004)〉의 내용 일부를 박사학위논문의 해당 내용과 연계시켜 제시하였습니다. 특히, 제7차 교육과정의 개정으로 인해 새롭게 첨가해야 할 내용들은 이는 IV장에 별도의 절을 만들어 제시하였습니다.

이 책을 처음부터 끝까지 순서대로 읽는 것이 가장 바람직하겠지만, 선생님들의 관심 연구 분야나 필요에 따라 해당 부분을 선택적으로 읽으셔도 무방합니다. 예를 들어, 수학적 개념의 교수학적 분석을 참고하실 분은 III장을, 교육과정과 교과서 분석 또는 조사연구의 사례를 참고하실 분은 IV장을 선택하여 읽으실 수 있습니다. 이 책은 국내·외의 선행 연구 논문들을 읽고 그 내용들을 분석하여 저자의 이해 수준에서 종합하고 해석한 것이므로 부족한 부분이나 보완해야 할 부분이 있으시면 독자들께서 지적해 주시고 가르쳐주시기를 감히 부탁드립니다. 아무쪼록, 이 책이 수학적 개념의 교수학적 분석과 교수-학습의 문제를 논의하고자 하는 분들께 작으나마 도움이 될 수 있기를 희망합니다.

끝으로 수학교육학을 연구하는 자의 삶의 자세는 어떠해야 하는지를 몸소 보여주시고, 부족한 제가 수학교육학이라는 학문의 길로 잘 걸어갈 수 있도록 자상하게 이끌어주시는 저의 지도교수님이신 우정호 교수님께 깊이 감사드립니다.

2009년 5월

김남희

차례

I

서론

대수적 이해의 핵심적 요소로 작용하는 변수는 학생들이 대수 중심의 학교 수학을 이해하는데 중요한 역할을 하는 기본 개념이다. 변수 개념을 올바로 이해하는 것은 산술에서 대수로의 이행을 위한 기초가 될 뿐만 아니라 수많은 수학적 아이디어를 이해하기 위한 토대가 되며 고등수학을 의미 있게 학습하기 위한 밑거름이 된다(Schoenfeld & Arcavi, 1988, p.420; Ericksen, 1988, p.2). 따라서 변수 개념은 수학 학습의 기초가 되는 핵심적인 개념이라고 할 수 있다. 변수 개념의 이러한 중요성으로 인해 수학교육자들은 변수 개념을 학생들이 분명히 이해해야 할 필요성이 있다는 것에 대해 의견의 일치를 보이고 있다. 그러나 변수 개념의 정의에는 명백한 합의가 이루어지지 못한 것이 사실이다. 그것은 변수가 다양한 수학적 문맥에서 서로 다른 여러 가지 양상으로 나타나는 다면적인 개념이기 때문이다(Wagner & Parke, 1993, p.123).

변수 개념은 그 특징에 따라 크게 동적인 측면과 정적인 측면으로 구분된다. 변수의 동적인 측면은 실제로 변하거나 변하는 것으로 가정되는 대상의 운동학적 상태를 나타내는 것이고, 변수의 정적인 측면은 동치인 여러 대상을 동시에 나타내는 것이다. 동적이든 정적이든 변수는 두 가지 의미 즉, '변한다'는 의미와 '대신한다'는 의미를 함의하고 있다. 변수의 이러한 동적, 정적 측면은 역사적으로 그 발생의 뿌리가 깊다.

역사적으로 보면, 변화에 대한 인간의 의식에서 출발한 변수는 실제로 변하거나 변하는 것으로 가정되는 변하는 대상으로 그리고 언어 활동 속에서는 일단의 상황을 동시에 고려하는 수단으로, 특히 수학에서는 패턴을 일반화하는 도구로 사용되어 왔다. 그러나 학교수학에서는 변수 개념 발생의 근원이 생명력 있게 드러나지 못하고 계산 중심인 알고리즘 학습 위주의 경향으로 변수는 방정식의 해에 대한 자리지기(place holder)로 쓰이는 문자로 간주되고 있다. 또한 과제→산출 식의 절차적 관점에 따라 변수는 그 의미에 대한 고려 없이 형식적 조작의 대상으로 다루어지는 경우도 많다. 이러한 학습상황에서 학생들은 변수의 본질적인 의미를 충분히 경험하지 못하기 때문에 변수의 형식적인 처리는 학생들에게 실질적인 의미를 주기 어렵다. 이에 따라 학생들은 변수 기호에 적절한 수학적 아이디어를 연결시키지 못하고 의미 없는 기호조작을 기계적으로 행할 뿐 그 수학적 의미를 진정으로 학습하지 못하게 되는 것이다.

변수의 다양한 의미를 가린 채 변수를 형식적 조작의 대상으로 다룸으로써 변수 개념에 대한 학생들의 이해 상태에 대한 의문이 여러 차례 제기되어, 그 동안 학생들이 변수를 사용하는 방식과 변수를 인식하는 상태에 대한 연구가 계속 진행되어 왔다(Davis, 1975; Rosnick, 1981; Küchemann, 1981; Kieran, 1989, 1992; Eisenberg, 1991). 이제까지 진행되어 온 변수 개념에 관한 연구 결과를 살펴보면 변수가 수학 학습에서 차지하고 있는 중요성에도 불구하고 학생들은 변수의 의미를 올바르게 파악하고 있지 못하며 변수의 다양한 역할 또한 불완전하게 이해하고 있다는 사실이 드러났다. 또한 학생들이 변수의 표현과 변수의 사용 방식에 상당한 어려움을 갖고 있다는 것도 지적되어 왔다. 그럼에도 불구하고 우리는 학생들이 변수를 포함하고 있는 문제를 조작적으로 혹은 기계적으로 바르게 해결하는 경우를 흔히 보게 된다. 학생들은 방정식의 풀이를 형식적 조작을 통해 잘 다룰 수 있으면서도 문자에 대한 이해는 올바르게 하지 못하는 경우가 있는 것이다(Küchemann, 1981, pp.102-119). 그러한 학생들은 변수 기호의 밑바탕에 깔려있는 개념적 지식에 대한 이해가 결핍된 상태로 기호 조작을 행하고 있는 것이다. 이러한 사실은 학생들이 비록 형식적인 수학적 언어를 받아들이고 대수의 규칙을 조작하고 있다 할지라도, 기호와 그 절차에 적절한 의미를 부여하는 개념적 지식을 갖고 있지 못하다는 것을 말해주는 것이다. 이들에게 변수는 변화하는 대상을 수학적으로 다루기 위한 수단, 패턴을 일반화하는 수단이 아니라 기계적 조작이 행해지는 의미 없는 기호일 뿐이다. 이는 변수 개념 발생의 근원과 그 의미의 풍부함이 학교수학에서 생명력 있게 드러나지 못함으로써 학생들이 변수의 본질적인 의미를 충분히 경험하지 못하고 있다는 사실을 그대로 반영하고 있는 것이다. 이러한 학습상황에서 학생들은 변수라는 개념적 수단을 통해 변하는 현상을 볼 수 있는 안목을 형성하지 못하게 되고 변수 기호의 형식적인 처리는 학생들에게 실질적인 의미를 주기 어렵게 된다. 또한 학생들은 변수 개념을 내면화하지 못함으로써 대수적인 표현을 의미 있게 받아들이지 못하고 수학에서 변수사용을 통해서 얻을 수 있는 많은 이점을 경험하지 못하게 된다. 그에 따라 학생들은 수학에서 변수 기호가 사용되는 추상적인 개념에 적절한 아이디어를 연결시키지 못하게 되고 이는 계속적인 수학 학습에 커다란 장애 요인이 되는 것이다.

학생들이 변수 개념을 올바로 이해하고 있지 못하다는 것은 변수 개념의 추상적 성질과 수학에서 문자가 다양하게 사용된다는 사실을 고려해 볼 때 어쩌면 필연적인 결과일지도 모르지만, 적어도 학교수학에서 그러한 결과를 완화시키기 위한 노력을 해 오지 않았다는 것이 일반적인 견해이다(Skemp, 1971; Freudenthal, 1983; Schoenfeld & Arcavi, 1988). Skemp(1971)는 학교수학에서 변수에 대한 아이디어를 여러 가지 수학적 상황에서 암묵적으로 사용해 왔다는 점을 지적하면서 변수는 대수의 핵심적인 개념이므로 직관적 수준에서 제시될 것이 아니라 반성적 수준에서 다루어져야 한다고 주장한다. Schoenfeld와 Arcavi(1988)는 변수는 그 형식적인 정의를 제시함과 동시에 그 의미가 곧바로 전달될 수 있는 단순한 개념이 아님에도 불구하고 그러한 문제점에 주의를 기울이지 않고 있다고 지적하고 있다. Freudenthal(1983)은 전통적으로 학교수학에서는 학생들이 형식적인 대수언어를 잘 다룰 수 있도록 훈련시키는 것에만 치중해왔으며 의미 있는 문제를 해결하기 위해서 대수의 언어가 어떻게 사용될 수 있는지를 이해시키는 것에는 소홀했음을 지적하고 있다. 그는 교사가 수업 중에 a, b, x, y 등의 문자를 사용할 때 문자의 복합적인 의미나 다양한 사용법에 대한 설명 없이 그것들을 거의 자동적인 방식으로 다루고 있다는 것을 지적하면서, 변수를 그 의미에 대한 고려 없이 자동적으로 도입하여 사용하는 것은 변수 개념의 근원에 대한 의식을 방해한다는 것을 다음과 같은 표현으로 말하고 있다.

"나는 통찰의 근원이 자동화에 의해서 방해받을 수 있다는 것을—다른 사람에게서 심지어는 나 자신에게서도—관찰하였다. 우리는 어떤 활동을 아주 완전하게 숙달하고 나면 '왜? 어떻게?'에 대한 질문은 더 이상 요구되지 않고, 요구될 수도 없고 심지어는 의미 있고 적절한 질문으로 여겨지지도 않는다(Freudenthal, 1983, p.469)."

Wagner(1983)는 수학에서 변수로 사용되어지는 다양한 문자의 사용법에 대해 설명하고 있다. 이를테면 방정식 $x+2=2+3x$ 에서 사용된 문자 x 는 특정한 수를 대신하는 미지수로 사용된 변수이고, 부정방정식 $x+2=2+x$ 에서 사용된 문자 x 는 임의의 수를 대신하는 미지수로 사용된 변수이다. 또한 함수 $y=2x$ 에서 사용된 문자 x ,y 는 각각 독립변수, 종속변수로 해석되고, 덧셈에 대한 역원의 성질을 나타내는 식 $x+(-x)=0$ 에서 사용된 문자 x 는 패턴을 일반화하는 도구로 사용되고 있다. 임의의 점 A, 임의의 명제 p, q 와 같이 변수가 기하학적 대상이나 논리적 대상을 대신하여 사용되는 경우도 있다. 이러한 다양한 문자 사용법은 변수가 수학적 문맥에서 다양한 방식으로 다루어지고 있다는 것을 나타내는 것이다. 사실 위와 같이 사용된 문자들을 '변수'라는 하나의 용어 속에 한데 묶는 것은 그들 사이에 유일하게 존재하는 공통된 성질인 '추상성'에만 관심을 집중시킨 것이다. 변수가 지나치게 일반화된 개념으로 정의되면서 변수 개념은 학생들에게 모호해지는 것이다. 수학자들은 변수가 사용되어지는 문맥에 따라서 문자의 의미를 이해할 수 있지만 학생들의 사고는 수학자들의 사고처럼 그렇게 유연한 것은 아니다. Skemp는

"수학을 이해하는 사람들(수학적인 기호에 수학적 의미를 올바로 부여할 수 있는 사람들)은 수학적인 기호를 뛰어 넘어서 관련된 수학적 아이디어로 진행할 때, 기호 그 자체에 별로 주의를 기울이지 않는다. 그러나, 수학을 이해하지 못하는 사람들은 수학 기호를 뛰어 넘어서 생각하지는 못한다"

라고 말하면서 수학에서 다루어지는 문자의 여러 가지 사용법은 충분한 설명을 통해서 학생들에게 제시해야 함을 강조하고 있다(Skemp, 1982, p.204). 이러한 맥락에서 보았을 때, 수학에서 변수의 사용법을 학생들에게 소개하는 방법에 대한 재평가가 필요함을 주장하게 된다. 이러한 주장은 말할 필요도 없이 학생들이 변수 개념을 진정으로 '이해'하도록 하기 위해서 학교수학에서는 변수 개념을 어떻게 지도해 나아가야 하는가에 대한 해답을 얻는 것을 목표로 하는 것이다. 이 책에서는 이러한 목표에 도달하기 위한 과정으로 다음과 같은 단계를 설정하였다.

첫째, 수학적 개념을 진정으로 '이해한다'는 것이 어떠한 것이며, 그를 위한 학습-지도는 어떻게 이루어져야 하는가에 대한 탐색을 통해, 변수 개념에 대한 학생들의 이해의 과정을 좀더 효과적으로 진행시킬 수 있는 지도 방법을 모색해 보고자 하였다. 일반적으로 어떤 개념을 이해한다는 것은 그 개념에 관한 형식적 정의 또는 그 개념을 언어적으로 표현할 수 있다는 것만을 뜻하는 것이 아니라, 현실 경험 속에서 접하는 구체적인 대상을 그 개념의 사례로서 인식할 수 있다는 것을 뜻한다. 따라서 변수 개념을 이해한다는 것도 변수에 대한 정의나 설명을 할 수 있을 뿐만 아니라 다양한 수학적 문맥에서 변수의 속성을 지닌 대상들을

접할 때마다 그것을 변수라는 추상적인 개념을 통해서 볼 수 있는 능력까지도 가지고 있음을 의미하는 것이다. 이러한 능력이 갖추어져 있을 때 학생들은 비로소 변수 개념을 이해하여 그것을 다양한 맥락에서 사용할 수 있고 필요한 경우 변수를 이용하여 주어진 상황을 수학적으로 조직해 나갈 수 있는 것이다. 이는 변수 개념 지도에서 변수라는 개념적 수단을 통해 변하는 현상을 볼 수 있는 안목의 형성을 중요시하여야 한다는 것을 의미한다. 그러한 안목의 형성을 위해서는 개념의 본질로부터 출발한 지도 방법이 효과적이라는 주장을 Fischer(1984)의 열린 수학 이론과 Freudenthal(1983)의 교수학적 현상학 이론에서 찾아볼 수 있다. Fischer의 열린 수학 이론과 Freudenthal의 교수학적 현상학 이론의 기본 골격은 개념의 본질과 그에 의해 조직되는 현상 및 학습자의 능동적인 참여를 중요시하면서, 개념은 발생 상태 혹은 발생 배경과 관련되어 도입되어야 학습자가 쉽게 이해할 수 있으므로 형식화된 개념을 지도할 때에는 그 개념의 본질로부터 접근해 가는 것이 효과적이라는 것이다. 이는 학교수학에서는 수학적 개념을 최종적으로 다듬어진 결과로서 가르쳐서는 안되고 그 이면에 있는 핵심원리 즉 본질을 현상과 관련지어서 도입하면서, 학습자가 '결과로서의 수학'을 만들어 가는 활동을 경험할 수 있도록 지도하는 것이 중요하다는 주장이며, 학교수학의 현대 수학화를 통해 등장한 '새수학'의 형식주의적 지도방식을 거부한다는 점에서 공통된 입장을 보이고 있다.

이 책에서는 둘째로, 변수 개념의 본질을 분석하여 학교수학에서의 변수 개념의 학습과 지도에 대한 평가와 반성을 위한 이론적 토대를 마련하고자 하였다. 변수 개념의 본질은 그것이 어떠한 현상을 조직하기 위한 필요성에서 창안된 것인지를 검토해 봄으로써 파악될 수 있다. 이 책에서는 먼저 변수를 언어학적 측면에서 고찰하여 변수가 의사소통이 이루어지는 사회적 맥락에서 필연적으로 나타나는 하나의 언어학적 현상임을 밝힌 후, 수학에서는 '변화의 설명'과 '일단의 상황 동시 고려'라는 언어적 근원을 가지면서 변하는 대상과 다가(多價)이름의 두 가지 본질로 정리됨을 보이고자 하였다. 그리고 현대 학교수학에서는 변수가 그 표층적 차원에서 단순한 자리지기로 규정되면서 변수의 심층 즉 변수의 본질이 가려지고 있음을 지적하고 변하는 대상과 다가이름의 두 가지 본질을 강조해야 할 이론적 근거를 제시하고자 하였다. 다음에는 변수 개념의 수학적 분석을 통해 변수의 본질이 실제 수학의 문맥에서 어떠한 의미와 어떠한 양상으로 재조직화되어 나타나고 있는지를 살펴보고자 하였다. 이를 위해 구체적인 문제 상황에서 변수가 갖는 의미가 어떻게 정의되고 있으며 변수라는 추상적 개념 아래 정돈되는 문자 사용의 제 측면에는 어떠한 것들이 있는지를 살펴보고자 한다. 변수에 대한 형식적 정의는 변하는 대상 → 집합의 원소의 총칭 → 대상에 대한 일반적인 기호의 변화 과정을 겪으면서 현대에 와서는 다양한 정의가 혼합되면서 여러 가지 문제 상황에 적용될 수 있는 포괄적인 의미로 사용되고 있음을 보이고 변수로 사용되는 문자 역시 다양한 문제 상황에서 여러 가지 양상으로 나타나고 있음을 밝히고자 하였다. 이러한 입장에서 볼 때 학교수학에서 변수 개념을 한가지로 정의하여 단순화시키는 것은 적절하지 않다. 그리고 이 책에서는 변수 개념의 심리학적 분석을 통해 변수 표현의 중심이 되는 문자의 이해 수준을 밝히고 이를 Piaget의 인지 발달 이론에 따른 인지 수준에 대응시켜 고찰하면서 변수 개념 이해에서 나타나는 인지적 장애의 유형을 살펴보고자 하였다. 변수 개념의 이해는 일반화된 개념적 사고와 반성적 사고를 할 수 있는 형식적 조작 단계에 이르러야 가능해지지만, 중등학교 학생들이 변수 개념에 대한 이해가 불완전함에 주목하여 그들이 겪고 있는 인지적 장애의 다양한 유형을 밝히면서 그 배후에 있는 변수에 대한 이미지를 확인하고 인지적 장애를 유발하는 그릇된 개념 이미지의 형성 원인을 찾아보고자 하였다. 그리고 그러한 인지적 장애를 해결하기 위한 방안으로 컴퓨터 프로그래밍 경험이 아동의 변수 개념 발달에 미치는 영향에 대한 선행 연구의 결과를 토대로 컴퓨터 프로그래밍 맥락에서의 변수 개념 학습의 가능성에 관한 문제를 고찰하였다. 이어서 이 책에서는 변수 개념의 역사 발생적 분석을 통해 대수적 사고의 역사적 발달과정을 통해서 변수 개념이 어떻게 구조화되어 왔는가를 고찰하였다. 그 과정에서 특히 대수적 사고의 발달사가 변수 개념 지도에 주는 함의점에 주목하고자 하였다. 또한 이 책에서는 학교수학에서의 변수 개념의 학습 수준에 대해 논의하였다. van Hiele(1986)의 수학 학습 수준 이론에 비추어 변수 개념의 학습 수준에 대해 논의하고 그를 바탕으로 변수 개념의 위계적 관계 구조를 구성해 보고자 하였다. 그 과정에서 변수 개념의 학습은 변수의 형식적 정의를 도입하면서 갑자기 시작되는 것이 아니라 개념이 정의되기 훨씬 이전부터 변수 개념을 구성하기 위한 구체적인 활동이 존재하여 그 활동을 바탕으로 한 거듭되는 반성과 의식화에 의해 변수의 본질을 점진적으로 형식화해 나가는 과정임을 보이고자 하였다.

이 책에서는 셋째로, 이상과 같은 분석을 통해 얻은 변수 개념에 대한 이론적 배경을 바탕으로 실제로 학교수학에서 변수가 어떻게 지도되고 있는가를 확인해 보고자 하였다. 변수 개념 지도의 실태를 확인하는 첫 번째 단계로 교사의 변수 개념에 대한 이해 상태 다시 말하면, 구체적으로 교사들이 변수 개념을 어떻게 정의하고 설명하는지, 변수 개념을 학생들에게 어떻게 가르치고 있는지, 변수 개념의 본질에 대한 이해 상태는 어떠한지, 변수 사용의 제 측면을 얼마나 잘 파악하고 있는지를 조사하였다. 변수 개념 지도의 실태를 확인하기 위한 두 번째 단계로 변수 개념을 교수학적으로 변환하여 명시적으로 제시하고 있는 교과서의 내용을 검토하는 교과서 분석을 행하였다. 먼저 각 교육과정기에 사용되어진 중학교 수학 교과서를 분석하여 교육과정 변화의 흐름을 통해 변수 개념의 본질과 그 의미가 어떻게 다루어져 왔고 변수의 어떠한 측면이 부각되어 왔는가를 살펴 본 후, 초, 중등학교 수학 교과서를 분석하여 변수 개념이 초등학교 시기에서부터 중등학교 시기에 이르기까지 어떠한 지도 계열로 어떻게 도입되고 있는가를 밝히고자 하였다. 이는 학교 수학이 변수 개념의 다양한 측면 가운데 어떠한 내용을 어떠한 순서로 다루고 있으며 학생들에게 변수 개념의 본질을 인식시키도록 그 내용을 어떻게 조직하고 있는가를 확인하기 위함이다. 한편, 제7차 교육과정의 교과서 분석을 통해 학교수학에서 변수 개념 형성에 영향을 줄 수 있는 지도 내용을 살펴보고, 교과서에서 다루는 변수의 형식적인 처리의 문제점을 드러내고자 하였다.

마지막으로 이 책에서는 이상과 같은 분석을 종합하여 학교수학에서의 변수 개념의 지도 방향을 제시하고자 하였다. 학교수학에서의 변수 개념 지도는 변수의 본질을 바탕으로 하여 변수 개념의 풍부함과 그 의미의 다양성을 생명력 있게 다루어 나아가야 하며 이를 위한 지도과정은 오랜 시간에 걸친 신중한 학습 계획에 의해서 변수 개념의 학습 수준에 따라 변수의 본질을 점진적으로 형식화해 나아가는 과정으로 이루어져야 할 것이다. 이러한 생각을 바탕으로 이 책에서는 변수 개념 지도의 실태에 대한 확인, 반성을 통해 '새수학'의 기본 철학을 반영하고 있는 현재의 형식주의적인 개념 지도방식은 적절히 수정, 보완될 필요가 있음을 밝히고 그에 대한 대안으로 Fischer와 Freudenthal이 주장하는 수학적 개념의 재발명에 의한 역사 발생적인 지도방식을 제안하면서 그에 입각한 변수 개념 지도 방향을 제안하였다. 그리고 변수 개념의 학습 수준과 그 위계적 관계 구조를 바탕으로, 제안된 지도 방향에 따라 실제로 초·중등학교 시기에서 지도되어야 할 변수 개념에 관한 내용과 그 지도 방법을 연구 제시하였다.

II.

수학적 개념의 지도

본 장에서는 변수 개념에 대한 학생들의 이해를 심화시키기 위한 학습-지도 방향에 대하여 논의하기에 앞서 그에 필요한 이론적 고찰을 시도한다.

먼저 제1절에서는 수학적 개념을 진정으로 '이해한다'는 것이 무엇을 의미하는 것인가에 대해 논의하고, 개념 이해를 돕기 위해 수학 학습 활동은 어떻게 조직되어야 하는가에 대해 논의한다. 개념의 진정한 이해는 개념의 기저가 되는 아이디어를 내면화하여 상황을 볼 수 있는 안목의 형성을 전제로 한다. 제2절에서는 수학적 개념의 이해를 위한 학습 지도의 방향을 모색하기 위해 Fischer의 열린 수학 이론과 Freudenthal의 교수학적 현상학에 대해 검토한다. 그리고 이로부터 바람직한 변수 개념 지도 방향을 설정하기 위한 아이디어를 찾아보고자 한다.

1. 수학적 개념의 '이해'

Kant(1956)에 의하면 일반적으로 개념을 '이해'하고 있다는 것은 어떤 특정한 대상을 이미 알고 있는 개념의 사례로 인식할 수 있다는 것을 의미한다. 그것은 어떠한 경험적 대상을 보편적인 개념의 사례로 받아들일 수 있는 즉, 구체적인 사례들을 추상적인 개념을 통해서 볼 수 있다는 것을 의미한다. 그것은 어떤 구체적 대상을 이미 주어진 규칙의 사례로 인식함과 동시에 어떤 조건에서 개념이 적용될 수 있는지를 아는 것이라고도 할 수 있다.

어떠한 대상을 어느 한 개념의 사례로 안다는 것은 그 대상에 대해서 그 개념에 대한 자신의 지식이 적절하게 적용되는지를 아는 것이다. 학습자가 어떤 대상이 개념 X에 해당된다는 것을 언어적 수준에서 형식적으로 설명할 수 있다고 해서 그가 X라는 개념을 알고 있다고 말할 수는 없다(김승호, 1987, p.71). 변수 개념을 예로 들자면 학습자가 "변수에는 독립변수, 종속변수, 매개변수, 미지수, 부정소(indeterminate) 등이 있다"라는 표현을 하였다고 해서 그가 변수 개념을 알고 있다고 할 수는 없다는 것이다. 학습자가 진정으로 변수 개념을 이해하고 있다는 것은 수학적 상황에서 표현된 구체적인 변수—독립변수, 종속변수, 매개변수, 미지수, 부정소 등—에 접했을 때 그것을 '변수'라는 추상적인 개념의 사례로 볼 수 있을 때이다. 또한 학습자가 변수 개념을 알고 있다는 것은 '변하는 어떤 대상을 대신하는 것으로서 일반적으로 문자로 표현되며……' 등과 같은 변수의 속성을 언어적으로 표현할 수 있을 뿐만 아니라 현실 경험 세계 속에서 그러한 속성을 지닌 대상을 대할 때마다 변수 개념을 통해서 그것들을 볼 수 있는 능력까지도 가지고 있음을 의미하는 것이다. 학습자가 X라는 개념을 획득하려면 어떤 대상이 X가 되는 것이 어떠한 것인지에 관한 일종의 추상적 이해와 구체적으로 그와 같은 기준에 들어맞는 사례에 어떤 것들이 있는지에 관한 지식이 요구된다(Hamlyn, 1967, p.208). 학습자가 X라는 개념을 알기 위해서는 'X란 무엇인가' 즉, 형식적 정의에 관한 이해를 해야 할 뿐만 아니라, '어떤 종류의 대상이 X로 간주될 수 있는가' 즉, X가 적용되는 대상에 관한 지식도 함께 가져야만 한다. 개념의 적용은 대부분 사회적 맥락에서 이미 결정되어 있으므로, 학습자는 그가 속해 있는 언어 공동체 내에서 합의되어 있는 개념 적용 방식을 배움으로써 개념을 갖게 된다. 따라서 개념이 실제로 적용될 수 있는 사례들을 볼 수 있는 안목은 경험을 통해서 이루어질 수밖에 없다. 그러므로 교육현장에서는 항상 추상적 개념에 관한 이해와 그것의 구체적 사례에의 적용 사이의 미묘한 균형이 유지되는 일이 요구되는 것이다(김승호, 1987, p.73).

개념의 이해에 대한 위와 같은 Kant식의 설명 속에는 '개념을 통한 대상의 인식'이라는 사고가 그 밑바탕에 깔려 있다. 이는 오늘에 이르기까지 교육학적 사고에 하나의 중요한 흐름을 이루어왔던 경험주의적 인식론의 '대상을 통한 개념의 인식'과는 상반되는 것으로서 논리적으로 X라는 개념이 먼저 형성되어 있어야 경험되는 특정한 대상을 개념 X의 사례로 인식할 수 있다는 것을 강조한다. 이는 학습자는 마음속에 아무런 안목이 없이 대상을 인식할 수는 없기 때문에 학습자의 인식 과정에 있어서 그의 눈에 비치는 가변적인 외적 현상보다 오히려 그것을 보고 해석하는 학습자의 '안'에 있는 인식 능력이 더욱 중요하다는 것을 의미한다. 이러한 의미에서 본다면 학습자의 '안'에 있는 인식 능력은 수학적 개념에 대한 이해의 활동에서 중요시되는 '상황을 보는 안목'에 연결될 수 있는 개념이라고 생각된다.

수학적 개념을 이해했다는 것은 학습의 결과로 학습자에게 관계망이 형성되어서 그것으로 수학 내-외적 상황을 볼 수 있는 안목이 형성되어 필요한 경우 그것으로 상황을 수학적으로 조직할 수 있다는 것을 의미한다(유현주, 1995, p.14)[1]. 여기서 수학적 개념으로 상황을 보는 '안목'을 가지고 있다는 것은 개념에 대한 관계적 이해가 되어 있어서 그 개념을 학습한 맥락과 다른 맥락에서도 사용할 수 있고 수학 내의 다른 분야에서도 논리적 관련성을 가지고 사용할 수 있다는 것을 말한다(Backhouse et al., 1992, pp.91-92). 수학적 개념을 자기 것으로 내면화함으로서 그 개념적 수단을 통해 현상을 볼 수 있는 안목이 생겼을 때 그 개념은 학습자에게 '의미'가 있는 것이다.

개념 이해에 대한 위와 같은 설명에 비추어보면 학습자가 수학적 개념을 진정으로 이해한다는 것은 학습자가 자신의 '안'에 인식 능력 혹은 상황을 보는 안목을 형성함을 의미한다. 그리고 이러한 사실로부터 우리는 학습자의 '안목'의 형성을 위해서 개념 지도가 어떠한 과정을 통해서 이루어져야 하는가 그리고 어떻게 하면 그 과정을 촉진시킬 수 있는가의 문제와 더불어 수학적 개념의 학습지도가 어떠한 출발점으로부터 진행되어 나아가야 하는가에 대한 진지한 반성을 하게 되는 것이다. 이러한 문제에 대하여 Bruner는 학습-지도의 내용이 되어야 하는 교과는 지식의 표층에 해당하는 결과가 아니라 그 표층에 기저해 있는 핵심 원리—그의 용어로는 '지식의 구조[2]'—이며 그것은 현상이나 세계를 탐구하는 과정을 통해 학습시켜야 한다고 주장하면서, 종래의 교육은 지식의 표층에 있는 '사실의 더미'나 학자들의 '탐구 결과'만을 학습하게 했으며 그 지식의 표층 이면에 내재해 있는 지식의 구조를 가르치지 않았기 때문에 지식은 학습자에게 내면화되어 '안목'을 형성하기 어려웠다는 것을 지적하고 있다. 또한 Freudenthal (1983)은 그의 교수학적 현상학에서 개념 학습보다 그 개념의 본질적 측면을 반영하고 있는 현상 속에서 심상의 구성이 선행되어야 한다는 것을 주장하고 있다. Bruner와 Freudenthal의 주장은 어떤 개념이 학습자에 의해서 '그 무엇'으로 인식되기 위해서는 핵심 원리 다시 말하면 개념의 본질이 부각되는 상황 속에서 개

---

1) 수학적 개념의 진정한 이해는 관계망의 형성을 전제로 하고 있다. 어른이든 아이든 어떠한 사실을 이해하려면 그것을 얽을 관계망의 형성을 필요로 한다. 이해의 활동은 먼저 주어진 대상을 마음속에 형성되어 있는 관계망에 얽어보아 자신이 납득할 수 있는 형태로 대상을 재구성하는 것이다(김응태, 박한식, 우정호, 1984, p.182)

2) Bruner는 지식의 구조를 학문의 기저를 이루는 일반적인 아이디어, 원리, 기본 개념이라고 표현하고 있다. 즉, 표면상에 나타나서 눈으로 관찰될 수는 없지만 대상의 저변에 숨겨져서 그 이면에서 그 사건과 현상을 조정하는 규칙이나 원리인 것이다(박재문, 1983, p.68)

념 학습이 이루어져야 한다는 것을 함의하고 있는 것이다. 이러한 입장에서 보면 수학의 학습-지도에서 중요한 목표 중의 하나인 '수학적 개념의 이해' 문제를 해결하기 위해서는 먼저 그 개념의 본질을 밝히고 그에 따라 학습-지도 방향을 구상해야 할 것이다.

2. 수학적 개념의 학습-지도

변수 개념 지도에서 중요시하여야 할 점은 변수라는 개념적 수단을 통해 변하는 상황을 볼 수 있는 안목을 형성하는 것이며 그러한 안목의 형성을 위해서는 개념의 본질로부터 출발한 지도 방법이 효과적이라는 주장은 Fischer와 Freudenthal의 수학 학습 지도 이론에서 좀더 명확히 찾아볼 수 있다. Fischer와 Freudenthal의 이론은 수학적 개념을 지도하는 과정에서 개념의 본질, 그 본질로 조직되는 현상, 학습자의 능동적인 참여를 모두 강조한다. 이들은 수학 학습 지도 방법으로서 재발명 방법을 제안하고 있는데 이는 학습자에게 과정으로서의 수학을 재회복시켜 수학적인 사고 경험을 시킨다는 것을 그 골자로 하고 있다.

변수에 대한 학생들의 이해의 과정을 보다 효과적으로 진행시키기 위해 변수 개념의 밑바탕에 깔린 아이디어를 고려하면서 변수 의미의 다양성을 부각시킨다는 맥락에서 본 연구에서 제안하고자 하는 지도 방향은 Fischer와 Freudenthal의 이론에 의해서 뒷받침된다.

(1) Fischer의 열린 수학

수학 교육 이론은 그림 II-1에서 제시된 바와 같이 학습 주체, 객관적 세계인 실재, 실재에 대한 지식으로서의 이론 사이의 관계에 의해서 다양하게 제시될 수 있다(Kapadia & Borovcnik, 1991, p.5).

Fischer(1984)는 이론이 실재와 주체로부터 완전히 분리되어 있는 상태를 닫힌 수학이라고 표현하고 있는데, 그가 주장하는 열린 수학이라는 것은 닫힌 수학과 대립되는 개념으로 새로운 수학 내용을 학습하는 과정에서 주체의 참여와 수학적 개념을 발전될 때 개재되는 실재를 고려해야 함을 강조한다.

수학에서 이론은 대상과 대상 사이의 관계를 확립하는 것으로서 이론적 개념은 일련의 기호와 규칙에 의해 형식화된다. 그러나 형식화된 수학에서는 개념과 관련된 수많은 관계 중에서 단지 일부분만이 보존된다. 어떤 새로운 정리를

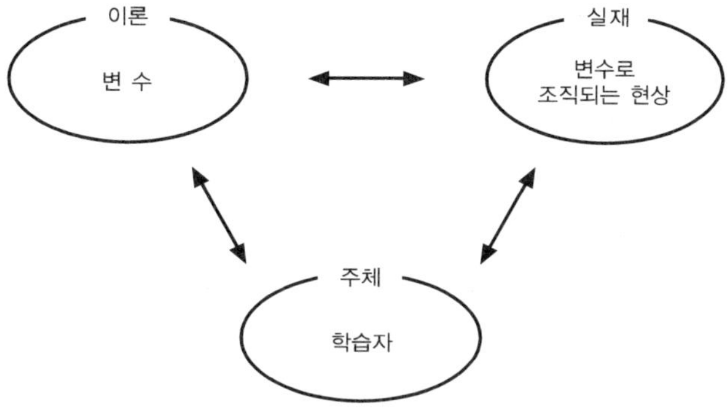

그림 II-1 : 이론, 실재, 주체의 관계 삼각형

이끌어낸 수학자는 기호를 사용하여 나타내기 어려운 많은 아이디어의 스펙트럼을 머리 속에 지니고 있다. 이러한 아이디어들은 당분간 그 정리가 이해되고 인정받기 위해서 필수적으로 고려되지만 그 정리가 형식화된 수학의 형태로 자리를 잡고 나면 곧 잊힌다. 최종적으로 수학적 용어와 기호로 연결된 관계만이 남는 것이다. 이 과정은 이론이 실재와 주체로부터 점차로 분리되고 개념과 관련된 많은 관계들이 배제되면서 진행된다. 수학의 교수-학습에서 개념을 이해하는데 적절하게 사용될 수 있는 수많은 관계들이 배제되는 것이다. 이러한 닫힌 수학의 학습 과정을 쉽게 만들어 보려는 교사는 종종 딜레마에 빠질 수 있다. 일반적으로 닫힌 수학에서는 개념과 관련된 관계들의 스펙트럼이 모호하기도 하고 대상과의 관계의 범위가 확실치 않은데도 불구하고 수학적 개념을 이해하기 위해서는 대상과의 관계를 다시 한번 고려해야 할 필요성을 느끼기 때문이다. 성문화된 수학 학습에서는 객관적인 관계와 주관적인 관계가 서로 복잡하게 엉키게 되는 것이다(김연식 외 3인, 1995, p.237). 열린 수학은 바로 이러한 딜레마를 해결하기 위해 고안된 것이라고 할 수 있다. 열린 수학은 형식화된 수학을 그 발생과정으로 되돌려 발생상태에 있는 수학을 만드는 것이다. 그것은 우리가 어떤 개념과 관련된 많은 관계들을 폭넓게 고려하지 않는다면 그 개념을 모호하게 인식할 뿐 수학을 진정으로 이해할 수 없다는 생각을 나타내고 있는 것이다. 열린 수학은 개념의 밑바탕에 깔린 아이디어에 대한 논의를 통해 닫힌 수학을 개방하고자 하는 시도로서 이는 주위의 환경 즉, 실재와의 관련을 통해 효과적으로 진행된다. Fischer는 이론이나 개념의 배경이 되는 아이디어에 대한 토론을 통해 닫힌 수학을 열도록 시도할 수 있다고 말하고 있다(Kapadia & Borovcnik, 1991, pp.7-10

에서 재인용). 형식적인 개념 또는 이론으로 발전된 최종 상태로 교과서에서 제시되고 있는 형식화된 수학은 그 발생의 맥락에서 연관되어 있는 수많은 관계들 중의 일부분만을 나타내고 있기 때문에 수학을 바르게 이해하고 좀 더 쉽게 파악하기 위해서는 아이디어의 배경을 열어야 한다. 이는 현재 학교수학에서의 변수 개념 지도는 그 발생의 맥락에서 파악되는 본질에 대한 문제를 접어둔 채 대입을 위한 형식적인 도구로서 도입하고 있는데 문제점이 있는 것을 단적으로 지적하고 있는 것이다. Fischer는 열린 수학을 통해서 학생들이 형식화된 수학을 학습하는 과정에서 경험하는 실재와의 단절을 완화시킬 수 있다고 보고 있다.

발생상태 혹은 아이디어의 배경과 관련되어 도입되는 개념은 학습자에게 이해시키기 쉽고 직접적으로 전달가능해지며 장황한 설명을 불필요하게 한다. 이에 대해 Fischer는 열린 수학적 개념은 무엇보다도 멀리까지 미치는 고도의 자기 해설성을 지니고 있으며 그러한 개념은 매우 쉽게 이해되기 때문에 의사소통하는데 유용하게 작용된다고 말하고 있다(Fischer, 1984, pp.140-141). 이처럼 열린 수학은 수학의 '발생상태'로 돌아가서 닫힌 수학을 부활시키는 도구로 작용하는 바, 학습자는 수학을 좀 더 의미 있게 이해할 수 있는 기회를 얻게 되는 것이다.

이상과 같은 열린 수학의 입장에서 보면, 현재 학교수학에서 변수 개념을 여러 가지 값을 대입할 수 있는 단순한 자리지기의 개념으로 간주하면서 학생들로 하여금 변수를 형식적인 기호로서 경험하게끔 하는 것은 변수 개념의 밑바탕에 깔린 아이디어, 그 개념과 관련된 수많은 관계들을 고려하지 않는 닫힌 개념의 지도 방식으로서 이러한 변수 개념 지도로서는 변수 개념의 이해를 기대하기 어려울 것이다. 변수 개념이 수학학습에서 유용한 수단으로 작용하기 위해서는 열린 수학으로 즉, 실재와의 관련을 통해서 변수 개념의 발생상태 혹은 아이디어의 배경을 중요하게 고려하면서 도입되어야 하며 그러한 과정 속에서 변수 개념의 본질과 의미의 다양성이 부각되어야 한다.

(2) Freudenthal의 교수학적 현상학

Freudenthal(1983)의 수학 교육 이론은 활동주의에 입각한 재발명 방법이 그 바탕을 이루고 있다. 그는 수학을 일련의 정신적인 행위에 의해 구성되는 것으로 보는 직관주의 수리 철학적 입장을 취하면서 실행하는 수학의 경험을 통한 수학적 심상의 구성, 수학 학습과정의 관찰과 수준의 비약을 통한 수학화 경험을 골격으로 한 활동주의적 수학교육학의 철학을 제시하고 있으며 이를 위한 기초 연구로서 수학적 구조의 교수학적 현상학을 제시하고 있다[3]. 그에게 있어서 교수학적 현상학의 핵심적인 생각은 상대적 관계에 있는 본질과 현상이다. 본질이란 수학적 개념, 구조 등을 말하는데 이는 물리적, 사회적, 정신적 세계 및 수학적 현상을 조직하는 도구로 발명된 것이며 이들은 어느 수준에서는 본질이나 그보다 고차의 수준에서는 다시 현상이 될 수 있다[4]. 이처럼 수학의 가장 높은 수준까지 추상화가 거듭되면서 수학적 현상이 새로운 수학적 개념으로 조직되는 것이다. 그는 본질이라는 수학적인 수단에 의해서 현상을 조직화하는 이러한 과정을 수학화 활동이라고 설명하고 있는데, 그가 말하는 수학화 활동은 '현상 → 정리 수단인 본질 → 현상 → 더 높은 차원의 본질 → ……'과 같이 현상과 본질의 교대가 일어나면서 인식 수준의 상승이 일어나는 불연속적인 과정이다. 곧, 현상과 경험을 조직화하고 정리하는 수단인 본질이 그 다음 수준에서는 현상 곧, 연구의 대상이 되는 과정을 반복하면서 수학적인 사고활동이 이루어진다는 것이며, 수학학습의 본질은 이러한 불연속성을 갖는다는 것이다(우정호, 1994, p.95).

Freudenthal의 교수학적 현상학은 수학적 개념, 구조의 본질을 결과적 지식체계의 수학 즉, 기성수학의 관점에서 찾는 것이 아니라 그 본질이 조직하는 현상과 관련시켜서 즉, 개념의 발생과정과 관련지어서 찾고자 하는 접근 방법으로, 이는 수학적 개념을 단지 최종적으로 다듬어진 결과로서 가르칠 것이 아니라 그 이면에 있는 핵심적인 원리와 관련지어서 가르치고자 하는 시도라고 볼 수 있다. 또한 그는 도구적 지식으로서의 수학의 응용 가능성은 수학을 발견하고 응용하는 학습 과정과 불가분의 관계에 있기 때문에 수학교육의 주요 목표는 생활 현실 상황에 대한 수학화의 경험을 통해서 달성될 수 있다는 것을 강조하고 있다.

Fischer와 마찬가지로 Freudenthal은 개인적 혹은 사회적으로 조직된 주체, 객관적 세계인 실재, 실재에 대한 지식으로서의 이론 사이의 복합 관계에서, 주체와 실재로부터 이론을 완전히 분리하는 닫힌 수학의 논리를 거부하고 있다(Kapadia & Borovcnik, 1991, pp.10-11). 왜냐하면 그것은 개념의 본질적인 특징을 무시하는 것이기 때문이다. 그는 이론이 실재의 현상을 어떻게 반영하고 있

3) 그가 말하는 교수학적 현상학은 수학적 개념, 수학적 구조, 수학적 아이디어의 본질을 그 본질이 조직의 수단이 되는 어떤 현상과 관련하여 기술하는 것으로서 그 본질이 어떤 현상을 조직하기 위해 창조되었는지 그리고 그것이 어디까지 확장될 수 있는지 그 본질이 조직의 수단으로 이러한 현상에 어떻게 작용하는지에 관심을 가지면서 교수-학습과정에서 본질과 현상과의 관계가 어떻게 획득되는 지에 관심을 가지는 것이다(Freudenthal, 1983a, pp.28-29)

4) 수는 양이라는 현상을 조직하는 본질이지만 수라는 현상은 다시 십진기수법이라는 본질로 조직되어진다. 삼각형, 정사각형, 평행사변형, 마름모와 같은 도형은 형이라는 현상의 세계를 조직하는 본질이지만, 도형이라는 현상은 다시 명제와 그 증명에 의해서 조직된다.

는가에 초점을 두고 수학적 개념은 본질에 의해 조직화된 현상에 의해서 설명될 수 있다는 것을 강조하고 있다. 또한 본질은 우선적으로 '심상'으로 구성되는 바, 어떤 현상을 조직하는 일차적 수단인 심상이 적절하게 형성될 수 있도록 심상의 형성을 가능하게 해주는 자료 즉, 현상을 제공해 주는 것이 중요함을 강조하고 있다. 주체는 이론적 개념을 다룰 때, 실재가 어떻게 구조화되는지 알기 위해서 적당한 심상을 가지고 있어야 하기 때문에, 자신이 경험하는 현상을 조직화하는 수학적 개념의 바탕이 되는 심상을 얻도록 시도하게 될 것이다. 이렇게 얻어진 심상은 주체가 이론적인 개념의 형식화를 이해하는데 결정적인 도움을 주는 역할을 하게 된다. Freudenthal은 심상의 구성과 사고 수준의 비약을 통한 수학적인 내적 안목의 변화, 현상의 정리 수단인 본질에 대한 인식, 의미의 이해를 위한 교육을 강조하고 있다.

이러한 맥락에서 그가 제시하고 있는 수학-학습 지도 방법론이 재발명 방법이다. 재발명 방법은 수학교육에서 수학을 완성된 결과로 보고 그것을 단순히 전달 주입하는 과정에서 발생하는 문제점들을 해결하기 위해 제시된 것으로서, 완성된 결과로서의 수학을 존재하게 한 탐구 활동 즉, '과정으로서의 수학'이 재회복되어 학생들에게 학습되어져야 한다는 것이다. 재발명 방법은 수학을 활동으로 해석하는데 기초한 필연적인 귀결로서 수학적 사고는 수학화 곧, 수학적 활동이 일어나는 실제적인 과정을 재현하여 경험시킴으로써 배울 수 있다는 것이다. 이러한 재발명 방법은 학습자 개인의 발명과정의 재현 형식을 취하게 된다고 하더라도 결국, 학습자로 하여금 인류의 학습과정을 단축된 형태로 반복하게 함으로서 수학적인 사고 경험을 시키려는 역사 발생적 방법이 된다. 여기서 어떤 내용을 역사 발생적으로 지도한다는 것은 그 내용이 발생된 순서대로 교재가 구성되어야 한다는 뜻이 아니라 수학이 훌륭한 교사의 지도 아래 어떻게 발생되는가를 역사에서 미루어 찾고 그러한 방법에 따라서 지도하고자 하는 것이다. 발명가의 발자국을 따라가는 것이 아니라 실제의 발명 과정보다 개선되고 잘 인도된 과정을 따라야 한다는 것이다(우정호, 1994, p.103).

역사적으로 여러 세기 동안 물리적, 사회적, 정신적, 수학적 세계에서 변하는 것으로 지각되고 상상되고 가정된 변수, 다가이름으로 사용된 문자, 일반적인 법칙에서 나타나는 부정소나 방정식에서의 미지수 등이 한 가지 이름인 변수로 총괄되어 사용되면서 변수의 본질인 운동학적인 측면이 배제되어 왔고 변수는 학교수학에서 대입을 위한 자리지기로서 형식적으로 규정되고 있다. 이러한 현상에 대해 재발명 방법은 수학교육에서 변수 개념이 여러 가지로 생각되는 이유, 변수 개념이 변하여 온 이유를 의식해야 할 필요성을 제기한다. 고도로 형식화된 언어에서는 변화 가능한 수학적 대상에 대한 생각이 잊힐 수 있지만 보다 덜 형식화된 학교수학의 수준에서는 실세계에서 수학을 이해하고 실세계에 수학을 응용하기 위해 변하는 대상과 교수학적으로 불가결하게 연결될 수밖에 없다. 교사는 학생들이 형식적인 언어를 잘 이해할 수 없다는 것을 알고 있고, 변수는 변할 수 있는 대상으로부터 이해되어야하고 또 그렇게 이해시킬 수 있다는 생각을 하면서도, 실제로 변수를 가르칠 때 그것을 단순한 자리지기로 지도하고 있는 것은 바람직하지 않다(우정호, 1994, p.103).

III.

변수 개념의 분석

II장에서는 수학적 개념을 '이해한다'는 것의 의미가 무엇인지에 대한 논의와 더불어 Fischer와 Freudenthal의 수학 학습 지도 이론을 고찰함으로서 학교수학에서 변수 개념의 학습-지도 방향이 어떠해야 하는지에 대한 해답을 찾고자 하였다.

본 장에서는 변수 개념을 다각도로 분석하여 변수 교육에 대한 연구와 변수 교육의 실제를 평가하고 반성할 수 있게 하는 이론적 토대를 마련하고자 한다. 제1절에서는 변수를 언어학적인 측면에서 살펴보고 변수 개념 발생의 근원에 대한 논의를 통해 변수의 본질을 밝히는 시도를 한다. 제2절의 수학적 접근에서는 변수 개념의 수학적 정의와 변수 사용의 제 측면에 대한 검토를 통해 변수 개념의 다면적 특성에 대해 논의한다. 제3절의 심리학적 접근에서는 변수 표현의 핵심 수단인 문자의 이해 수준을 인지 발달 수준과 관련지어 설명하고 변수 개념에 대한 학생들의 인지적 장애의 다양한 유형과 그 원인에 대한 분석을 행한다. 제4절의 인식론적 접근에서는 대수 기호 체계의 발달사를 조작과 구조의 관점에서 고찰하면서 변수 개념이 어떻게 구조화되어 왔는가에 대해 살펴본다. 제5절에서는 변수 개념의 학습 수준에 대해 논의한다. 수학적 개념의 학습 과정에 대한 Freudenthal의 이론과 van Hiele의 수학 학습수준 이론을 바탕으로 변수 개념의 학습 수준을 설정하고 변수 개념의 위계적 관계 구조를 구성하여 제시한다.

1. 변수 개념의 본질

학습자가 '변수'에 대한 올바른 심상을 가지고 수학적 상황에서 변수의 속성을 가지는 구체적인 사례를 접할 때 변수 개념을 통해서 그것을 바라볼 수 있고 경우에 따라서는 변수 개념을 이용하여 수학적인 상황을 조직해 나갈 수 있는 능력을 가지려면 무엇보다도 변수 개념을 이루는 핵심적인 생각 즉, 변수 개념의 기저가 되는 아이디어를 명확하게 이해하는 것이 필요하다. 이는 변수 개념 지도에 있어서 그 개념의 '본질'을 가장 우선적으로 그리고 가장 중요하게 다루어야 함을 말하는 것이다. 따라서 본 절에서는 변수가 어떠한 필요성으로부터 발생한 것이며 어떠한 현상을 조직하기 위하여 창안된 것인지에 주목하면서 변수 개념의 본질을 분석해 보고자 한다. 먼저 변수를 일상언어와 수학적 언어에서 나타나는 하나의 언어학적 현상이란 측면에서 고찰한 후, 수학에서 변수에 대한 아이디어가 어떠한 근원으로부터 파생되었는지를 고려하면서 변수의 본질에 접근해 보고자 한다.

(1) 언어학적 현상으로서의 변수

변수는 의사소통이 이루어지는 사회적 맥락에서 필연적으로 나타나는 하나의 언어학적 현상으로서 수학언어에서 뿐만 아니라 일상언어에서도 그 흔적을 발견할 수 있다. 수학언어와 일상언어에서 무엇인가를 대신하는 이름으로 사용되고 있는 변수는 특히 변화를 설명하거나 동일한 속성을 가지는 다양한 대상들을 동시에 고려하기 위해 대상들을 지칭하는 이름으로 사용된다. 경우에 따라서는 아직 알지 못하는 대상에 대한 이름으로 사용되기도 하는데 수학에서 미지수로 사용되는 변수가 이에 해당된다.

① 일상언어에서의 변수

의사소통을 하기 위해서 우리는 물리적이고 정신적인 대상들에 대한 이름을 필요로 하게 된다. 이 때 사용되는 이름들은 고유명사인 경우가 많은데, 여기서 어떻게 매우 많은 다양한 대상들의 고유명사를 새롭게 발명해 낼 수 있는가 하는 문제가 생기게 된다. 동물 '사자'의 예를 들어보자. 우리는 특정한 상황에 맞는 사자들을 서로 구분하기 위해 이 사자, 저 사자, 어린 사자, 나이 먹은 사자, 서울대공원에 있는 사자, 에버랜드에 있는 사자 등의 방식으로 이야기한다. 때로 우리는 어떤 장소나, 어떤 상태 혹은 어떤 상황에 있는 특정한 사자를 그냥 '사자'라고 부르기도 하는데, 이 경우는 그것이 무엇을 가리키고 있는 지에 대해 말하는 사람과 듣는 사람 모두가 암묵적으로 의견일치가 되어 있는 상황인 경우이다. 우리는 특정한 대상에 대하여 늘 새로운 고유명사를 발명해낼 수는 없다. 그래서 특정한 사자를 그냥 '사자'라고 부르는 것처럼 개별 대상과 전체 대상을 칭할 때 동시에 사용하는 이름(ambiguous name)[5] 또는 여러 개의 대상을 하나의 이름으로 나타내는 다가이름이라고 하는 것을 사용하고 있다. 일상생활에서 우리가 흔히 쓰는 '여기', '지금', '나'와 같은 단어도 다가이름의 예이다. '여기'는 우리가 '여기'라고 말하는 장소에 대한 이름이고 '지금'은 우리가 '지금'이라고 말하는 순간에 대한 이름이다. '나'라는 것은 나라고 말하고 있는 사람을 나타내는 다가이름이다. '귀뚜라미는 곤충이다'에서 '귀뚜라미'는 귀뚜라미라는 種에 대한 이름인 보통명사이지만 '모든 귀뚜라미는 곤충이다'에서의 '귀뚜라미'는 각각의 특정한 귀뚜라미에 해당되는 다가적인 고유명사로 생각할 수 있다. '쥐는 설치류이다'에서 '쥐'는 種에 대한 이름이 되지만 상당히 특별한 상황으로 생각되는 '쥐가 덫에 걸려있다'에서의 '쥐'는 어떤 특정한 한 마리의 쥐를 의미할 것이다 (Freudenthal, 1983, p.473).

앞에서 제기한 문제 즉, 다양한 대상들의 고유명사를 항상 새롭게 발명해 낼 수 있는가의 문제는 보통명사를 기술적으로 다룸으로써 즉, 변화하는 대상에 대하여 보통명사를 변화하는 상황 안에서 잘 연결시킴으로써 해결될 수 있다. 이러한 역할을 하는 이름이 우리가 수학에서 '변수'라고 부르는 것이다. 일상언어에서 변수는 고유명사로서의 기능을 하기 위해서는 한정(binding, 주어진 상황에서 변수를 고정시킴)되는데 논리적 방법에 의해서 상황과 무관하게 한정될 수도 있고 어떤 상황과 관계되면서 한정될 수도 있다. 예를 들어 '쥐는 설치류이다', '우리는 쥐 한 마리를 갖고 있다'라고 했을 때 언어학적 현상에서 다가이름으로 사용되는 변수 '쥐'가 논리적 방법에 의해서 전자에서는 전칭 한정된 것이고 후자에서는 존재 한정된 것이다. 또한 '이 쥐, 저 쥐, … 등'의 표현은 다가이름 '쥐'가 지시사에 의해서 상황에 따라 한정된 경우의 예이다(Freudenthal, 1983, pp.473-475).

일상언어에서 변수가 나타나는 또 다른 현상은 우리가 어떤 대상을 언급할 때 종종 그것이 속하는 집합을 가리키는 방식으로 표현하는 것에서 찾아볼 수 있다. 이 때 우리는 나타내고자 하는 대상을 그 집합 안에 있는 특정한 원소로 지칭하지 않는다. 예를 들어, '손수건'은 집합 $\{x \mid x \text{는 손수건}\}$안에 있는 불특정한 원소를 의미한다. 수학에서 주어진 집합 안에 있는 불특정한 원소를 변수라고 부르듯이 '손수건'도 일상언어 표현에서 일종의 변수로서의 역할을 하고 있는 것이다. 그렇

5) 여기서 'ambiguous'는 개별 대상을 가리키는 이름과 전체 대상을 가리키는 이름이 확실히 구분되어 있지 않다는 의미로 사용되었다.

다면 왜 우리는 나타내고자 하는 대상을 그 집합 안에 있는 특정한 원소로 지칭하지 않는 것인가? 어떠한 경우에 이러한 현상이 일어나는가를 생각해 봐야 할 필요가 있다. 첫 번째 경우는 그 대상이 무엇인가가 중요하지 않을 때이다. 우리가 젖은 손을 닦기를 원한다면 아무 손수건이나 주어져도 괜찮은 경우가 이에 대한 예가 될 수 있다. 두 번째 경우는 집합 안에 있는 각 원소 즉, 모든 원소에 대해 참이 되는 명제를 만들고 싶을 때이다. '자동차는 빨간 신호등 앞에서는 멈춰 서야만 한다'에서 우리는 모든 자동차에 해당되는 규칙을 말하고 있는 것이다. 세 번째 경우는 우리가 그 대상을 알지 못할 때이다. '소매치기가 내 지갑을 훔쳐갔다'를 세 번째 경우의 예로 들 수 있다. 이 때 우리는 $\{x \mid x\text{는 소매치기}\}$라는 집합에서 특정한 원소를 알고 싶어하게 되는데 그것을 알아내는 것이 해결해야 할 문제가 된다. 이러한 상황은 수학에서 변수를 미지수로 다루는 경우와 같은 상황이다. 이와 같이 일상 언어적 현상에서도 수학에서 사용되는 변수와 같은 방식으로 다루어지는 변수가 존재하고 있는 것이다.

② 수학적 언어로서의 변수

수학에서 일반적으로 문자로 표현되는 변수는 그 자신이 아닌 다른 어떤 수학적인 대상을 나타내기 위해 사용되는 것이다. 가령 {a, b, c}에서 a, b, c는 문자 a, b, c가 아닐 수도 있다(김응태, 박한식, 우정호, 1984, p.254). 수학에서 변수 기호로서 문자를 사용한 것은 그리스 기하에서 유래한다(Freudenthal, 1984, p.1703). 도형에서 특정한 점을 손가락으로 가리키면서 '이 점, 저 점, …'과 같이 비형식적으로 나타내다가, 도형에 대한 설명을 좀 더 효과적으로 하고자 하는 필요성에서 '점 A, 점 B, 점 C, …'와 같은 문자에 의한 형식적인 표현이 등장하고, 선분, 삼각형, 사각형에 대해서도 차례로 점을 표시하는 문자들의 조합으로 표현함으로써 문자 사용이 본격적으로 시작되었다. 오늘날 이 점, 저 점을 점 A, 점 B로 구분하는 것, 주어진 삼각형의 세 꼭지점을 A, B, C로 구분하면서 동시에 그것을 임의의 삼각형에 대한 꼭지점의 이름으로 사용하는 것은 일상언어에서 다양한 대상들에 사용되는 공통된 이름으로 다가이름을 사용하는 방법과 마찬가지이다. 기하에서 사용되는 변수의 특징은 거의 대부분이 전칭 한정되어 사용된다는 것이다. 예를 들면 일반적으로 점을 나타내는 문자는 어떤 특별한 조건이 주어져 있지 않다면 임의의 모든 점을 나타낸다. '삼각형 ABC에서 $\overline{AB}$, $\overline{BC}$, $\overline{CA}$ 의 수직이등분선은 한 점에서 만난다'와 같은 명제에서 A, B, C는 전칭 한정에 의해서 임의의 점을 나타내는 변수로 사용되고 있다. '점 C가 직선 AB 위에 있다'라는 표현에서도 마찬가지이다. 이 표현에서 기하학적인 대상이 전칭 한정되어 있다는 것은 직선 AB가 어디에 위치하고 있는 직선인가 또는 점 C가 직선 AB 위의 어디에 위치하고 있는 것인가 등의 문제는 중요시되지 않는다는 것을 뜻한다.

대수에서 문자를 사용한 변수는 기하에서보다 오히려 늦게 나타났다. 1, 2차 방정식과 일반적인 풀이 방법은 상당히 오래 전부터 나타났지만 알지 못하는 것(우리는 이것을 일반적으로 미지수라고 한다)에 대해서 이야기 할 때 비형식적인 표현을 사용하다가 헬레니즘 시대의 디오판토스의 연구에서 미지수에 대한 기호, 수에 대한 생략형으로 변수로서의 문자 사용이 시작된다. 그 후 1600년경 Vieta에 의해서 미지의 양 뿐만 아니라 주어진 양까지도 문자를 사용하여 표현하게 되었고 점차로 일반적인 명제에서 다가이름으로 사용되는 부정소의 역할이 강조되기 시작하였다. 문자는 처음에는 임의의 수를 나타내기 위해서 사용되었으나 곧 임의의 함수도 나타내게 되었고 현재 우리는 모든 수학적인 대상 즉, 집합, 관계, 명제, 행렬 그리고 온갖 종류의 구조에 문자를 사용하고 있다. 그리고 문자를 모든 알파벳으로부터 취한다.

기호가 무엇인가를 나타내는 것처럼 수학에서 문자는 무엇인가를 의미한다. '새수학'은 이점을 잘못 인식하여 문자는 아무것도 의미하지 않는 문자 그 자체일 뿐이며, 수학은 기호를 가지고 하는 의미 없는 게임이라고 생각하였다. 이는 형식주의적 관점에서 본 수학이다. 그러나 대수 언어의 경우에 형식주의적인 입장은 유용성과 교수학적인 위험성을 동시에 내포하고 있음을 간과해서는 안된다. Freudenthal은 수학에 대한 잘못된 인식은 문자 계산을 맹목적으로 하는 경우에서 발생된다고 보고, '새수학'이 그러한 잘못된 인식을 교사들에게까지 퍼뜨렸다고 비판한다(Freudenthal, 1983, pp.476-477).

기하와 대수에서 변수가 나타나는 현상을 비교해 보면 기하에서 사용되는 변수와 대수에서 사용되는 변수의 차이점을 발견할 수 있다. 그 차이는 논리적으로 구분된다기 보다는 심리학적으로 구분되는 것으로 생각되는데, 기하에서의 'A'는, 대수에서의 'a'가 임의의 수를 의미하는 것처럼, 임의의 점을 의미하고 있지만 대수와 기하에서 변수로서의 문자를 접하는 심리적 과정은 다르다. 점 A가 언급되어지면 우리는 평면 위의 어떤 한 점에 눈을 고정하고 그것이 마치 A인 것처럼 생각하려고 하는 심리적 충동을 느끼게 된다. 그러나 대수의 경우는 다르다. 예를 들면 식 $(a+b)^2$에서 우리가 a, b를 마치 기하에서 A, B를 특정한 점으로 보듯이 특정한 수로서 생각한다면 일반화라는 대수의 목적은 방해받게 된다. 기하에서는 어떤 일반 정리를 증명하기 위해서, '일반적으로' 선택된 특정한 삼각형을 그린다. 종이 위에 그린 점이나 도형은 임의적인 것이기 때문에 우리는 종이 위에 그려진 특정한 도형에 종속된 성질들을 무시해야 한다(Skemp, 1971, p.228). 그러나 대수에서는 이런 의미로 사용되는 '일반적인' 자연수는 존재하지 않는 것이다(Freudenthal, 1973, p.294).

일상언어에서 다가이름으로 사용되는 언어가 풍부하고 다양하다는 것과 비교하여 보았을 때, 변수를 알파벳으로 표현하는 수학 언어에서 다가이름으로 사용될 수 있는 문자가 부족한 듯 보이기도 하지만 수학에서의 다가이름은 임의의 대상에 대해 사용될 수 있기 때문에 그 표현이 일반성을 가진다는 것이 특징이다. 즉, 수학언어에서의 다가이름은 일상언어에서처럼 특정한 종류의 것에 제한되어있지 않고 어떠한 수학적인 것이라도 의미할 수 있는 일반적인 목적으로 사용되고 있다는 것이 두드러진 특징인 것이다. 수학에서의 다가이름은 $(a+b)^2 = a^2+2ab+b^2$과 같이 일반법칙을 형식화하기 위해 사용되거나 $x^2+x-2=0$에서와 같이 해를 묻기 위해서도 사용할 수 있다. 이러한 다가이름을 수학에서는 부정소, 미지수라고 부르고 있다. 수학언어에서의 변수는 운동학적 성질을 가지는 변하는 대상 그 자체에 대한 기호로 사용되기도 한다. 극한에 접근되는 수, 평면 위를 움직이는 점 등을 나타내는 기호가 바로 그것인데, Freudenthal은 수학에서 사용되는 변수의 본래 의미는 바로 이런 운동학적 성질을 가지는 대상이라고 보고 있다(Freudenthal, 1984, p.1704).

수학언어에서는 다가적인 의미로서의 변수와 운동학적인 의미로서의 변수가 서로 관련을 맺으면서 변수라는 하나의 용어로 통합되어 사용되고 있고 이 두 가지는 수학적 문맥에서 무엇인가를 대신하고 있다는 자리지기의 개념으로 수렴된다. 변수를 단순한 자리지기로 볼 때 그것은 여러 대상들에 의해 채워지는 빈자리이고 단지 상황에 따라서 서로 다른 기호로 구분될 뿐이라는 해석에 이르게 된다[6]. 이와 같은 변수의 해석에는 실제로 변하는 대상에 대한 인식이 결여되어 있다. 변수를 단순한 자리지기의 개념으로 다루는 것은 '새수학'의 형식주의적인 지도방식을 따르면서 개념 중심의 지도를 피하고 알고리즘 중심의 지도를 행하는 경우에서 발견되는데 이 때 변수는 그 풍부한 의미가 가려진 채 형식적 조작의 대상으로 취급되기 쉽다. 이러한 상황에서는 다가적이고 운동학적인 의미로서의 변수 개념의 풍부함이 생명력 있게 드러나지 못하게 된다.

---

6) 변수를 단순한 자리지기로 해석하는 경향은 논리학자들의 사고에서 발견할 수 있다. 논리학자들은 어떤 문자에 대하여 우리가 원하는 무엇인가를 대치시킬 수 있다면 그것을 변수라고 부를 수 있다고 생각한다(Freudenthal, 1984, p.1704).

이상과 같이 변수를 일상언어와 수학언어에서의 하나의 언어학적 현상으로 파악할 때 우리는 수학언어에서의 변수가 사용되는 방식과 일상언어에서 변수가 사용되는 방식을 비교하여 이해해야 할 필요가 있다. 두 가지 유형의 변수 사이의 차이점에 주목함으로써 우리는 수학언어에서의 변수가 일상언어에서의 변수보다 더 강력한 힘을 발휘한다는 사실을 알 수 있다. 일상언어에서의 변수와 수학언어에서의 변수는 각 언어체계 내의 어떤 표현에서 일종의 자리지기로서 행동할 수 있다는 점에서 유사하다고 할 수 있다. 그러나 일상언어에서의 변수들은 항상 어떤 내용에 한정되어있다. 예를 들면 다가이름으로 사용된 변수 '쥐'는 오직 쥐에만 사용할 수 있고, 변수 '여기'는 장소에만, 변수 '나'는 사람에만 사용할 수 있다. 일상언어 표현에서는 대상을 지칭하는 이름에 항상 본질적으로 부과되어있는 의미가 있기 때문에 표현의 일반성에는 한계가 있다고 할 수 있다. 일상언어 표현에서는 주어진 단어나 구에 자동적으로 대상집합(referent set)이 제한되기 때문에 변수에 본질적으로 특정한 의미가 부여되게 되어있지만, 수학언어에서 사용되는 변수는 다양한 대상을 대신하여 사용될 수 있다. 또한 수학에서의 변수는 그것이 나타내는 대상의 범위를 자유롭게 결정할 수 있기 때문에 수학언어에서는 표현의 일반성이 높고, 수학언어에서의 변수는 일상언어에서의 변수와 같이 내포를 수반하고 있지 않기 때문에 변수 기호를 임의로 교환할 수 있다는 측면에서 문자 사용의 유연성이 있는 것이다(Wagner, 1983, pp.477-478).

(2) 변수 개념의 두 가지 근원

언어학적 측면에서 살펴본 변수는 '변화의 설명'과 일단의 상황에 대한 '동시 고려'의 필요성에서 발생된 개념으로서 전자는 하나의 대상이 연속적으로 변하는 실제적 변화를 나타내는 동적인 의미의 변수로 후자는 속성이 같은 여러 개의 대상을 대신하면서 상황에 따라 특정한 대상을 번갈아 가며 취할 수 있다는 의미에서 가상적 변화를 나타내는 정적인 의미로 해석된다. 동적 측면은 변하는 대상이라는 변수의 본질을 형성하고 정적 측면은 다가이름이라는 변수의 본질을 형성한다. 이 절에서는 수학에서 상이한 의미로 다루고 있는 변수의 두 측면에 대한 좀 더 상세한 분석을 통해 변수 개념 지도에의 함의점을 도출해 보기로 한다.

① 동적 측면을 갖는 변하는 대상

수세기 동안 '변수'는 물리적, 사회적, 정신적, 수학적 세계에서 실제로 변하는 어떤 것, 또는 변하는 것으로 지각되고, 상상되고, 가정되는 어떤 것을 의미해왔다. 예를 들면, 흐르는 시간, 떨어지는 물, 변하는 기온, 점점 길어지는 낮의 길이뿐만 아니라 이러한 현상들을 설명하는 변하는 수학적 대상을 의미하였다. 우리는 변하는 물리적, 사회적, 정신적 현상으로부터 변하는 수, 변하는 양, 변하는 점, 변하는 집합 그리고 일반적으로 변하는 수학적 대상에 이르게 된다. 변하는 수, 변하는 양, 변하는 점, ……은 임의의 수, 임의의 양, 임의의 점, ……과는 근본적으로 차이가 있는 것이다. '수 ε이 0에 수렴한다', '점 P는 평면 S위에서 움직인다', '수열 x_n이 0에 수렴한다'와 같은 표현들은 어떤 하나의 대상이 계속적으로 증가하거나 감소하는 혹은 계속적으로 움직이는 실제적 변화를 나타내는 것으로서 주어진 대상의 운동학적인 성질을 함의하고 있다. 수학에서는 한 대상의 실제적 변화를 나타내기 위해 변하는 대상에 대해 사용되는 변수를 동적인 의미에서의 변수로 해석하고 있다. 그러나 동적 변화의 의미를 함의하는 위와 같은 표현들은 순수수학자들에 의해서 점차로 제거되면서 변수의 동적 측면은 수학의 형식적인 표현에 의해 많이 가려지고 있다. 실제로 우리는 위와 같은 표현을 굳이 사용하지는 않아도 되기 때문에 '수열 x_n이 0에 수렴한다'라는 표현은 $\lim_{n \to \infty} x_n = 0$으로, 경우에 따라서는 변수의 동적 측면이 더욱 제거되어 '임의의 $\varepsilon > 0$에 대하여, $n \geq n_0$일 때 $|x_n| < \varepsilon$ 인 n_0가 존재한다'와 같이 정의되기도 한다. 이와 같이 형식논리를 추구하는 수학자들에 의해 동적 측면을 갖는 '변하는 대상'이라는 변수의 본질이 경시되고 있는 것이다(Freudenthal, 1984, p.1704). 학교수학에서도 변수라는 용어가 자리지기로 규정되면서 사실상 변수는 여러 가지 값을 갖는 문자로, 대입을 위한 형식적 조작의 대상으로 취급되고 있는 것이다. 따라서 수학적인 수단을 이용하여 변화하는 세계를 설명하기 위해 실제적인 변화를 하는 대상(변하는 시간, 변하는 기온, 변하는 온도 등)을 다루고 그들 사이의 관계를 문자로 표현하는 학습은 거의 이루어지고 있지 않다. Freudenthal(1983)은 변하는 대상이라는 변수의 본질은 변수 개념의 핵심 아이디어를 이루는 것으로서 수학적 상황에서 여전히 지배적으로 존재하고 있음을 강조하고 이를 변수 개념 지도에서 중요하게 다루어야 한다고 주장하며 그 이유를 다음과 같이 설명하고 있다.

변하는 대상으로서의 변수 개념의 본질을 강조해야 하는 이유는 변수의 동적 측면을 현대의 추상수학이 아무리 없애려 해도 그렇게 될 수는 없다는 데 있다.

이는 우리가 변화하는 세계 속에서 살고 있고 그러한 세계를 설명하는 것은 변화를 설명하는 것이며 이를 위해서 우리는 변하는 대상을 다루어야 하기 때문이다. 형식화의 수준이 높아질수록 변하는 수학적 대상이 잊힐 수도 있지만 덜 형식화된 수준에서는 실세계에서 수학을 이해하고 응용하기 위해 물리적, 사회적, 정신적, 수학적으로 변하는 대상과 교수학적으로 필연적으로 연결될 수밖에 없는 것이다. 수학에서 고도의 가치를 두는 순수수학은 개념과 관련된 현상으로부터 너무나 멀리 떨어져 있기 때문에, 우리가 수학에서 한 발짝 벗어나서 생각해 볼 때는, 순수수학의 언어는 인위적인 불완전한 언어로 보일 수 있다. 형식화된 언어에서는 변하는 대상들이 나타내는 의미가 가려지는 경우가 있지만 이런 형식적인 언어처리에 의해서 변하는 대상으로서의 변수의 본질이 사라지는 것은 아니다. 그리고 더욱 중요한 것은 변하는 대상을 나타내고 있는 현상으로부터 변수의 본질을 적어도 한 번은 경험해 보아야만 형식적인 언어의 기교로 그것을 제거할 수가 있는 것이다(Freudenthal, 1983, p494).

학교수학에서 변수에 대한 동적인 접근은 함수에서 즉, 두 가지 변수가 서로 관련을 맺고 있을 때 한 변수를 다른 변수와 비교하여서 그것의 변화성과 공변성을 강조하는 경우에 두드러지게 강조될 수 있다. 실제로 학교수학에서 변수에 대한 개념 정의를 함수 단원에서 제시하고 있는 것은 변하는 대상으로서의 변수(비록 이것이 의미 있게 지도되고 있지는 못하지만)에 대한 의식을 반영하고 있는 것이다. 함수 단원에 대한 중학교 1학년 수학 교과서의 교사용 지도서를 보면

"함수의 개념은 변화에 대한 인간의 의식에서 발생하였다. 우리들 주위에 있는 거의 모든 것은 변하고 있다. 급속하게 변하는 것, 알아보기 어려울 정도로 느리게 변하는 것, 복잡하게 변하는 것, 규칙적으로 단순하게 변하는 것, 실로 다양한 변화를 볼 수 있다. 이와 같이 변하는 두 양 x, y 사이에 어떤 관계가 있는가를 밝히고, 그 중의 한 값 x 에 따라 다른 한 값 y 가 결정되는 사실로부터 함수의 개념을 얻을 수 있다. 일상적 현상 외에도 물리적 현상에서 용수철의 길이와 무게, 대기 기온과 고도, 어떤 금속에서 가열한 열의 양과 금속의 늘어난 길이 등이 있을 수 있다. 또 도형적 현상에서 정사각형의 한 변의 길이와 넓이, 원의 반지름의 길이와 둘레의 길이 등에서도 함수의 개념을 발견할 수 있다(박두일 외 2인, 1995, p.155)."

라는 표현에서 변화하는 대상으로서의 변수 개념이 암시되어 있는 것을 알 수 있다. 그러나 교과서에서 함수가 두 집합 사이의 대응으로 정의됨으로서 변수 개념

은 변하는 대상에 대한 의미를 부각시키지 못한 채, 수를 원소로 하는 집합 위에서의 여러 가지 값을 갖는 문자 혹은 조작을 위해 수가 대입되는 형식적인 기호로 다루어지고 있는 실정이다. 학교수학에서는 학생들에게 변수에 의미를 부여하는 과정을 제시하거나, 변수의 너무나도 자연스러운 '변화'의 성질을 경험시키는 과정을 제시하는 것은 소홀히 하고 단지 변수에 특정한 값을 대입하여 계산하게 하거나 문자와의 의미 없는 조작으로 변수를 형식적 조작의 차원에서 다루는 수준에 머물러있는 것이다. 이러한 현상은 변수에 대한 학생들의 개념적 이해의 결여에 대한 하나의 원인이 될 수 있다. 특히 학교수학은 변수의 동적 측면이 적절한 경우 언제나 강조되어야 함에도 불구하고 그것을 소홀히 다루고 있는 것이다. 이러한 학교수학의 변수 개념 지도의 실태를 Freudenthal은 다음과 같은 표현으로 비난하고 있다.

"소위, '새수학'운동의 영향을 받아, 여러 교과서들이 수학을 완벽한 언어인 것처럼 가르쳐서 대부분의 학생들이 수학을 파악하지 못하는 일을 발생시킨 것이라든지, 연구자들이 학생들이 변수를 어떻게 이해하고 있는지에 대한 조사를 행할 때, 그들의 머리속에는 변수가 변하는 대상으로부터 이해되어야만 하고 그렇게 이해될 수 있다는 생각이 전혀 들어있지 않았다는 점은 정말 놀라운 일이다. 또한 역사학자들이 역사가 교육에 시사하는 것이 무엇인지를 찾기 위해 역사를 좀 더 자세히 검토해 보았을 때, 위와 같은 교수가 명백히 잘못되었다는 것을 알고서도 그다지 놀라지 않았다는 사실 또한 통탄할 일이다(Freudenthal, 1984, p.1705)."

② 정적 측면을 갖는 다가이름

변수를 일상언어와 수학언어에서의 언어학적 현상으로 비교 분석하면서 각 영역에서 다가이름의 필요성에 대해 이미 언급한 바 있다. 다가이름이 가지는 강력한 힘은 그것이 일반적인 명제를 형성하는 수단으로 작용할 때 가장 뚜렷하게 나타난다. 수학언어에서 다가이름을 변수로 부르는 관습은 최근에 와서 생긴 것이다. 앞에서도 언급되었듯이 본래 변수는 동적 측면을 갖는 변하는 대상을 의미했었다. 그러나 다가이름에서 얻을 수 있었던 이득을 살리기 위하여 용어 '변수'에 다가이름과 변하는 대상을 합병시킴으로써 변수의 동적인 요소를 경시하고 동적 측면을 억압하려는 노력이 진행되어왔다. 다가이름은 그것이 나타내는 모든 대상에 대해 성립하는 명제를 구성하는 수단이지만, 변하는 점, 변하는 수, 변하는 대상, ……에 대해 말하는 것과 임의의 점, 임의의 수, 임의의 대상, ……에 대해 말하는 것은 근본적으로 차이가 있는 것이다. 다가이름은 하나의 대상이 연속적으로 변해 가는 실제적 변화를 나타내는 것이 아니고 여러 개의 개별 대상을 동시에 칭하면서 특정 문맥과 연결되면 특정한 대상을 취한다는 의미에서 실제적 변화라기보다는 가상적 변화를 나타낸다. 이는 변하는 대상에 대한 동적 변화와 비교하여 '변화'의 의미가 다소 덜 동적이라는 의미에서 정적 변화로 해석될 수 있다.

변수의 정적 측면으로 해석되는 다가이름은 수학에서 일반화를 위한 도구 또는 패턴을 설명하는 도구로서의 역할을 담당하고 있다. 변수의 이러한 정적 측면은 대수 기호인 일반화하는 문자와 관련이 있다. 이렇게 일반화의 측면에서 본다면 변수는 형식적인 도구이다. 변수는 일반적인 명제, 일반적인 절차를 만들고 문제의 일반성을 조사하고 유한 또는 무한개의 여러 가지 경우를 한 번에 조작하기 위해서 사용된다. 변수는 일반화를 위한 기호적인 도구로 발생하는 것이다. Whitehead가 '불필요한 모든 작업으로부터 머리를 편안하게 하고 효과적인 기호법을 좀 더 진보된 문제에 적용하여, 인간의 정신력을 효율적으로 증대시킨다'라고 말하고 있듯이 변수라는 도구를 사용하여 인간의 정신력을 신장시키는 것이 가능한 것이다(Schoenfeld & Arcavi, 1988, p.423에서 재인용).

그러나 변수라는 공통용어로 서로 관련을 맺고 있는 변하는 대상과 다가이름의 본질이 변수를 자리지기로 보는 현대의 관점에 의해 가려지면서 특히 변수를 단순한 자리지기로 규정하고 있는 학교수학에서는 사실상 다가이름으로서의 변수 사용이 대수의 목적인 일반화된 법칙을 구성해 가는 맥락에서 의미 있게 지도되고 있지 못한 실정이다. 하지만 다가이름 역시 변하는 대상과 마찬가지로 변수 개념의 핵심 아이디어를 이루는 것으로서 수학적 상황에서 여전히 지배적으로 존재하고 있다. 따라서 이를 변수 개념 지도에서 중요하게 다루어야 한다는 것은 너무나도 당연한 것이다.

다가이름으로서의 변수 개념의 본질을 강조해야 하는 이유를 Ericksen(1988)은 다음과 같이 설명하고 있다. 즉, 다가이름으로서 변수는 수학적 사고에서 중요한 의미를 가지는 '일반화'된 법칙을 표현하는 도구로서 수학에서 핵심적인 역할을 담당하고 있다는 것이다. Ericksen은 어떠한 상황을 수학적인 안목에서 바라볼 수 있는 태도로서 패턴에 대한 감각을 갖는 능력, 그리고 인지된 패턴을 기호로 표현할 수 있는 능력을 중요시하고 있다(Ericksen, 1988, p.44). 또한 Freudenthal은 다가이름으로서의 변수 개념의 본질을 강조해야 하는 이유를 대수적인 표현을 의미 있게 경험하기 위한 것이라고 설명한다(Freudenthal, 1973, p.299). 학교수학에서 지도되는 대수는 산술의 일반화로서 일반화된 법칙의 구체적인 예는 대수에서 가장 두드러지게 나타난다. 교과서 전반에서 걸쳐 산술규칙을 일반화한 식이 암묵적으로 혹은 명시적으로 가장 빈번히 사용되고 있기 때문에 그 식에 사용되고 있는 문자가 '임의의 수'를 나타낸다는 것을 학생들이 이해하지 못한다면 산술규칙을 일반화한 식을 학습자가 의미 있게 받아들이지 못해 대수의 강력한 힘을 경험하지 못하고 계속되는 학습을 통한 수학적 지식의 개발이 효과적으로 이루어지기 어렵다는 것이다. Freudenthal은 변수의 학습이 미지수로부터 시작되기보다는 오히려 다가이름에 대한 학습에서부터 출발하여야 한다고 주장하기까지 한다. 그는 다가이름으로서의 변수 사용법을 지도하는 한 가지 방법으로 문자에 수를 대입하는 것이 아니라 수에 문자를 대입해 보는 방법을 소개하고 있다. 그것은 보통 교과서에서는 $a+b=b+a$와 같은 일반적인 표현을 먼저 제시하고 그 식에 수를 대입해보는 경험을 갖게 하는데 이는 교수학적으로 바람직하지 않고 여러 가지 구체적인 예를 통해 수가 놓여있는 자리에 문자를 대입하여 일반적인 표현을 구성하게 하는 과정을 경험하게 하는 것이 필요하다는 것이다.

2. 변수 개념의 수학적 접근

이상에서 살펴본 바에 따르면 변수는 일상언어와 수학언어에서 필연적으로 나타나는 하나의 언어학적 현상이며 그 개념의 본질은 변하는 대상과 다가이름의 두 가지로 정리된다.

학교수학에서의 변수 개념의 학습과 지도에 관한 문제에 접근하려면 먼저 변수의 본질이 실제 수학의 문맥에서 어떠한 의미와 어떠한 양상으로 재조직화되어 나타나고 있는가에 대한 검토가 필요하다. 이를 위해 본 절에서는 변수 개념이 수학적으로 어떻게 정의되고 있으며 변수가 여러 가지 수학적 상황에서 어떠한 방식으로 사용되고 있는가에 대해 검토를 행하였다. 변수 개념은 다양한 정의와 함께 변화를 함의하는 여러 가지 문제 상황에 적용되는 포괄적인 의미로 받아들여지고 있으며 실제 수학의 문맥에서 조금씩 다른 방식으로 다루어지면서 여러 가지 양상으로 나타나는 다면적인 개념임을 알 수 있다.

(1) 변수 개념의 수학적 정의

문헌에 나타난 변수에 대한 정의를 살펴보면 변수가 다양한 의미로 해석되고 있다는 것과 변수에 대한 정의가 점차로 변하여 왔다는 것을 발견할 수 있다. 변수에 대한 형식적인 정의는 변화하는 양에 대한 정의, 집합의 원소에 대한 정의 그리고 수 또는 임의의 대상에 대한 기호로 보는 정의로 대분될 수 있다.

변화하는 양으로서 변수를 정의하는 것은 변수의 동적 측면을 강조하는 정의로서 한 대상의 계속적인 변화에 주목하는 것이다. 변화하는 양으로서의 변수의 정의는 Leibniz의 「Analyes」 서문에 다음과 같은 표현으로 제시되고 있다.

계속해서 증가하거나 감소하는 양을 변수라고 하며, 다른 것은 변해도 변하지 않고 남아있는 양을 상수라고 한다(Hamley, 1934, p.9에서 재인용).

또한 Newton의 「Principia」 에서는 변수라는 용어를 사용하고 있지는 않지만 다음과 같은 표현가운데 변화하는 양으로서의 변수 개념이 암시되고 있다.

이제 나는 점차적으로 그리고 끊임없이 증가하는 것으로 생각하는 양을 유량(fluent) 혹은 변량이라고 말하겠다(Hamley, 1934, p.9에서 재인용).

1950년대 초기의 대수 교과서에서는 ε과 같은 문자를 ‘변하는 수’로 정의하고 있다(Hamley, 1934, p.9에서 재인용). 변화하는 양으로서 변수를 정의하는 것은 수학적 문맥에서 변수가 실제적 변화의 의미를 가지는 맥락에서 사용되고 있음을 함의하는 것이다. 우리나라 수학 교과서에서 변수를 ‘변화하는 수량’(이성헌, 1967, p.119)과 같이 변하는 양으로서 정의하고 있는 경우는 함수를 변하는 양 사이의 종속관계로 다루었던 제2차 교육과정기의 교과서에서 발견할 수 있다.

변수에 대한 또 다른 정의는 변수를 집합의 원소로 정의하는 것이며, 이는 다음과 같은 표현으로 나타난다.

우리는 어떤 원소는 고정된 값을 가지며, 어떤 원소는 양 체계의 값들을 번갈아 취한다고 생각한다. 전자의 양을 상수 혹은 변경할 수 없는 것, 후자의 양을 변수 혹은 변경할 수 있는 것이라고 부른다(Hamley, 1934, p.10에서 재인용).

Poppe는 그의 논문에서 변수에 대한 정의를

변수는 치환집합 안의 원소를 나타내는 기호이다(Poppe, 1993, p.110).

로 제시하고 있으며 우리나라 수학사전에서는 변수를

일반적으로 어떤 집합 X의 원소를 대입하는 것이 허용되는 문자 x를 변수라고 하며 X를 그 변역이라고 한다.

로 정의하면서 동시에

변수 x의 변역의 원은 x의 값이라고 하지만, x 그 자체가 그 임의의 값을 나타내는 것으로 간주되는 수가 많다(박을용 外 6인, 1995, p. 876).

라는 표현으로 변수가 일반화의 의미로 사용될 수 있음을 암시하고 있다. 우리나라 제6차 수학과 교육과정에 따른 수학 교과서에서도 다음과 같이 변수를 집합의 원소로 정의하고 있다[7].

집합 안의 여러 가지 값을 나타내는 문자(박두일 外 2인, 1995, 147).

학교수학에서는 변수가 함수의 딸린 개념으로 도입되고 있기 때문에, 일반적으로 함수 개념이 집합론적으로 제시될 때 변수가 집합의 원소로 정의된다. 이렇게 변수를 정적인 개념으로 정의하는 것은 3차 교육과정기 이후의 교과서에서 발견할 수 있다. 집합의 원소로서의 변수 정의 즉, 변수의 정적인 정의를 통해서는 사실상 변하는 대상이라는 변수의 동적 측면이 드러나기 어렵다.

동적 변화나 집합에 대한 아이디어를 사용하지 않고 변수를 기호의 관점에서 다루는 정의도 있다. 이러한 정의는 주로 무엇을 어떻게 대신하는 기호인가에 대한 부연 설명과 함께 다음과 같은 다양한 표현으로 나타난다.

한 개 이상의 값을 취하는 기호를 변수라고 한다(Hamley, 1934, p.11에서 재인용).

x를 우리가 택할 수 있는 수가 두어질 기호라고 하고 우리는 그것을 변수라고 부른다(Hamley, 1934, p.11에서 재인용).

7) 제 7차 수학과 교육과정에 따른 수학교과서의 경우는 〈제 7차 수학과 교육과정 [7-가] 단계의 변수 개념 지도에 관한 교수학적 논의(김남희, 2001)〉를 참고할 수 있다.

변수는 임의의 기호인데 그것의 의미가 아직 결정되어있지 않은 기호로서 그 의미가 정해지면 그것이 변수의 값이 된다. 변수의 값은 상황에 따라서 실재물, 명제, 함수, 집합, 관계들로 이루어진 임의의 집합 안의 원소이다(Schoenfeld & Arcavi, 1988, p.422).

대략적으로 이야기해서, 변수는 하나의 기호인데 변수기호로써 우리는 어떤 대상들(보통 대수에서는 수)을 대신하는 이름을 사용한다. 변수는 항상 어떤 대상들의 집합과 관련이 있는데 변수 대신에 그 대상들의 이름이 놓일 수 있다. 이런 대상들을 변수의 값이라고 한다(May & Engen, 1959, p.70).

이상에서 살펴본 바와 같이 변수에 대한 형식적인 정의는 변화하는 양에 대한 정의, 집합의 원소에 대한 정의 그리고 수 또는 임의의 대상에 대한 기호로 보는 정의로 구분됨을 알 수 있다. 현대에는 변수를 다양한 정의가 혼합된 포괄적인 의미로 사용하고 있으나, 변수의 동적 측면이 점차로 경시되면서 '변하는 대상'으로의 의미보다는 '집합의 원소' 또는 '대상에 대한 기호'로 보는 관점이 우세하다. 이러한 생각은 변수는 어떤 대상에 의해서 채워져야 할 빈자리일 뿐이고 그 자리는 상황에 따라서 서로 다른 기호로 구분될 뿐이라는 단순한 자리지기의 개념으로 이어진다(Freudenthal, 1984, p.1704).

(2) 변수 사용의 제 측면

Usiskin(1988)은 대수식의 각 유형에서 사용되고 있는 변수의 다양한 의미를 표 III-1과 같이 제시하고 있다(Usiskin, 1988, p.9). 그가 제시하고 있는 표를 보면 대수식의 유형에 따라서 변수의 아이디어가 다양하게 나타나고 있음을 쉽게 알 수 있다.

표 III-1에서 대수식이 서로 다른 명칭으로 구분되는 것은 대수식에서 변수 개념이 서로 다른 방식으로 사용되고 있음을 의미한다. 또한 Usiskin은 서로 다른 방식으로 사용되고 있는 변수의 의미가 구체적으로 어떠한 것인지에 대한 설명을 하기 위해 대수를 일반화된 산술, 문제풀이 과정, 양 사이의 관계 그리고 추상적인 구조의 4가지 맥락으로 나누고 각각의 경우에 변수가 갖는 의미를 다음과 같이 밝히고 있다(Usiskin, 1988, pp.10-16).

일반화된 산술의 맥락에서 볼 때 변수는 패턴을 일반화하는 도구(pattern generalizer)이다. 패턴의 일반화는 공통적인 속성을 갖는 구체적인 낱낱의 경우

표 III-1 대수식의 유형과 변수 개념

대수식		변수	변수의 아이디어
공식	A=L·W	A, L, W	임의의 양에 대한 기호. 한 변수의 변화는 다른 변수들의 변화를 함의
방정식	$5x = 40$	x	미지수: 해에 대한 자리지기
항등식	$\sin x = \cos x \tan x$	x	임의의 실수
수의 성질	$1 = n \cdot \frac{1}{n}$	n	산술패턴을 일반화하는 도구: 임의의 수
함수식	$y = kx$	x, k, y	x: 독립변수, y: 종속변수(함숫값), k: 매개변수

들을 동시에 고려하는 과정에서 이루어진다. 특히 대수에서는 수들 사이의 관계를 통합적으로 설명하기 위하여 '임의의 수'를 나타내는 변수를 이용하여 일반화가 이루어진다. 예를 들어, 실수에 대한 덧셈의 교환법칙은 모든 실수에 대한 경우를 포괄적으로 표현하기 위하여 임의의 실수를 나타내는 문자 a, b를 사용하여 식 $a+b=b+a$로 일반화되는 것이다. 패턴을 일반화하는 변수 개념은 변수를 사용한 대수적 표현을 의미 있게 받아들여 산술을 좀더 수월하게 학습할 수 있게 하는 장점을 지니므로 일찍부터 강조되고 있다. Max Bell과 Usiskin은 변수를 암묵적으로 혹은 명시적으로 사용하지 않고서는 산술을 적절하게 학습할 수 없다고 말하기도 한다. 학생들은 "임의의 수에 0을 곱하면 항상 0이 된다"처럼 수 관계를 말로 나타낸 표현보다 "모든 수 n에 대하여 $n \cdot 0 = 0$"처럼 수 관계를 대수적으로 표현할 때 수의 성질을 훨씬 더 명확하게 이해할 수 있다고 한다(Usiskin, 1988, p.12).

문제해결 과정의 맥락에서 볼 때 변수는 방정식의 해에 대한 자리지기인 미지수로 생각된다. 예를 들어 "어떤 수를 5배하여 3을 더하면 40이 된다. 처음에 주어진 어떤 수는 얼마인가?"라는 문제를 해결하는 과정에서 우리는 알고자 하는 어떤 수를 문자 x로 놓고 위의 문제를 $5x + 3 = 40$라는 대수식으로 번역한다. 그리고 난 후 이항과 같은 조작을 통해 또는 해가 될 가능성이 있는 몇 가지 수를 대입해 보는 행위를 통해 문자 x에 대한 값이 실제로 얼마인지를 구한다. 위와 같은 문제해결 과정에서 우리가 궁극적으로 얻고자 하는 것은 주어진 조건에 맞는 미지수이다. 미지수로서의 변수 개념은 앞에서 설명한 일반화하는 도구로서의 변수 개념과는 근본적으로 다른 것이다. 일반화의 과정에서는 수들 사이에 존재하고 있는 관계를 통합적으로 나타내고자 하는 행위가 중요시될 뿐 조건에 맞는 어떤 수를 찾고자하는 행위는 개입되지 않기 때문이다.

양 사이의 관계에서 변수는 독립변수, 종속변수, 매개변수[8])로 생각된다. 이러한 변수 개념이 앞에서 다룬 두 가지 변수 개념과 구분되는 근본적인 차이는 여기서 말하는 변수는 그 값이 어떠한 관계를 유지하면서 변해간다는 점이다.

대수에서 양 사이의 관계의 예로 직사각형의 면적 공식 A= L·W[9])를 생각해 볼 수 있다. 여기서 문자 A, L, W는 어떠한 관계(가로의 길이와 세로의 길이를 곱하면 면적이 된다)속에서 서로 관련을 맺으면서 하나의 값이 변하면 다른 값들의 변화를 수반하고 있다. 이 때 문자의 값을 어떠한 순서로 먼저 고정시키느냐에 따라 독립변수, 종속변수, 매개변수의 역할을 하는 문자는 달라지게 된다.

독립변수의 의미는 "x가 점점 커지면 $\frac{1}{x}$의 값은 어떻게 되는가?"와 같은 문제에서 분명하게 나타난다[10]). 이 문제는 x의 값을 구하고자 하는데 목적이 있는 것이 아니므로 x는 미지수가 아니다. 또한 x는 임의의 수를 대신하고는 있지만 이 문제는 앞에서 다룬 의미로서의 일반화된 패턴이라고 생각할 수 없다. 이 문제를 임의의 수에 대해 일반화된 패턴으로 본다면 x가 2일 때 "2가 점점 커지면 $\frac{1}{2}$의 값은 어떻게 되는가?"라는 적절하지 않은 표현을 얻게 되는 것이다.

위에서 언급한 모든 유형의 변수 개념은 "기울기가 11이고 (6, 2)를 지나는 방정식을 찾아라"와 같은 문제에서 설명 가능하다. 이 문제에 대한 해답에 이르는 일반적인 방법을 살펴보면 이 문제가 이제까지 언급된 변수 사용을 모두 포괄하고 있음을 알 수 있다. 이 문제의 풀이는 직선 위에 놓여있는 점들을 식 $y = mx + b$와 관련지으면서 시작한다. 이 때 m, b는 패턴을 일반화하기 위해 도입된 문자이면서 주어진 식에서는 매개변수의 역할을 한다. 이 식은 변수들 사이에 존재하는 어떤 패턴이면서 하나의 공식이라고 할 수 있다. 우리는 이 식을 정의역의 원소를 나타내는 변수 x와 공역의 원소를 나타내는 변수 y를 가지는 일종의 함수라고 생각하는데, 학생들은 m, x, b 중 어느 것이 독립변수인지를 명백히 구분하지 못할 수가 있다. 이 식을 일종의 패턴으로서 이해하는 것은 쉬우나 이 문제에서 학생들

---

8) 독립변수와 종속변수사이의 관계에 간접적인 영향을 주는 변수로서 조변수(助變數)라고도 부른다(박을용 외 6인, 1995, p.876). 매개변수에 관한 자세한 논의는 논문 〈매개변수 개념의 교수-학습에 관한 연구(김남희, 2004)〉를 참고할 수 있다.

9) A = (직사각형의 넓이), L = (직사각형의 가로의 길이), W = (직사각형의 세로의 길이)

10) 변수가 독립변수로 사용될 때 그것을 꼭두각시 변수(dummy variables)라고 부르는데 이는 변수를 나타내는 기호를 바꾸어도 주어진 문맥 내에서 의미상의 변화를 초래하지 않음을 뜻한다. 그러나 일반적으로 변수의 이러한 특수한 사용을 학생들이 잘 이해하고 있지 않다는 것이 알려져 있다. 예를 들면, 집합 $\{x \mid 3x = 6\}$ 와 $\{y \mid 3y = 6\}$이 같은 집합이 된다는 것과 위의 문제가 "y가 점점 커지면 $\frac{1}{y}$의 값은 어떻게 되는가?"와 동일한 문제라는 것을 학생들은 잘 이해하지 못하고 있다는 것이다(Usiskin, 1988, p.15).

은 모든 문자를 미지수로 보기 쉽다. 특히, 전통적으로 미지수를 나타내는데 사용되는 x, y는 더욱 더 그렇게 보인다. 문제에 기울기가 주어져 있으므로, 매개변수 m의 값에 11을 넣어 $y = 11x + b$를 얻는다. 이제 m은 상수로 고정되면서 b의 역할이 매개변수에서 미지수로 변하게 된다. $y = mx + b$는 수들 사이에 존재하는 일반적인 패턴을 나타내고 있기 때문에, 이 식에 독립변수 x, 종속변수 y에 대한 값으로 이루어진 임의의 순서쌍을 대입할 수 있으므로 b를 구하는 방법은 문제에 주어져 있는 순서쌍 $(6, 2)$을 사용하는 것이다. $b = -64$를 얻고, $y = 11x - 64$ 라는 식이 결정된다. 여기서 x, y는 미지수가 아니므로 x, y의 값을 구하지는 않는다.

구조의 맥락에서 보면 변수는 어떤 성질들을 만족하는 임의의 대상을 나타내는 기호에 지나지 않는다. 특히 대수에서 다루어지는 군, 환, 체, 정역, 벡터 공간과 같은 추상구조에서 나타나는 변수는 임의의 대상으로 생각된다. 구조의 맥락에서는 변수가 나타내는 대상에 대한 고려가 무의미하고 변수 위에서의 조작만이 의미를 갖게 된다(Usiskin, 1988, p.15).

학교수학에서 이러한 변수 개념은 변수를 형식적 조작의 대상으로 다루는 경우에서 찾아볼 수 있다. 그 예는 우리가 자주 다루는 "$3x^2 + 4ax - 132a^2$을 인수분해하라"와 같은 문제에서도 발견할 수 있다. 이 문제는 방정식이 아니므로 여기서의 변수는 미지수로서 여겨지지 않는다. 또한 이 문제에는 일반화해야 할 어떤 패턴이 존재하지 않으므로 변수는 일반화하는 도구로 생각되지도 않는다. 더욱이 이 문제에는 함수와 같은 관계가 개입되어 있지 않기 때문에 독립, 종속의 변수 개념도 적용되지 않는다. 이 문제에서 나타나는 변수는 임의의 기호에 불과한 것이다. 그렇기 때문에 변수 x, a가 나타내는 대상에 대한 고려는 무의미한 것이 되고 x, a에 대한 조작만이 의미를 갖게 되는 것이다. 이는 우리가 위의 인수분해 문제의 결과 $(3x + 22a)(x - 6a)$을 검산하는 경우에서도 마찬가지이다. 우리는 문제에서 주어진 다항식과 인수분해된 결과에 있는 x, a에 여러 가지 값들을 대입해 보면서 검산을 하는 것이 아니라 인수분해한 식에 있는 인수들끼리 다시 곱함으로써 문제에 있는 처음의 다항식을 얻는 방법을 택하고 있는 것이다.

우리는 학생들이 변수를 사용할 때 일반적으로 변수가 나타내는 대상(이와 같은 식에서는 일반적으로 실수가 됨)을 마음속에 품기를 원하면서도, 때로는 학생들이 그 대상을 생각하지 않고 변수에 대한 조작만을 행하길 바라는 경우가 종종 있다. 예를 들면, $2\sin^2 x - 1 = \sin^4 x - \cos^4 x$과 같은 식을 유도해내는 문제에서

표 III-2 : 변수 사용의 제 측면

대수의 유형	변수를 사용하는 방식
일반화된 산술	일반화하는 도구
문제해결 과정의 학습	자리지기로서의 미지수
양 사이의 관계의 학습	독립변수, 종속변수, 매개변수
구조의 학습	임의의 대상, 임의의 기호(형식적 조작의 대상)

우리는 학생들이 특정한 수에 대한 사인값, 코사인값, 또는 사인함수나 코사인함수를 생각하지 않기를 바라며 단지 삼각함수의 성질을 이용하여 좌변의 식에서 우변의 식을 유도하기만을 바랄 뿐이다.

대수에서 다양한 방식으로 사용되고 있는 변수 개념을 일반화된 산술, 문제해결 과정, 양 사이의 관계, 구조의 4가지 맥락에서 살펴본 이상의 내용을 종합하면 표 III-2와 같다.

변수 개념의 이해는 대수의 성공적인 학습뿐만 아니라 수많은 수학적 아이디어를 의미 있게 경험할 수 있는 길을 제공한다. 그러나 위에서 살펴본 바와 같이 변수 개념은 매우 다양해서 학생들이 겪는 학습의 주된 어려움은 변수의 의미에 대한 이해 그 자체에서부터 발생할 수 있다. 따라서 대수의 성공적인 학습을 위한 토대가 되어야 할 변수 개념이 그에 대한 개념적 이해의 결여로 인해 오히려 학생들이 대수를 학습하는데 큰 장애가 될 가능성도 있는 것이다. 특히 '새수학'의 형식주의적인 지도방식을 따르면서 알고리즘적 사고와 계산패턴의 인식을 강조하고 있는 현재의 학교수학에서는 수학 교재의 대부분의 내용이 '해답 찾기'를 강조함으로써 변수는 방정식의 해에 대한 자리지기로서의 의미가 부각되는 경향이 있다. 이러한 학습상황에서 학생들은 변수의 다양한 의미를 의식하지 못하게 된다. 학교수학은 다양한 의미를 가지는 변수가 수학에서 여러 가지 양상으로 나타나고 있다[11]는 사실을 간과하고 있는 것이다. 이는 풍부한 개념적 구조를 가지는 변수의 심층이 변수의 표층 즉, 자리지기로 보는 관점에 의해 가려지면서 변수를 지나치게 단순화된 개념으로 다루고 있음을 지적하는 것이다.

11) 변수로 사용되는 문자의 의미를 보다 명확하게 파악하기 위해서 고려해야 할 사항들을 다룬 논문 〈변수(문자)의 의미 이해를 위한 고찰(김남희, 1997)〉를 참고할 수 있다.

3. 변수 개념의 심리학적 접근

수학에서 변수는 일반적으로 문자로 표현되는데 변수 개념에 대한 이해는 수학에서 사용되는 문자의 의미를 이해하는 수준과 관련이 있다. 또한 아동이 변수로 사용되는 문자의 의미를 이해하는 수준은 그들의 인지발달 수준과도 관련이 있다. 본 절에서는 먼저 Küchemann이 밝히고 있는 문자 이해의 4가지 수준을 제시하고 문자 이해 수준과 Piaget의 인지 발달 수준과의 대응관계를 살펴본다. 문자를 이해하는 수준을 Piaget의 인지 발달 단계에 연결시켜 보려는 시도는 변수의 의미 이해에 대한 분석을 좀 더 일반적인 틀 위에 놓고자 하는 것이다. Piaget가 변수를 올바로 다루는 것은 형식적 조작 수준에서의 능력이라고 말하고 있듯이 변수 개념에 대한 완전한 이해는 형식적 조작 말기 단계에 가서야 비로소 가능해지는 것이다. 그러나 외국 학생들과 우리나라 학생들을 대상으로 한 실험 결과는 형식적 조작 단계에 있는 중등학교 학생들이 변수를 불완전하게 이해하고 있다는 사실을 잘 보여주고 있다. 선행연구들은 이러한 현상을 학생들이 변수 개념 학습에서 보이고 있는 인지적 장애로 설명하고 있다. 이는 학생들이 변수를 올바로 이해할 수 있도록 지도하기 위한 방법을 모색하기 위해서는 먼저 변수 개념에 대해 학생들이 품고 있는 인지적 장애에 대한 분석이 필요함을 뜻한다. 따라서 본 절에서는 인지적 장애의 다양한 유형을 밝히면서 그 배후에 있는 변수 개념 이미지를 확인하고 인지적 장애를 유발하는 그릇된 개념 이미지의 형성 원인을 찾아보려는 노력을 하였다. 변수 개념에 대한 인지적 장애는 미성숙한 학습자의 인지상태에서 비롯된 것이라기보다는 일반적으로 교과서나 교사의 부주의한 혹은 부적절한 지도 방식, 제한된 학습경험의 제공에서 비롯된 것으로 해석된다. 이는 교과서나 교사가 학생들의 올바른 변수 개념 형성을 위해 적절한 지도 방식을 취하면서 풍부한 학습경험을 제공한다면 학생들이 경험하는 인지적 장애를 완화시킬 수 있다는 가능성을 시사하고 있는 것이다. 학생들이 경험하는 인지적 장애를 완화시키고자 하는 노력은 컴퓨터 프로그래밍 경험이 아동의 변수 개념 발달에 미치는 영향에 대한 선행연구에서도 찾아 볼 수 있다. 컴퓨터를 통한 학습은 변수 개념에 대해 이미 알려져 있는 인지적 장애를 해결한다는 측면에서 대체로 긍정적 효과를 높이 평가받고 있다.

(1) 문자의 이해 수준

Küchemann(1981)은 대수에서의 문자 사용에 대한 학생들의 이해 수준을 평가하려는 시도를 하였는데, 문자의 다양한 사용법을 위계적으로 분류하여 문자 이해의 4가지 수준을 설정한 후 그것을 Piaget의 인지발달 단계 안에 있는 하위단계에 대응시키고 있다. 그는 13, 14, 15세의 학생들을 대상으로 대수의 문자사용에 대한 조사 결과에서 실제로 학생들이 문자에 서로 다른 여러 가지 의미를 부여하고 있다는 것을 보이고 있다. 이러한 사실 때문에, 학생들은 어떤 문제를 풀 때 교사가 기대하지 않았던 방식으로 문제를 해결하기도 하고, 그들에게 제시되는 문제의 난이도는 문자에 대한 학생 나름대로의 해석에 따라 달라질 수 있는 것이다(Küchemann, 1981, pp.102-103). Küchemann이 밝히고 있는 문자 사용의 6가지 유형은 그 위계적 성질에 따라 표 Ⅲ-3과 같이 정리된다(Küchemann, 1981, p.104).

Küchemann은 여기서 변수를 동적 속성을 강조하는 전통적인 개념으로 제한하여 다루고 있다. 그는 문자에 부여되는 특정한 해석에 연구의 초점을 두었기 때문에 변수라는 용어를 포괄적으로 사용하지 않고 어떤 관계 속에서 문자의 값이 변하는 것을 함의하는 개념으로서만 취급하고 있다. 어떤 문제에 적용되는 문자에 대한 해석이 위와 같이 항상 명확하게 구분되어 나타나는 것은 아니겠지만 편의상 구분한 것으로 간주하고 고찰해 보기로 한다.

일반적으로 유형 1, 2, 3은 문자에 대한 이해 수준이 낮은 경우인데 Küchemann은 13, 14, 15세의 학생들이 문제를 해결할 때 이 3가지 유형 중의 하나의 유형에 머물러서 문제를 해결한다는 것을 발견하였다.

표 Ⅲ-3 : 문자 사용의 6가지 유형

구분	문자사용의 특징
유형 1	문자를 수치화함
유형 2	문자를 사용하지 않음
유형 3	문자를 어떤 대상으로 사용함
유형 4	문자를 특정한 미지수로 여김
유형 5	문자를 일반화된 수로 여김
유형 6	문자를 변수로 여김

문자 사용 유형 1은 처음부터 문자에 수가 할당되는 경우이다. 이는 문자에 어떤 조작이 행해지지 않고 단순히 문자에 수가 주어진다. 예를 들면 '$a+5=8$일 때 a는 얼마인가?'와 같은 문제에서 이미 익숙하게 알고 있는 합을 연상하여 3을 즉각적으로 구하거나 5부터 몇 번을 세어 나가야 8이 되는가를 생각하여 3을 얻는 경우가 이에 해당된다. 문자 사용 유형 2는 문자를 무시하거나 기껏해야 문자의 존재를 인정하면서 문자에 어떠한 의미도 부여하지 않는 경우이다. 예를 들면 '$a+b=43$일 때, $a+b+2$는 얼마인가?'와 같은 문제를 다룰 때 문자를 사용한 조작을 하지 않고 두 식을 대조함으로써 단순히 2를 더하는 것에만 초점을 두고 문제를 해결하는 경우이다. 문자 사용 유형 3은 문자의 의미를 '추상적인 것'에서 '구체적이고 실제적인 것'으로 바꾸어 생각하는 경우로서 문자를 어떤 대상에 대한 약호로 다루는 경우와 문자를 어떤 대상 그 자체를 대신하는 것으로 사용하는 경우 그리고 문자를 대상의 수를 대신하는 것으로 사용하는 경우가 이에 해당된다. 첫 번째 경우의 예로는 식 $2a+5b+a$에서 a를 사과(apple)로 b를 바나나(banana)로 생각하여 3개의 사과와 5개의 바나나가 있으므로 $3a+5b$로 답하는 것을 들 수 있고, 두 번째 경우의 예로는 위와 같은 식 $2a+5b+a$에서 a, b 그 자체를 어떤 대상으로 보고 2개의 a와 5개의 b 그리고 다른 1개의 a로 생각, 모두 합하면 3개의 a와 5개의 b가 된다고 답하는 것을 들 수 있다. 세 번째 경우의 예는 주로 문장제를 식으로 번역하는 과정에서 발견된다. 예를 들면 '파란(blue)연필은 한 자루에 50원하고 빨간(red)연필은 한 자루에 60원 한다. 영희가 각 연필을 몇 자루씩 사고 연필 값으로 900원을 지불하였다'와 같은 문장제에서 b를 파란 연필의 수, r을 빨간 연필의 수로 생각하고 방정식 $50b+60r=900$을 세우는 것이 이에 해당된다. 문자 사용 유형 4는 문자를 특정하지만 알고 있지는 않은 수(또는 대상)로 여기는 경우이다. 이 경우에서는 직접 그 문자 위에서의 조작이 행해질 수도 있다. 예를 들면 그림 Ⅲ-1과 같은 문제(각 변의 길이가 2이고 n개의 변을 가진 도형의 길이를 구하는 문제)에서 학생들은 문자 n을 비록 그 값이 알려져 있지는 않지만 특정한 수를 대신하고 있는 것으로 연산 가능한 것으로서 해석하여 $2n$이라는 답을 산출한다. 문자 사용 유형 5는 유형 4와 대조적으로 문자를 일반화된 수로 해석하면서 그것이 단 하나의 값만을 나타내는 것이 아니라 한 가지 이상의 값 즉, 여러 가지 값을 취할 수 있다고 보는 경우이다. 이 때 문자는 번갈아 가며 다양한 값을 취하면서 집합의 원소를 대표하는 것으로 다루어지기도 한다. 문제 '$c<d$이고 $c+d=10$이면 $c=?$'의 답 $c=10-d$에서 c는 여러 개의 값으로 이루어진 집합의 원소를 대표하는 것으로 여겨진다. Küchemann이 제시하고 있는 문제 '식

$L+M+N=L+P+N$은 어떤 경우에 참이 되는가?'는 문자를 일반화된 수의 개념으로 다루어야 옳게 해결할 수 있다. 두 개의 미지의 집합 M, P가 임의의 공통된 값을 가질 수 있다는 것을 생각하지 못하는 학생들은 '$M=P$인 경우에 참'이라는 답을 이해하지 못한다. 문자 사용 유형 6에서 문자는 여러 개의 값으로 이루어진 두 집합 사이에 존재하는 어떤 관계를 나타내는 것으로 다루어진다. 이 경우는 앞에서 다루어 온 특정 미지수나 일반화된 수에서 제시되었던 사고를 뛰어넘어서 문자의 값이 어떤 관계 속에서 어떻게 변화하는지에 대한 이해가 가능한 경우이다. 그러나 Küchemann은 이러한 경우로 해석되어야 할 문자를 포함하고 있는 문제가 실제로 학습자에 의해 종종 더 쉬운 방법(문자에 대한 좀 더 간편한 해석)으로도 해결되고 있기 때문에 변수 개념의 사용이 필수적인 문제를 고안하는 것이 어려운 일이라고 말한다. 그는 이런 문제점을 최소화하는 적절한 문제로 'n이 자연수일 때, $2n$과 $n+2$의 크기를 비교하여라'라는 문제를 제시하고 있다. 이 문제의 요점은 학생들이 $2n$과 $n+2$의 상대적인 크기가 n의 값에 달려있다는 것을 인식하고 있는지의 여부를 밝히는 것이다. Küchemann은 몇 가지 단계를 거쳐 문자 n의 의미와 그 역할을 효과적으로 경험하는 과정을 설명하고 있다(Küchemann, 1981, pp.111-112). 먼저 n에 대해 특정한 값을 취해 보면서 $2n$과 $n+2$에 어떤 일이 일어나는지를 살펴보면서 $2n$과 $n+2$ 사이의 관계를 파악해 본다. 예를 들어 $n=4$와 $n=7$의 경우를 생각해 보면 순서쌍 $(2n,\ n+2)$은 (8, 6), (14, 9)이 되므로 $2n>n+2$라는 일차적 관계(이하, 일차 관계라 칭함)를 알 수 있다. 다음에 두 순서쌍을 비교해 보면서 $2n$과 $n+2$ 사이에 새롭게 부여되는 관계 즉, 이차 관계를 찾아보는 것이다. 두 순서쌍을 비교해 보면 'n이 증가하면 $2n$과 $n+2$사이의 차이가 증가한다$(14-9>8-6)$' 또는 '$2n$에서의 증가량이 $n+2$에서의 증가량보다 크다$(14-8>9-6)$'라는 사실을 찾을 수가 있다. 이러한 이차 관계가 부여하는 중요한 의미는 n이 어떤 작은 값을 가질 때에는 $2n$과 $n+2$ 사이에 차이가 생기지 않거나($n=2$일 때) 심지어는 $2n$과 $n+2$의 크기가 뒤바뀔 수 도 있다는($n=1$일 때) 가능성을 제시해주고 있다는 것이다. 이러한 단계에 따라서 학생들은 $2n$과 $n+2$의 상대적인 크기에 n이 영향을 줄 수 있다는 것을 고려하게 되고 문제

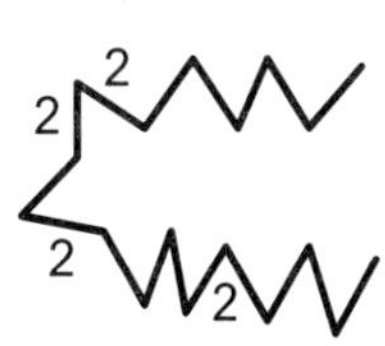

그림 Ⅲ-1 : Küchemann의 실험 문제

에 적절한 답을 산출하게 된다. 여기서 문자를 변수로서 효과적으로 경험하는 데에는 이차 관계를 파악하는 과정이 의미 있는 활동으로 개입됨을 알 수 있다.

Küchemann은 위에서 다룬 문자 사용의 6가지 유형을 토대로 학생들이 문자를 이해하는 수준을 다음과 같은 4가지 수준으로 나누어 설명하고 있다(Küchemann, 1981, pp.111-117).

문자 이해 수준 1은 문자를 위의 6가지 유형 중 유형 1, 2, 3으로 이해하는데, 대수 구문의 이해와 문자식 계산에 있어서는 불완전한 능력을 보이는 경우에 해당된다. 예를 들어, 수준 1에 있는 학생들은 앞에서 제시한 문제 '$2a+5b+a$를 간단히 하라'에서 $3a+b$라는 답을 내지만 곧 $3a+b$라는 답에 연산 기호가 남아 있는 것을 불완전하게 생각하고 다시 $3ab$라고 답한다. 또한 그림 III-1에 제시된 문제에 대해서도 $2n$이라는 답 대신에 변의 개수를 세어서 34(그림에 제시되어 있는 도형에 변이 17개 있으므로)라는 답을 제시한다. 즉, 문자를 미지수로 다루어야하는 문제에서 문자를 수치화하여 계산하는 것이다. 또 $3n+4$를 간단히 할 때 문자를 무시하고 7이라고 답하기도 한다. 문자 이해 수준 2는 문자를 사용하는 유형에 있어서는 수준 1과 같으면서 대수적 기호를 올바로 사용하고 대수 구문을 바르게 이해하고 있는 경우다. 예를 들면, 문자 이해 수준 1에서는 $3a+b$와 같은 답을 연산기호가 포함되어 있다는 의미에서 완결되지 않았다고 보는 반면, 수준 2에서는 그것을 인정하는 '완결성 결여'의 수용 능력을 나타낸다. 또 수준 2에서는 문제 '$u=v+3$이고 $v=1$이다. u의 값은 얼마인가?'에서의 $u=v+3$(한 미지수는 다른 미지수보다 3이 더 크다)과 같이 결정되지 않은 상태의 대수적 표현이 이해되는 반면 수준 1에서는 식 $u=v+3$이 분명하지 않은 표현으로 여겨져서 학생들의 이해에 곤란을 유발시킨다. 문자 이해 수준 3은 문자를 미지수로 이해하여 사용할 수 있는 경우이다. 물론 문제의 구조가 간단한 경우에 한에서 문자를 미지수로 다룰 수 있다. 이 수준에서도 $8+g$, $3n+4$와 같이 완결되지 않은 식을 의미 있는 것으로 간주 할 수 있다. 문자 이해 수준 4는 문자를 미지수로 이해하여 사용하기를 요구하면서 구조가 좀 더 복잡한 문제를 다룰 수 있고 문자를 일반화된 수나 변수로 해석할 수 있는 수준이다. 이 수준에서는 문자를 특정하지만 알고 있지 않은 수로 다루면서 방정식을 성공적으로 풀 수 있고, 문자가 여러 가지 값을 나타내는 대수식을 이해할 수 있으며, 문자가 어떤 관계 속에서 그 값이 변하여가는 것을 함의하고 있는 상황도 올바르게 파악할 수 있는 수준이다. 이상의 내용을 정리하면 표 III-4와 같다.

Küchemann은 Piaget의 인지 발달 단계에 대한 일반적 설명과 Collis(1975)의

표 III-4 : Küchemann의 문자 이해 수준

문자 사용 / 문자 이해	유형 1	유형 2	유형 3	유형 4	유형 5	유형 6	설명
문자 이해 수준 1	○	○	○				대수 구문의 이해와 문자식 계산에 있어서 불완전한 능력을 보인다
문자 이해 수준 2	○	○	○				대수 기호를 올바로 사용하고 대수 구문을 바르게 이해하고 있다
문자 이해 수준 3	○	○	○	○			문제의 구조가 간단한 경우에 한에서 문자를 미지수로 다룰 수 있다.
문자 이해 수준 4	○	○	○	○	○	○	구조가 좀 더 복잡한 문제에서도 문자를 미지수로 다룰 수 있다.

연구를 기초로 하여 문자 이해의 수준을 Piaget의 인지 발달 단계와 연결시켜 보려는 시도를 하였다. 문자 이해 수준을 Piaget의 인지 발달 단계에 대응시킨 Collis의 연구는 문자의 의미에 대한 문제를 상세히 다루고 있지는 않지만 구체적 조작기와 형식적 조작기에 있는 학생들의 생각을 다음과 같이 설명하고 있다.

Collis는 구체적 조작기에 있는 학생들이 '수를 대신하고 있는 문자'에 대하여 가지고 있는 사고를 크게 세 가지 수준으로 나누어 설명한다(Rosnick, 1981, pp.27-28에서 재인용). 첫 번째 수준에 있는 학생들은 문자가 유일하게 정해져 있는 특정한 수에 직접 연결되어 있다고 생각하며 그 문자에 다른 수가 대입될 수는 없다고 생각한다. 학생들은 변수를 주어진 상황에 적절하다고 생각되는 특정한 수라고 생각하고 있으며 한 번의 대입으로 적절한 결과를 얻지 못한 경우에는 거기에서 포기를 하고 만다. 두 번째 수준의 학생들은 문자에 일련의 수를 대입해 볼 수는 있으나 여전히 유일하게 하나의 수에서만 올바른 대입이 이루어질 것이라는 생각을 가지고 있다. 이 수준에서는 '추측과 검사'를 통해서 수 집합에 대해서 문제를 검사해 볼 수 있다. 세 번째 수준은 Collis가 구체적 일반화의 수준이라고 언급하고 있는 수준으로서 이 단계에 있는 학생들은 '일반화된 수'로서의 문자 개념을 이해한다. 이 수준의 학생들은 직사각형에 대한 공식 $A = L \times W$를 사용하면서 이 공식이 임의의 직사각형에 적용된다는 것을 이해할 수 있다. 그러나 Collis는 다음과 같이 말한다. "학생들에게 이 식은 직사각형이 변함에 따라 면적도 변하는 식으로 이해된다. 즉, 직사각형과 그것의 면적이 서로 영향을 주며 변하는 식으로 간주되는 것이다. 여기서 학생들은 변수 A, L, W중 하나(혹은 그 이상)의 변화가 나머지 변수들의 변화에 어떻게 영향을 주는가는 파악하지 못한다. 즉, 그는 'A가 상수이고 W가 변할 때, 길이 L엔 어떠한 변화가 일어나는가?'와 같은 문제는 풀 수 없는 것이다(Collis, 1975, p.9). Collis는 A가 상수이고 W는 변할 때, 길이 L의 변화에 대한 문제를 수행할 수 있기 위해서는 추상적 사고가 요구되고 형식적 조작기의 사고 수준에 있는 학생만이 그러한 문제를 해결할 수 있다고 말하고 있다. Collis는 형식적 조작기의 사고 수준에서는 '일반화된 수 개념'이 발달된다고 보고 있으며 '일반화된 수 개념'에 의해서 변수(가령, 기호 L)가 자연스럽게 어떤 실재로 여겨진다고 생각한다. 이 수준에서 기호는 구체적 상황에 관계된 수의 변역에 종속되어 있는 변수로서 여전히 수가 갖는 성질을 똑같이 가지면서 추상적으로 다루어진다고 말하고 있다(Collis, 1975, p.44). Piaget는 형식적 사고 발달의 외적 기준으로서 구체적 경험과 무관하게 언어적 자료만으로 추론을 할 수가 있고 경험에서 있을 수 있는 모든 요인을 조직적으로 고려하여 사고에 대한 사고를 할 수 있다는 것을 들고 있다.

Küchemann은 위와 같은 Collis의 설명을 기초로 하여, 구체적 조작기와 형식적 조작기에 있는 학생들의 사고에 있어서의 문자 이해 수준을 Piaget의 인지발달 단계와 그 하위단계에 다음과 같이 대응시키고 있다(Küchemann, 1981, p.117).

문자 이해 수준 1: 구체적 조작 단계 말기 이전
문자 이해 수준 2: 구체적 조작 단계 말기
문자 이해 수준 3: 형식적 조작 단계 초기
문자 이해 수준 4: 형식적 조작 단계 말기

문자 이해 수준 1과 문자 이해 수준 2에 있는 학생들은 구체적 현실에 연결되어 있는 문제들을 해결할 수 있으며 문자 이해 수준 3과 문자 이해 수준 4에 있는 학생들은 추상적인 혹은 가정되는 상황에 대한 문제 그리고 여러 가지 관계를 다루면서 다양한 조작과 형식적 사고를 요구하고 있는 문제들을 해결할 수 있다.

이상에서 살펴본 바에 의하면, 학생들은 형식적 조작기에 이르러서 수학에서 변수로 사용되는 문자에 대한 다양한 사용법을 비로소 완전하게 이해할 수 있음을 알 수 있다. 즉, 변수 개념에 대한 이해는 형식적 조작 단계에 이르러서야 완전하게 이루어지는 것이다.

(2) 변수 개념과 인지적 장애

변수 개념에 대한 '오개념'은 변수 개념 학습에서 인지적 장애를 일으키는 그릇되게 형성되어 있는 개념 이미지에서 비롯된다. 따라서 학생들이 변수 개념을 올바로 이해하려면 변수에 대하여 그들이 품고 있는 그릇된 개념 이미지가 적절한 방향으로 전환되는 것이 선행되어야 한다. 이를 위해서는 먼저 학생들이 변수에 대해 가지고 있는 개념 이미지의 유형 및 그로 인해 나타나는 인지적 장애의 실태에 대한 분석이 필요하다. 본 절에서는 우리나라와 외국의 중등학교 학생들을 대상으로 한 실험연구(Collis, 1974; Wagner, 1981; Clement, 1982; Rosnick, 1981; Usiskin, 1988; Booth, 1988; 拙稿, 1992; 황우형, 1993)에서 밝혀진 변수 개념에 대한 인지적 장애의 유형을 정리하면서 그 원인이 되는 변수 개념 이미지에 대한 분석을 해 본다. 이러한 과정 속에서 인지적 장애를 유발하는 그릇된 개념 이미지의 형성 원인을 찾아보고자 하였다.

① 개념 정의와 개념 이미지

Vinner는 개념을 성공적으로 다루기 위해서는 개념 정의가 아닌 개념 이미지가 필요하다는 주장을 제시하고 있다(Vinner & Drefus, 1989, pp.356-366). 그가 말하는 개념 이미지는 주어진 개념과 관련되어 있는 심상, 개념에 관련된 여러 가지 성질 모두를 포함하고 있다. 여기서 개념의 심상이라는 것은 주어진 개념과 관련하여 개인의 마음속에 형성된 모든 표상 즉, 그림, 기호, 다이어그램, 그래프 등의 집합이다. 예를 들어, 변수 개념의 심상에는 기호 x, y가 포함될 수 있다. 또한 개념과 관련된 여러 가지 성질이라는 것은 예컨대, '변수는 반드시 문자로 표현되어야 한다', '변수는 수를 대신한다'처럼 각 개인의 마음속에 자리잡고 있는 주어진 개념에 대한 성질이다. 개념에 대한 심상, 개념에 관련된 여러 가지 성질 모두를 포함하고 있는 개념 이미지는 개인에 따라 다르고 각 개인의 경험을 통해 오랜 시간에 걸쳐 형성되어 온 것이며 개인이 성숙해감에 따라, 다시 말하면 새로운 경험을 동화하고 그것에 적응함에 따라 변하여 가는 것이라고 Vinner는 말하고 있다.

한편, 개념 정의는 그 개념을 정확하게 설명하기 위해서 언어적으로 표현된 것이다. 일반적으로 수학에서 인정되는 것은 개념의 형식적인 정의다. 그러나 학생들에 의해서 구성되는 개인적인 개념 정의는 수학에서 인정되고 있는 형식적인 개념 정의와 다를 수 있다. 수학에서는 개념에 대한 형식적인 정의가 많이 다루어지고 있으나 주어진 수학적 대상이 그 개념의 예가 되는지 아닌지를 결정할 때 학생들은 개념의 형식적인 정의를 이용하지는 않는다. 대부분의 경우 학생들은 그 개념의 예와 예가 아닌 것을 구별하기 위해 자신들의 경험의 결과인 개념 이미지에 근거하여 결정을 내리는 것이다. 예를 들어 연속에 대한 $\varepsilon - \delta$식의 정의 또는 함수의 극한을 이용한 연속의 정의를 학습한 후에도 학생들은 연속함수를 구별할 때 연속의 형식적인 정의를 사용하는 것이 아니고 연속에 대한 개념 이미지 예컨대, 펜을 놓지 않고 한 번에 쭉 그을 수 있다는 사실에 근거하여 판단을 하는 것이다.

학생들은 수학적 개념의 형식적인 정의를 배우기 이전에 이미 이러저러한 형태로 그 개념과 마주친 적이 있으며 그에 따라 형성된 개념 이미지가 학생의 마음속에 자리잡고 있다가 그 개념을 다루게될 때 개념 이미지가 마음속으로부터 불러내어져서 의식적 혹은 무의식적으로 그 개념의 의미와 사용방식에 영향을 주게 된다. 때로는 개념 이미지가 형식적인 개념 정의와 갈등을 일으키기도 한다(박선화, 1993, p.189). 따라서 우리는 어떤 개념에 대한 학생의 반응이 교사가 기대하고 있는 것과 다를 수 있다는 것을 생각할 수 있게 된다.

학생들이 변수 개념을 학습할 때에도 이와 비슷한 상황이 나타난다고 생각된다. 변수에 대한 형식적인 정의는 중학교 1학년 함수 단원에서 비로소 등장한다. 그러나 학생들은 변수의 형식적인 정의를 배우기 이전에 이미 여러 가지 형태로 변수 개념을 접하게 된다. 고정된 대상에 이름을 부여하거나 구체적인 대상의 수를 구하기 위해 구하고자 하는 어떤 수를 □로 놓고 식을 세우는 것, 수의 성질을 발견하여 일반화의 초보적인 표현 □ + △ = △ + □을 구성하거나 측정행위를 통해 실세계의 변하는 대상을 수치로 나타내면서 변화의 성질을 객관적으로 표현하는 경우 등은 이미 초등학교 수준에서 변수를 다루고 있는 예가 된다. 학생들은 변수의 형식적인 정의를 배우기 이전에 은연중에 그 개념을 접하는 과정 속에서 막연하게나마 변수에 대한 그들 나름대로의 인지 구조를 형성해 나간다. 예를 들면 초등학교 6학년 교과서에서 분수의 나눗셈 규칙을 설명하기 위해 나오는 $\frac{\triangle}{\square} \div \frac{\star}{\bigcirc} = \frac{\triangle}{\square} \times \frac{\bigcirc}{\star}$와 같은 식의 표현을 접할 때 학생들은 기호 △, □, ☆, ○가 수를 일반화하는 변수라고 구체적으로 설명을 하지는 못하지만 적어도 그러한 기호들이 수를 대신하고 있다는 것은 이해하게 된다. 이 때 학생들의 마음속에는 수학에서는 수를 대신하여 기호를 사용할 수 있다는 생각이 자리잡게 된다. 그리고 이것은 변수를 형식적인 정의를 통해 접하게 될 때 변수가 대신하는 것은

‘수’라는 생각으로 나타나게된다.

오랜 시간에 걸쳐 이러저러한 경험을 통해 형성된 개념 이미지는 개념을 사용하는 단계에서 갈등을 유발하기도 한다. 또한 변수에 대해서 학생들이 이미 갖고 있는 초기 인상은 변수의 일반적인 개념을 구성하는데 방해가 되기도 한다. 예를 들면, 변수를 점 A, 점 B와 같은 이름으로 접하고 나면 변수를 어떤 축약어라고 생각하기 쉽다. 또한 변수를 방정식의 미지수로서 처음 접하게 되면 문자는 어떤 특정한 값을 나타내는 것이라고 생각하기 쉽다. 그런 학생들은 일반적인 명제에서 부정소를 나타내는 변수를 접할 때 그 변수에 어떤 값을 대입시켜서 계산

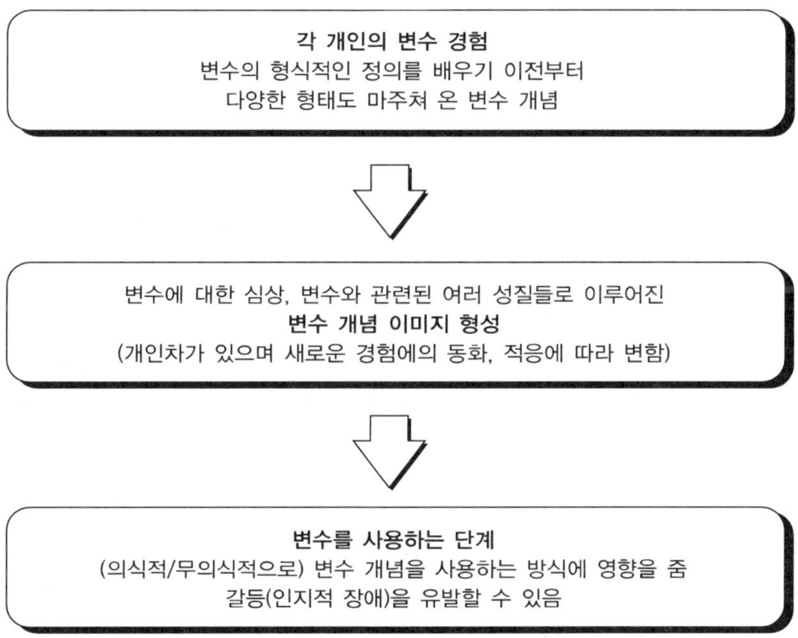

그림 III–2 : 변수개념 이미지와 변수 사용 방식과의 관련

을 해버리는 오류를 범하게 되기도 하는 것이다(拙稿, 1992, p.200).

변수 개념 이미지의 형성 과정, 변수 개념 이미지와 변수 사용 방식과의 관련에 대한 이상과 같은 설명을 그림 III-2와 같이 도식으로 요약해 볼 수 있다.

② 변수 개념에 대한 인지적 장애의 유형

인지적 장애란 어떤 지식이 특정한 문제를 해결하는데 일반적으로 적절한 지식이어서 학생의 마음속에 정착되어 있다가 그가 새로운 문제를 접하게 되었을 때 그 상황에는 적용하기 어려운 부적절한 지식으로 작용하게 되는 것을 말한다(Tall, 1989, p.88). 변수 개념 학습에서 나타나는 인지적 장애는 변수 개념에 대한 학습자의 제한된 학습경험이나 정신적인 미성숙으로 인해 그의 마음속에 그릇된 개념 이미지가 형성되어있어서 학습자가 변수를 사용하는 단계에서 그것이 갈등을 유발하는 것으로 해석된다. 다시 말하면 학습자가 품고 있는 변수에 대한 개념 이미지가 변수를 포함하고 있는 몇몇 문제 상황에서는 일반적으로 적절한 지식으로 작용하다가 보다 일반적인 문제 상황에 가서는 적용하기 어렵게 되는 것이다.

a. 변수 기호의 임의성에 대한 이해 결여

Wagner(1981)는 두 집합 사이의 관계를 설명하는 수단으로서 제공되는 변수를 이용하여 학생들이 변수 기호의 변환 아래서 관계를 보존시킬 수 있는가의 여부를 조사하고, 변수에 대해서 학생들이 가지고 있는 개념 이미지를 밝히고 있다. 그 결과 Wagner는 학생들이 변수에 대한 두 가지 그릇된 개념 이미지를 가지고 있다는 것을 알아내었다. 그 하나는 변수를 표시하는 기호의 변화가 변수가 나타내고 있는 대상의 변화를 함의하고 있다는 생각이고, 다른 하나는 일반적으로 변수로 사용되는 알파벳을 다룰 때 알파벳의 순서가 수의 순서에 대응되어 있다고 생각하고 있는 것이다.

Piaget의 보존 이론을 근거로 하여 진행된 Wagner의 연구는 변수를 나타내는 기호의 변환아래서 방정식과 함수를 보존시킬 수 있는가에 대한 학생들의 반응을 조사한 것이다(Wagner, 1981, pp.107-118). 그 과정에서 그는 Piaget의 보존 이론을 '관계'라는 개념에 적용시키고 관계라는 개념에 무관한 성질로서 변수의 표현을 이용, 실제적으로 변수를 표현하는 알파벳을 변환하여 제시된 방정식의 보존 문제 1개, 함수의 보존 문제 3개에 대해 학생들의 응답을 분류 그것을 보존, 비보존, 과도기의 세 가지 유형으로 구분하고 있다. 보존은 변수 기호가 바뀌어도 그것이 나타내는 값은 똑같이 보존된다는 생각을 나타내고 있는 응답이고, 비보존은 변수 기호가 바뀌면 그것이 나타내는 값이 변한다는 생각을 나타내고 있는 응답이다. 과도기는 계산에 근거하여 변수의 값을 말하는 경우이다. Wagner가 제시하고 있는 문제 '방정식 $7\times W+22=109$, $7\times N+22=109$에서 W, N 중에 어느 것이 더 큰가?'에 대하여 그가 위의 세 가지 유형 각각에 속하는

표 Ⅲ-5 : 보존, 비보존, 과도기의 전형적인 응답의 예

응답 유형	응답의 예
보존	W와 N의 값은 같다. 어떠한 문자를 사용하여도 관계없다.
비보존	알파벳의 순서에서 N보다 W가 더 뒤에 나타나므로 W의 값이 더 크다.
과도기	W와 N의 값을 계산해 보아야 한다.

것으로 보는 전형적인 응답의 예를 표 Ⅲ-5에 제시하였다.

Wagner의 연구 결과에서 발견된 사실은 학생들에게 방정식이나 함수에 대한 개념이 완전하게 이해되어 있지 않다는 것과 그러한 현상은 방정식, 함수, 변수에 대한 오개념을 반영하고 있다는 것이다. 특히, 변수에 대한 오개념은 다음의 두 가지로 설명되고 있다. 하나는 일반적으로 변수로 사용되는 알파벳을 다룰 때 알파벳의 순서가 수의 순서에 대응되어 있다는 생각이고 다른 하나는 학생들이 변수를 표시하는 기호의 변화는 변수가 나타내고 있는 대상의 변화를 함의한다는 생각이다. 이러한 생각을 가지게 된 이유의 하나로 학생들이 함수를 배우기 전에 종종 변수를 어떤 유일한 대상을 나타내는 것으로서 접하게 되는 상황을 생각해 볼 수 있다(Leinhardt et al., 1990, p.42). 그러한 경험에서 학생들은 변수로 사용되는 문자가 유일한 대상과 연결되어 있다고 생각을 하게 되기 때문에 문자의 변화는 대상의 변화를 수반하는 것이고 그 역도 성립한다는 생각을 하게 되는 것이다. 이러한 현상은 우리나라 중등학교 학생들을 대상으로 한 연구 결과에서도 나타난다(拙稿, 1992, pp.74-75).

b. 변수를 대상 그 자체에 대한 꼬리표로 이해

Clement(1982)의 연구는 많은 학생들이 문장제를 변수를 포함한 대수식으로 번역할 때 변수를 어떤 대상의 수를 나타내는 것으로 보지 않고 대상에 대한 꼬리표로 보고 있다는 사실을 밝히고 있다. "우리 학교에는 선생님 수의 6배가 되는 학생들이 있다(There are six times as many students as professors)"라는 문장을 변수 T와 S를 사용하여 대수식으로 표현할 때 실험 대상인 Massachusetts 공과대 학생 150명 중 37%가 T = 6S라는 오답을 나타내었다. 학생들은 T를 선생님의 수가 아니라 선생님으로, S를 학생의 수가 아니라 학생으로 보고 있어서 T = 6S를 '학생 6명에 선생님 1명'으로 해석하고 있는 것이다. 이 때 학생들은 두 집합의

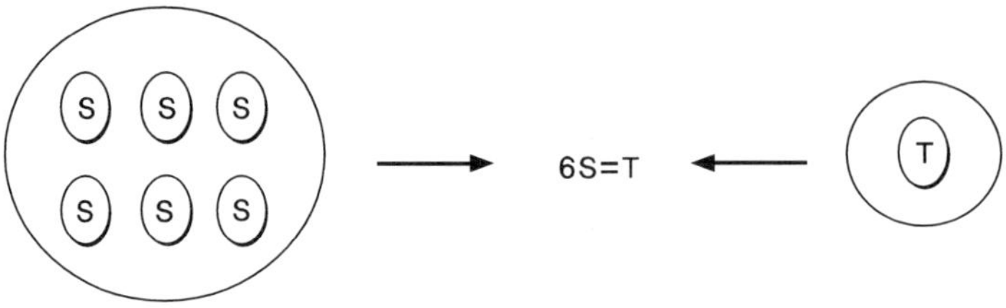

그림 III-3 : 집합의 크기 비교에 의해 세워진 방정식

상대적인 크기를 즉, 학생들의 집합이 선생님의 집합보다 더 크다는 것을 잘 알고 있지만 대등관계를 표현한다는 의미에서 대수식을 세운 것이 아니고 그림 III-3과 같이 두 집합의 상대적인 크기에 맞는 학생의 수와 선생님의 수를 생각하면서 대수식을 세운 것이다. 문자 T, S가 선생님의 수, 학생의 수를 표시하는 변수로 인식되지 않으면서 대수식에서의 등호도 같음을 표시하기 위해 사용되지 못하고 잘못된 비교와 연상을 표현하는데 사용되고 있는 것이다. 이러한 오류 유형을 일반적으로 변수 역해석 오류(reversal error)라고 부르고 있는데 우리나라 중등학교 학생들에게서도 이러한 오류 현상이 나타나고 있다(拙稿, 1992, pp.90-92; 황우형, 1993, pp.105-109).

Fisher(1988)는 변수 역해석 오류를 감소시키는 한가지 방법으로 대상의 수를 나타내는 변수 기호로 T, S대신에 Nt, Ns를 사용하는 새로운 기호법을 제안하기도 한다.

c. 변수가 나타내는 대상 범위의 제한

대부분의 학습자는 변수를 접할 때 즉각적으로 수를 대신하는 것이라는 생각을 한다. Usiskin(1988)의 연구 결과는 많은 학생들이 변수를 수를 대신하는 문자라고 생각하면서 변수가 나타내는 대상을 수에 국한시키고 있다는 것을 보여주고 있다. 그러나, 변수가 취하는 값이 항상 수인 것은 아니다. 변수를 지정된 집합 안의 임의의 원소로 볼 때 집합의 원소는 수만으로 한정되는 것이 아니므로 변수의 생각 역시 그 집합의 원소가 수로 주어졌거나 수가 아닌 것으로 주어졌거나 상관이 없는 것이다. 예를 들어, 기하에서 변수는 임의의 기하학적인 대상을 나타낸다. 논리에서 변수는 어떤 명제를 나타낼 수 있다. 해석학에서 변수는 함수를 나타내는데 사용될 수 있으며 선형대수에서 변수는 임의의 행렬을 나타내기위해 사용될 수 있다. 좀 더 진보된 수준에서 변수는 어떤 연산이나 관계를 나타내는데 사용되기도 한다.[12] 수학에서 변수는 수만을 대상으로 하고 있는 것이 아닌 것이다.

표 Ⅲ-6 : 변수가 나타내는 대상의 예

변수가 나타내는 대상	일반적인 변수 기호	변수값의 예
수	x	2, −5, 1/3, ⋯
점	A	(0, 0), (−1, 4), ⋯
명제 내의 조건	p	'비가 온다','우산을 쓴다', 등
함수	f	sin, cos, log, ⋯
행렬	A	$\begin{pmatrix} 0 & 1 \\ 1 & 0 \end{pmatrix}$, $\begin{pmatrix} 2 & 1 & 0 \\ 3 & -5 & -1 \\ 0 & 1 & 3 \end{pmatrix}$
연산	∘	+, ×, ÷, ⋯
관계	R	=, ≤, ≠, ∽, ⊂, ⋯

표 Ⅲ-6은 일반적으로 학교수학에서 다루어지고 있는 변수 기호와 변수가 나타내는 대상을 제시하고 있다.

우리나라 학생들은 대상으로 한 실험 결과는 우리나라 학생들이 대체로 수 이외의 대상을 나타내는 변수를 바르게 인식하고 있지 못함을 보여주고 있다(拙稿, 1992, pp.83-84). 조사 결과에서 주목할 사항은 학생들이 점을 나타내는 변수를 인식하는 정도에 비해 연산을 나타내는 변수를 인식하는 정도가 상대적으로 더 낮다는 것이다. 변수가 나타내는 대상이 하나는 점이고 하나는 연산이라는 점만 다를 뿐 두 가지 상황은 별 차이가 없음에도 불구하고 이러한 결과가 나온 이유에 대하여 다음과 같은 해석을 해 볼 수 있다. 학생들은 변수는 반드시 문자로 표현되어야 한다는 변수에 대한 개념 이미지를 가지고 있다. 따라서 학생들은 문자 A, B, C 등으로 표현된 것 보다 문자가 아닌 기호 ∘로 표현된 것을 변수로 인식하기 어려워한다. 그러나 변수가 항상 문자로 표현되는 것은 아니고 수학에서 사용되는 문자가 항상 변수가 되는 것도 아니라는 사실에 주목해야 한다. 전

12) 연산을 나타내는 변수는 다음과 같이 설명될 수 있다. 교환법칙을 나타내는 식 $a+b=b+a$와 $a\times b=b\times a$는 연산변수의 역할을 하는 기호 ∘ 를 사용하여 $a \circ b=b \circ a$라는 하나의 식으로 표현될 수 있다. 또한, 관계를 나타내는 변수도 있다. '추이성'이라는 공통된 성질을 갖는 관계를 갖는 다음가 같은 관계는 변수 'R'을 사용하여 $aRb,\ bRc \Rightarrow aRc$이라는 하나의 표현으로 나타낼 수 있다.

$a=b,\ b=c \Rightarrow a=c$

$a<b,\ b<c \Rightarrow a<c$

$a>b,\ b>c \Rightarrow a>c$

$\triangle ABC \backsim \triangle XYZ,\ \triangle XYZ \backsim \triangle MNP \Rightarrow \triangle ABC \backsim \triangle MNP$

$\triangle ABC \equiv \triangle XYZ,\ \triangle XYZ \equiv \triangle MNP \Rightarrow \triangle ABC \equiv \triangle MNP$

자의 예로는 $\square^2+1=17$에서의 기호 □를 들 수 있다. 두 식 $x^2+1=17$과 $\square^2+1=17$은 해를 구하는 입장에서 보면 논리적으로 동치인 것이다. 후자의 예로는 허수 단위를 나타내는 i나 원주율을 나타내는 문자 π, $\lim_{n\to\infty}(1+\frac{1}{n})^n$을 나타내는 문자 e를 들 수 있다. 이들은 수에 대한 편리한 축약형으로 사용되는 것으로서 Menger는 이런 문자들을 '영원히 문자로 표현되는 수'라는 용어로 부르면서 변수와 구분짓고 있다(NCTM, 1959, p.349).

d. 변수를 포함한 대수식을 불완전한 것으로 받아들임

학생들이 변수를 포함하고 있는 대수식을 불완전한 것으로 여기고 있다는 사실은 Collis(1974)의 연구에서 입증되었다. 변수를 포함하고 있는 대수식을 불완전한 것으로 여긴다는 것은 학생들이 두 가지 이상의 수가 어떤 연산 기호로 연결되어 있을 때 그것은 연산의 결과에 의해 하나의 수로 대치된다는 산술경험에 의존하고 있다는 사실을 반영한다. 학생들은 $x+7$, $3x$와 같이 더 이상 간단히 되지 않는 대수식을 "완결되지 않은 것"으로 생각하여 불완전한 것으로 생각하는 것이다. 이러한 현상은 우리나라 중등학교 학생들을 대상으로 한 조사에서도 나타난다(拙稿, 1992, pp.85-86). 상당수의 학생들이 $x+3$, $x-5$, $2x$ 라는 대수식을 하나의 완전한 답으로 인정하지 않고 있다는 사실에 대한 원인으로 우리는 학생들이 산술적 사고에 지나치게 얽매여 있다는 생각을 해 볼 수 있다. 그것은 학생들이 산술에서 $2+3$이라는 표현을 5의 또 다른 이름이라고 생각하기 보다는, 그것을 실행되어져야만 하는 연산이 남아있는 것으로 봄으로써 2 + 3이라는 표현을 그대로 남겨 두려하지 않으려 하고 산술에서와 같이 연산을 실행하여 표현을 완결되게 만들려고 한다는 것이다.

Collis는 연산이 행해지지 않은 대수식을 하나의 대상으로서 그대로 받아들일 수 있는 능력을 "완결성의 결여의 수용"이라고 하였으며(Herscovics, 1984, p.239에서 재인용), Davis(1975)는 완결되지 않는 대수식을 받아들일 때 학생들이 경험하는 인지적 어려움을 "이름－과정 딜레마"라고 부르고 Matz(1982)는 "과정－산물 딜레마"라고 부르고 있다. 위와 같은 논의는 대수가 산술과 똑같지 않다는 사실 즉, 산술과 대수 사이의 불연속성에 대한 설명이 될 수 있다.

e. 변수가 특정한 대상만을 대신하는 것으로 이해

일반적으로, 학생들은 변수를 수를 대신하는 문자로 생각하면서 $x+3=8$에서의 x 처럼 방정식에서 특정한 값을 대신하고 있는 문자로 생각하는 경향이 있고 $x+y=y+x$에서의 x, y나 직사각형의 넓이를 구하는 공식 A=LW에서의 A, L, W와 같이 일반적으로 임의의 수나 임의의 양을 나타내기 위해 사용되어진 문자를 변수로 생각하는 것에는 익숙하지 않다(Booth, 1988, p.28). 이러한 현상은 우리나라 중등학교 학생들을 대상으로 한 실험 결과에서도 나타난다(拙稿, 1992, p.77, p.84).

학생들은 변수를 '변하는 수'라고 해석을 하고 있으면서도 변수가 취할 수 있는 값이 주어진 집합 내의 모든 값 또는 임의의 값이 되는 경우에는 서먹한 느낌을 받는 것 같다. 이러한 현상의 원인이 인지 심리학적 측면에서 학생들의 '인지적 준비상태'와 관련이 있을 지도 모른다는 Booth의 주장은 일반적으로 인지발달 수준이 형식적 조작 단계에 있는 중등학교 학생들에게 적용시키기 어려운 것 같다. 위의 결과가 발생된 원인을 학교수학 내에서 찾아본다면 학생들이 변수를 $y=kx$와 같은 함수 관계에서의 문자 x, y나 일차방정식, 이차방정식, 고차방정식에서의 문자 x 정도로만 경험을 하고 있으며 교사가 변수 개념에 대한 지도를 할 때 변수의 제 측면에 대한 고려를 하지 않은 채 제한된 문제 상황만을 제시하고 있다는 것을 지적할 수 있다.

학교수학에서 변수를 방정식의 해에 대한 자리지기 즉, 미지수의 개념으로 지나치게 강조하여 지도한다면 학생들이 변수를 이해하는데 한계를 느끼게 될 것이다. 변수를 미지수라고 생각하고 있는 학생은 "모든 실수 x에 대하여…"라는 문장이나 "정의역에 들어있는 원소를 x라고 하자"라는 문장을 이해하기 힘들 것이다. 다시 말하면, 학생들은 변수가 어떤 집합의 원소를 대표할 수 있다는 것을 인식할 수 없다는 것이다(Leitzel, 1989, p.30).

변수의 본질 중에 다가이름은 일반적인 대상을 나타내는 변수 사용과 관련이 있다. 일차함수의 일반식 $y=mx+b$에서 아직 정해져 있지 않은 상수를 나타내는 변수로 사용된 m, b를 변수로 인식하는 학생 수는 매우 적다(拙稿, 1992, pp.80-81). 이러한 결과는 학교수학에서 일차함수의 일반식 $y=mx+b\,(m\neq 0)$를 다룰 때 항상 'm, b는 상수'라는 설명을 덧붙이고 있는데서 영향을 받은 결과라고 생각된다. 여기서 사용된 상수라는 말은 m, b가 x, y보다 먼저 수치화된다는 상대적인 의미로 사용된 것이지 우리가 일반적으로 말하는 진정한 의미의 상수는 아니다(Rosnick, 1982, p.26).

f. 독립변수와 종속변수 개념의 불완전한 이해

우리나라 중등학교 학생들의 변수 개념을 조사한 실험 결과에 따르면 학생들이 독립변수, 종속변수 개념을 불완전하게 이해하고 있으며, 독립변수에 대한 이해도와 종속변수에 대한 이해도에 차이가 나타나고 있음을 알 수 있다(拙稿, 1992, pp.78-80). 또한, 종속변수에 대한 이해도가 독립변수에 대한 이해도에 비해 상대적으로 낮게 나타나고 있는데 이는 어떤 관계에서 한 변수의 변화에 의해 다른 문자의 값이 '따라서' 변할 수 있다는 개념이 잘 인식되고 있지 못함을 뜻한다. 이에 대한 결과로는 두 가지 해석이 가능하다. 하나는 학생들의 변수에 대한 개념 이미지 안에는 '변수를 나타내는 기호는 x다'라는 생각이 강하게 자리잡고 있어서 x가 아닌 다른 문자로 표현된 변수를 생소하게 생각한다는 것과 다른 하나는 현 교육과정에서 함수 개념을 변수의 종속관계에 기초해서 의미 있게 형식화시키고 있지 못하고 있다는 것이다. 첫번째 해석은 학교수학에서 변수를 사용할 때 기호 x를 지배적으로 사용한 결과, 그러한 변수경험에 익숙해 있는 학생들이 기호 x를 가장 자연스럽게 변수로 생각하게 된다는 사실을 말하는 것이고 두 번째 해석은 변수들 사이에 존재하는 '종속'이라는 관련성을 조직하는 수단으로 생겨난 함수의 본질을 학교 수학에서 의미 있게 다루고 있지 못하다는 것을 말하는 것이다.

이상에서 살펴본 바와 같이 변수 개념 학습에서 학생들이 품고 있는 인지적 장애는 미성숙된 학습자의 인지 발달 상태에서 비롯한 것이라기 보다는 일반적으로 교과서나 교사의 부주의한 혹은 부적절한 지도 방식, 제한된 학습 경험의 제공에서 비롯된 것으로 해석될 수 있다. 이는 교과서나 교사가 학습자의 올바른 변수 개념 형성을 위해 그들에게 풍부한 학습경험을 제공하면서 적절한 지도방식을 취한다면 학생들이 경험하는 인지적 장애를 극복시킬 수 있다는 가능성을 시사하고 있는 것이다. Tall은 "사고를 논리적으로 가장 단순한 형태로 제시하려고 고안된 교육과정이 실질적인 인지적 장애를 초래한다(Tall, 1989, p.89)"고 말하면서 학생들이 오랜 시간 동안 지극히 간단한 예에 제한되어 학습해 온 것이 인지적 장애를 유발하는 주된 요인이라는 점을 지적하고 있다.

(3) 컴퓨터 프로그래밍 맥락에서의 변수 개념 학습

인지적 장애의 실질적인 원인을 교육과정의 문제점에서 찾고 그에 대한 대안을 마련하려는 시도는 Herscovics에 의해 구체화되었고 그러한 시도의 일환으로서 Shutherland(1987, 1989, 1991)는 학습자의 변수 개념을 발달시키는 적절한 학습의 장으로서 컴퓨터 환경을 제안하고 있다. 그는 전통적인 대수교육에서 발생한 변수 개념에 대한 인지적 장애가 컴퓨터 프로그래밍 경험을 통해서 해결될 수 있다고 주장하면서 컴퓨터에 기초한 대수 환경의 잠재성을 강조하고 있다. 그는 컴퓨터 프로그래밍이 문제를 해결하는데 변수가 의미 있는 도구로 작용할 수 있는 상황을 제공하여 줄 뿐 만 아니라 프로그래밍 활동 경험은 변수에 대한 개념적 토대를 제공해주어 전통적인 필산 대수에서의 변수 개념 학습을 강화시켜 줄 것이라고 말하고 있다(Shutherland, 1987, p.103).

이에 따라 본 절에서는 컴퓨터 프로그래밍 영역에서의 변수 개념 지도의 가능성에 관한 논의를 하고자 한다. 여기서의 논의는 학교 수학에서 컴퓨터를 활용하는 여러 가지 방안을 세우는데 효과적으로 적용될 수 있을 것이다.

① 컴퓨터 프로그래밍에서의 변수 개념

컴퓨터 프로그래밍 맥락에서의 변수 개념 학습의 가능성에 관한 논의에 앞서 먼저 컴퓨터 프로그래밍에서 변수는 어떠한 의미로 사용되며 그 특징은 무엇인가에 대한 고찰이 있어야 할 것이다.

일반적으로 컴퓨터 과학에서 사용되는 변수에 대한 정의는 대수에서의 변수 정의와 상이하게 나타난다. 컴퓨터 과학에서 변수는 "프로그램을 실행하는 동안 변할 수 있는 값을 가지는 것으로서 이름이 붙여진 실재이다. 변수는 특정한 기억장소와 연결되어 있고 변수의 값은 기억장소의 내용이다"로 설명된다(Schoenfeld & Arcavi, 1988, p.422). 또한 Davis, Jockusch, McKnight는 "컴퓨터는 변수의 수학적인 개념 위에 또 다른 새로운 관점을 부여하고 있다. 컴퓨터 프로그래밍의 관점에서 보면, 변수의 이름은 어떤 특정한 기억장소의 주소로 여겨지고 변수의 값은 그 기억장소의 내용으로 생각된다"고 말한다(Davis et al., 1978, p.33). 이와 같이 프로그래밍의 관점에서 보면 변수는 주소로 정의될 수 있고 변수의 값이 변하여도 변수의 이름과 프로그램 안에 있는 다른 성분들과 변수와의 관계는 변하지 않는다. 또한 컴퓨터 과학에서 변수는 일반적으로 수나 문자를 일시적으로 담아 저장시키는 이름표가 붙어 있는 상자와 같은 것으로 프로그램이 진행되는 동안 있던 것을 빼고 다른 것을 담을 수 있는 상자로 설명되기도 한다(조한혁, 1991, p.15).

컴퓨터 프로그래밍에서의 변수 개념에 대한 논의는 다음의 세 가지 측면으로 요약하여 설명할 수 있다. 첫째는 변수가 프로그래밍을 수행하는데 포함되는 여러 가지 활동과 관련을 맺으면서 핵심적인 성분으로 작용하고 있기 때문에 그 역할은 상당히 중요하다는 것이고 둘째는 다양한 프로그래밍 언어에 따라 변수가 사용되고 조작되는 방식이 다르기 때문에 변수 개념을 프로그래밍 언어와 독립적으로 분리하여 생각하는 것은 불가능하다는 것이며 셋째는 프로그래밍에서의 변수와 대수에서의 변수는 그 의미와 사용 방법에 있어서 상당한 차이를 보인다는 것이다.

프로그래밍 맥락에서 변수가 담당하는 역할의 중요성은 컴퓨터 프로그래밍 활동이 어떻게 이루어지는 가에 대한 검토에서 쉽게 알 수 있다. 모든 프로그래밍 활동은 순서, 결정구조, 반복구조 그리고 절차의 4가지 기본 구조로 표시되는데, 이러한 여러 가지 구조로 이루어지는 프로그래밍 활동에서 우리는 변수의 사용을 통해 주어진 자료들을 효과적으로 다루는 명령을 구성하거나 명령들의 집합체인 절차를 구성한다(Samurcay, 1985, p.77). 프로그래밍을 하는 과정에서 이루어지는 변수에 대한 활동들은 대체로 두 가지 유형의 활동으로 요약되는데 하나는 변수의 의미와 변수에 대한 조작을 구성하는 활동이고 다른 하나는 프로그래밍을 수행할 때 변수가 취하는 특정한 값들을 관리하는 활동이다. 이 두 가지 유형의 활동이 프로그래밍 구조의 주요 골격을 이루고 있다. 따라서 프로그램이 아무리 간단하다 하더라도 변수는 필수적으로 사용되고 변수를 올바로 사용함으로서 오류가 없는 프로그램이 형성되므로 변수 개념은 프로그래밍 활동에서 핵심적인 요소가 되는 것이다.

변수가 프로그래밍 언어의 특정한 성질에 영향을 받고 있다는 것은 서로 다른 프로그래밍 언어체계는 변수를 사용하고 조작하는 방법에 있어서 중요한 차이점을 나타내고 있다는 것을 말한다(Samurcay, 1985, p.78). 이는 프로그램을 학습할 때 PASCAL 언어를 사용하느냐, LOGO 언어를 사용하느냐에 따라 변수에 대한 의미 있는 활동들이 달라진다는 사실을 함의하고 있다. 즉, 프로그래밍 언어에 따라 변수가 사용되고 조작되는 방법에는 차이가 있다는 것이다. 이는 변수 개념과 변수가 사용되는 방식을 프로그래밍 언어, 프로그래밍 활동과 분리하여 생각하는 것은 불가능하다는 것을 나타낸다. 다양한 프로그래밍 언어에 대한 세부적인 설명은 본 연구의 논의의 대상이 아니므로 생략하기로 한다.

컴퓨터 프로그래밍에서의 변수와 대수에서의 변수는 그 의미와 사용 방법의 측면에서 상당한 차이가 있다. 그것은 각 영역에서 구문을 해석하는 방식에서 가장 두드러지게 나타난다. PASCAL 프로그래밍에서의 'X : = X + 1'라는 표현에서 변수 X는 기존의 값과 그것의 함수로 되어 있는 현재의 값 모두에 똑같은 이름으로 사용되면서 프로그래밍이 진행되는 동안 값이 변하여 간다. 여기서 지정기호 ' : ='는 비대칭관계를 나타내고 있는 것으로 대수에서 대칭관계를 나타내는 등호와 다르게 파악되어야 한다. 그리고 변수 X도 대수에서 생각하듯이 방정식의 해라는 관점으로 파악되어서는 안된다. 대수에서 X = X + 1이라는 식은 해가 없는 방정식이다. 즉, 대수에서 X = X + 1에서의 X는 값을 갖지 않는 것이다. 이러한 차이를 지정기호 ' : =’와 대수에서의 등호 ‘=’의 차이로 해석할 수도 있지마는 대수에서의 등호와 같은 기호를 지정기호로 사용하는 BASIC 언어의 $x = x + 2$라는 표현에서 학생들은 혼란을 경험할 수 있다. 대수에서 $x = x + 2$라는 문장은 해가 없는 방정식이 되지만 BASIC 언어에서 $x = x + 2$라는 문장은 현재의 수 보다 2가 더 큰 수를 컴퓨터 안의 특정한 저장위치 안에 운반하라는 명령이 되는 것이다. 이러한 구문법의 차이점이 학생들에게 변수에 대한 오개념을 심어줄 수도 있다는 생각에서 Noss는 BASIC 언어의 $x = x + 2$와 같이 학생들에게 등호기호에 대한 혼란을 유발시킬 수 있는 프로그래밍 언어는 사용하지 않는 것이 바람직하다는 주장을 하기도 한다(Noss, 1986, p.338).

② 컴퓨터 프로그래밍 경험이 변수 개념 학습에 미치는 효과

컴퓨터 프로그래밍 경험이 아동의 변수 개념 발달에 미치는 영향에 대한 선행 연구(Noss, 1986; Shutherland, 1987, 1991; Tall & Thomas, 1991; 이종영, 1994)에서 나타난 사실은 프로그래밍에서 변수를 다루었던 경험이 대수적 사고에 대한 이해를 증진시키는데 도움을 주고 전통적인 대수 문맥에서 변수를 보다 적절하게 다룰 수 있게 함으로써 변수 개념 학습에 긍정적인 영향을 주었다는 것이다. 이러한 사실은 프로그래밍 문맥에서 변수를 다루었던 학생들은 그렇지 못한 학생들보다 대수 테스트에서 더 높은 정답율을 보였다는 것과 프로그래밍 경험을 통해서 변수에 대한 오개념이 개선되었다는 실험 결과에서 구체적으로 입증되고 있다.

프로그래밍 경험은 변수의 이름이 달라도 같은 값을 가질 수 있다는 사실을 이해시키는데 도움을 준다. 예를 들면 학생들은 아래와 같은 LOGO 명령

```
TO LINES "L "M "N "P
  FD :L  FD :M  FD :N
  RT 90
  FD :L  FD :P  FD :N
END
```

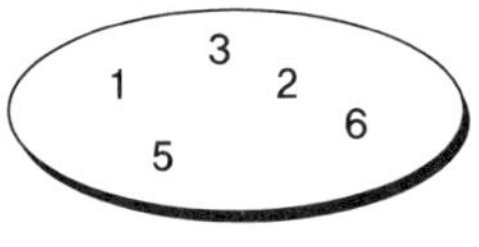

집합 A={1, 2, 3}이 있다.
a, b가 집합 A의 원소일 때,
a+b가 될 수 있는 수를 왼쪽
그림에서 모두 찾아 ○ 표시하시오.

그림 Ⅲ-4 : 이종영의 실험 문제

에서 거북이가 그리는 선의 길이를 시각적으로 보는 과정에서 M과 P의 값이 같은 경우에 선의 길이가 같다는 것을 확인하게 되고 이러한 경험을 통해 대수 문맥에서 접하는 식 L + M + N = L + P + N에 대하여 'M = P일 때 참이 된다'는 설명을 할 수 있게 된다는 것이다. 즉, 프로그래밍 경험을 통해 변수 기호가 달라도 같은 값을 가질 수 있음을 쉽게 이해하였다는 것이다. 이러한 사실은 우리나라 중학교 1학년 학생들을 대상으로 한 이종영(1994)의 실험결과에서도 알 수 있다.

그림 Ⅲ-4에 제시된 문제에 대하여 1차 대수 테스트에서 a와 b가 항상 다른 값을 가지는 것으로 생각하여 3, 5에만 동그라미를 친 학생이 수업을 통해 프로그래밍 학습을 경험한 후 실시된 2차 테스트에서는 a, b가 같은 값을 취할 수 있음을 이해하고 2, 3, 5, 6에 동그라미를 치면서 인터뷰에서 '컴퓨터로 학습할 때 다른 문자가 같은 값을 가지는 경우를 경험해 보았다'라고 분명히 말하고 있다는 것이다(이종영, 1994, p.82).

또한 프로그래밍 경험은 변수 기호의 임의성에 대한 이해를 증진시키는데 효과적으로 작용한다. Shutherland(1987)의 연구는 LOGO 프로그래밍에서 학습자가 LOGO 함수를 가지고 학습하면서 스스로 함수의 이름과 변수의 이름을 바꾸는 실험을 통해 이들의 변화가 함수값 또는 변수값에 영향을 미치지 못함을 깨달을 수 있었다는 것을 밝히고 있다. LOGO 문맥에서 학습자는 문자의 기호의 변화가 그것이 나타내는 값의 변화를 초래하지 않는다고 믿게 되는 것이다.

변수 개념과 관련된 인지적 장애 중의 하나로서 언급된 완결되지 않은 식 가령 $x+7$과 같은 식을 불완전하게 받아들이는 것도 컴퓨터를 통한 학습에서 어느 정도 해결 가능한 것으로 보인다. Collis는 형식적 조작 단계에 가서야 대수식이 유일한 결과만을 갖게 된다는 사고를 떨쳐 버릴 수 있다고 하였지만 Shutherland(1989)는 LOGO 프로그래밍에서의 경험으로부터 구체적 조작 단계에 있는 10세 정도의 아동도 LOGO 프로그래밍의 맥락에서 '완결되지 않은' 대수식을 받아들이고 사용함으로써 그들이 연산 기호를 포함하고 있는 수식을 잠재적으로 계산 가능한 하나의 실재로 파악할 수 있음을 보여주었다. 더구나 LOGO 프로그래밍의 경험이 대수 맥락에 전이되어 대수에서도 완결되지 않은 식을 하나의 대상으로 받아들일 수 있다는 것을 밝혔다.

또한 컴퓨터와의 상호작용은 학생들이 일반적인 방법에 대한 이해를 증진시키고 나아가 일반적인 방법을 표현하기 위해 변수를 사용하는 것을 이해하여 '일반화하는 도구'로서의 변수 개념을 발달시킨다고 한다. LOGO 프로그래밍 활동에서 학생들은 컴퓨터와의 상호 작용을 통해 패턴과 구조에 대한 직관적인 이해를 일반화하고 이렇게 일반화한 것을 LOGO에서 형식화할 수 있기 때문이다(Shutherland, 1987, p.127).

이상에서 살펴본 바와 같이 선행 연구의 결과는 대체로 컴퓨터를 통한 학습이 변수 개념에 대해 이미 알려져있는 인지적 장애를 해결한다는 측면에서 그 긍정적 효과를 높이 평가하고 있지만 컴퓨터 프로그래밍 경험이 변수 개념 학습에 끼치는 부정적 효과가 있을 수 있다는 지적도 있다. Usiskin은 컴퓨터를 이용한 대수(MACSYMA, muMATH와 같은)의 경우에는 수치에 대한 언급이 필요 없이 문자가 다루어지고 있으므로 대수에 숙련된 학생이나 초보 학생이나 변수에 대한 특별한 지식 없이도 변수 조작을 자연스럽게 하도록 하기 때문에 학생들이 변수 개념 그 자체에 무감각해질 수 있다는 것을 지적하고 있다(Usiskin, 1988, p.10). 또한 이종영은 프로그래밍 학습이 변수 개념 형성에 미치는 부정적 효과를 구체적인 사례로 제시하고 있다. 그것은 프로그래밍 언어에서 명령어와 함께 쓰는 변수값의 입력은 양의 정수인 경우가 대부분이어서 변수를 다양한 변역이 주어지는 문제 상황에서 다루지 않는 한, 학생들은 변수가 항상 양의 정수를 변역으로 가진다는 잘못된 생각을 가질 수 있다는 것이다(이종영, 1994, pp.86-87). 이는 컴퓨터 환경이 경우에 따라서는 변수에 대한 또 다른 새로운 오개념을 초래할 수도 있음을 보여주는 것이다.

4. 변수 개념의 인식론적 접근

본 절에서는 대수적 사고의 중심이 되는 문자 사용의 역사적인 발달과정을 통해서 변수 개념이 어떻게 구조화되어 왔는가를 살펴본다. 구체적인 대상에서 출발하여 내면화 → 압축 → 실재화의 단계를 거치면서 조작적 개념에서 구조적 개념으로 발전되어가는 개념형성 과정을 모델로 하여 대수 기호 체계의 발달사를 조작과 구조의 관점에서 다루어 본다. 조작에서 구조로의 대수 기호 체계의 발달 과정 속에서 변수는 고정된 미지의 값에서 변하는 양(수), 임의의 양(수)으로, 의미가 부여되지 않은 문자로, 추상대수에서는 임의의 대상을 나타내는 기호로 변하여 왔다.

일련의 조작과 구조의 조정으로 해석되는 학교 대수의 교육은 계속적인 대수 학습을 통한 지식의 성장을 위해서 변수 개념 지도를 일반화의 맥락에서 진행시킬 필요가 있다. 그러나 현재의 학교수학에서는 계산중심의 문제해결 학습이 중심을 이루면서 변수가 방정식의 해에 대한 자리지기의 역할로서 지나치게 강조되는 경향이 있다. 이는 대수의 조작적 측면을 반영하는 것으로서 변수 학습이 이 수준에 계속 머물러 있게 되면 보다 상위 수준의 대수학습으로의 진전은 크게 기대하기 어려워진다.

(1) 수학적 개념의 형성

Anna Sfard(1991)는 수학적 개념과 표상에 관한 분석으로부터 수학적 개념은 기본적으로 두 가지의 상이한 방식 즉, 대상의 관점에서 보는 구조적 방식과 과정의 관점에서 보는 조작적 방식으로 인식된다는 주장을 제시하였다. 이러한 두 가지 방식은, 비록 표면상으로는 서로 양립하지 않는 것으로 보인다 할지라도, 상보적인 관계를 맺고 있다. 학습과정이나 문제해결 과정은 동일한 개념에 대한 조작적인 관점과 구조적인 관점이 상호작용하면서 이루어지는 것이다. Sfard는 두 개념 사이의 구분을 아래와 같이 설명하고 있다.

"조작적인 개념과 구조적인 개념 사이에는 깊은 존재론적 간격이 있다. 어떤 수학적 실재를 하나의 대상으로 보는 것은 그것을 시공 어디엔가 존재하는 정적인 구조로 파악하고 그것을 실제적인 것처럼 다룰 수 있음을 의미한다. 또한 한번에 그 사고를 인식할 수 있고, 그것을 세부사항으로 나누지 않고, 전체로써 그것을 조작할 수 있음을 의미한다. 반대로, 어떤 개념을 과정이라고 해석하는 것은 그것을 실질적인 실재라기보다는 일련의 행동에 따라 존재되는 잠재적인 실재로 보는 것을 함의한다. 그리하여 구조적인 개념은 정적이고, 동시적이고, 통합적인 반면, 조작적인 개념은 활동적이고 세부적이다(Sfard, 1991, pp.4-5)."

Sfard는 조작적인 방식은 대부분의 사람들이 새로운 수학적 개념을 습득하는 첫 단계에서 일어나는 것이고, 개념형성은 조작적인 방식에서 구조적인 방식으로의 전이에 의해서 일어나는 것으로 보고 있다. 수학적 개념이 조작적인 개념에서 구조적인 개념으로 발전되는 데에는 다음과 같은 3가지 단계를 거치게 된다. 첫 번째는 내면화의 단계로서 여기서는 이미 잘 알고 있는 수학적 대상에 대한 몇 가지 조작이 수행된다. 두 번째는 압축 단계로서 이미 행한 조작과 과정이 좀 더 다루기 쉬운 단위로 압축된다. 압축단계는 새로운 실재가 절차만으로 혹은 조작만으로 여겨질 때까지 계속된다. 세 번째가 실재화의 단계로서 이제까지 다루어 오던 무엇인가를 새로운 시각으로, 이미 익숙해 있던 것처럼 친숙하게 바라보는 갑작스런 능력이 발동되는 단계이다. 이 단계에서 새로운 실재는 완전히 성숙된 하나의 수학적 대상으로 새롭게 인식되는 것이다. 내면화와 압축의 단계는 점진적이면서 길게 계속되는 양적인 변화라고 할 수 있고 실재화의 단계는 도약이 이

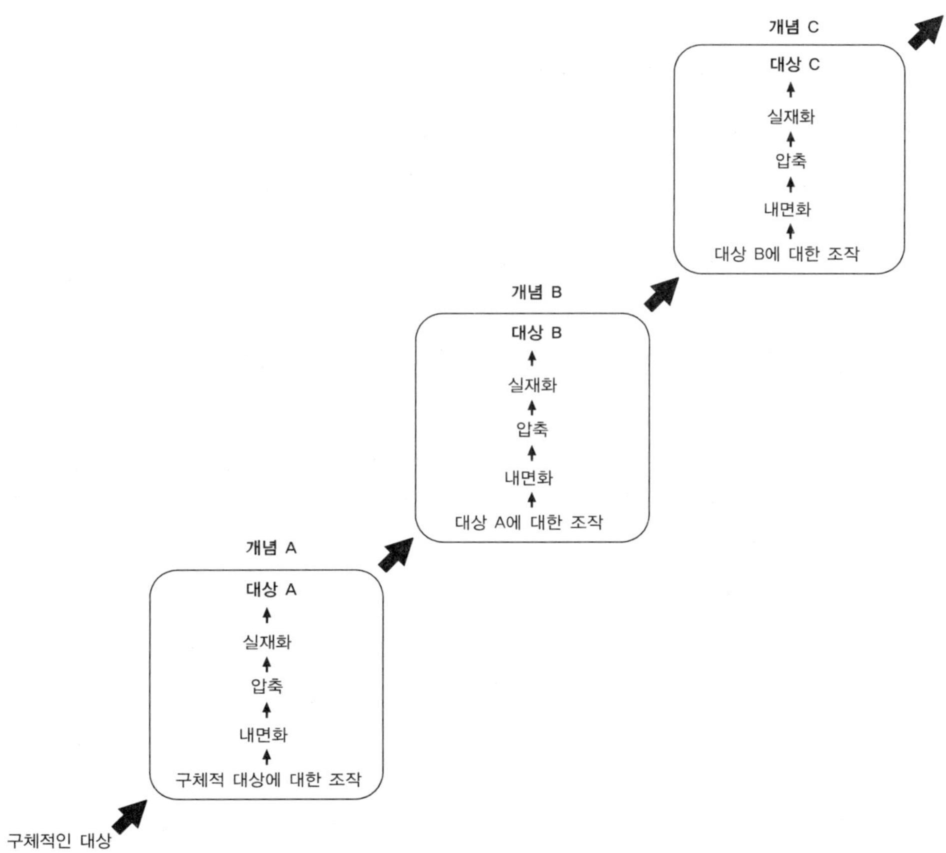

그림 III-5 : 개념 형성 과정의 일반적인 모델

루어지는 질적인 변화로 보여진다. 실재화의 단계에서 어떤 과정이 정적 구조인 하나의 대상으로 결정되면서 새로운 실재가 과정으로부터 분리된다. 이 세 가지 단계는 위계적인 성질을 가지고 있어서 어떤 단계는 그 이전의 단계들이 취해져야만 가능한 것이다. 그리고 실재화된 새로운 개념이 새로운 조작 대상이 되면서 위의 세 가지 단계가 다시 반복되고 기존의 개념이 더 상위 수준의 개념으로 발달되어 가는 것이다. 이와 같은 수학적 개념의 발달 과정을 Sfard는 그림 Ⅲ-5와 같은 도식을 통해 설명하고 있다(Sfard, 1991, p.22).

그림 Ⅲ-5에서 보는 바와 같이, 수학적 개념의 발달은 일련의 조작과 구조의 교대 과정을 통해서 발달되는 것으로서 개념 형성은 조작적인 개념에서 구조적인 개념으로의 연쇄적인 전이로 이해될 수 있다.

(2) 대수적 사고의 발달사에서 본 변수 개념

대수의 역사적 발전 단계는 대략 세 단계로 나뉘는데 그 첫 번째 단계인 디오판토스(Diophantus) 이전 시대에 속하는 언어적 대수 단계는 특정 유형의 문제를 해결하기 위하여 일상적인 언어표현을 사용했고 미지수를 표현하기 위해서 특정 부호나 기호를 사용하지 않은 것으로 특징지어진다. 디오판토스에서부터 16세기 말까지의 시기에 해당되는 대수 발전의 두 번째 단계인 생략적 대수 단계는 미지수를 표현하기 위해 문자를 사용하기 시작한 것이 특징이다. 이 시점에서 방정식의 풀이가 나타나게 되었으나 이 때 사용된 모든 방정식은 수로 된 계수만을 가지고 있었고 해는 오로지 수치로 된 값으로만 표현되었다. 단지 풀이 방법이 다른 방정식에 적용된다는 의미에서 일반적이라고 설명될 수 있을 뿐 문자를 사용한 일반적인 해의 표현은 나타나지 않았다. 그 후 비에트(Viéta)에 의한 세 번째 단계 즉, 기호적 대수 단계가 시작되면서 문자는 미지의 양 뿐 만 아니라 주어진 양까지도 나타내는 데 사용하게 되었다(Kieran, 1992, p.391). 주어진 양에 대해서도 문자를 사용하게 된 것은 문자의 의미에 대한 개념적 이해의 변화를 요구한다. 이 시점에서 대수는 일반해를 나타내는 도구로 그리고 수치관계를 나타내는 규칙을 입증하는 도구로써 사용하게 되었다. Sfard와 Linchevski는 조작과 구조의 관점에서 본 대수 기호 체계의 발달사를 몇 가지 단계로 나누어 이를 표 Ⅲ-7과 같이 제시하고 있다(Sfard & Linchevski, 1994, p.99).

대수 기호 체계의 발달사는 한 수준에서 조작적으로 경험되었던 것이 보다

표 Ⅲ-7 : 조작과 구조의 관점에서 본 대수의 발달 단계

<table>
<tr><th>대수 유형</th><th>조작/구조</th><th>주요사항</th><th>표현</th><th>역사적인 사항</th></tr>
<tr><td rowspan="3">일반화된 산술</td><td>조작적</td><td>수치, 계산 중심</td><td>일상언어 표현
(언어적 대수)
일상언어와
기호와의 혼합
(생략적 대수의
초기단계)</td><td>B. C. 1650

A. D. 250
디오판토스</td></tr>
<tr><td rowspan="2">구조적</td><td>계산 결과 중시
(고정된 값에 대한 대수)</td><td>기호적 표현
(고정된 미지수로
사용되는 변수)</td><td>16세기
비에트시대
(1540–1603)</td></tr>
<tr><td>함수적 대수</td><td>기호적 표현
(변하는 양으로
사용되는 변수)</td><td>비에트
라이프니츠
(1646–1716)
뉴턴
(1642–1727)</td></tr>
<tr><td rowspan="2">추상 대수</td><td>조작적</td><td>여러 가지 기호 위에서의
조작
(조작의 조합)</td><td>기호적 표현
(문자에 의미를
부여하지 않음;
의미가 결여된 변수)</td><td>영국의 형식주의
학파(1830 이후)</td></tr>
<tr><td>구조적</td><td>추상적인 구조</td><td>기호적 표현 (임의의
대상, 임의의 기호)</td><td>19, 20세기
군, 환, 체, 선형대수</td></tr>
</table>

상위 수준에서 구조적으로 인식되는 위계적인 성질의 구조를 갖고 있다. 표 Ⅲ-7은 대수의 역사에서 조작적인 개념이 구조적인 개념에 선행해 왔음을 보여주고 있지만 조작적인 개념과 구조적인 개념이 항상 분리되어 독립적으로 나타나는 것은 아니고 어떤 과정(조작적인 성분)이 고려되면 반드시 그러한 과정이 적용되는 어떤 대상(구조적인 성분)이 존재한다.

발달적 관점에서 보면 대수는 산술의 연속이라고 할 수 있다. 그것은 적어도 초기 단계에서는 산술과 마찬가지로 수와 수치계산을 다룬다. 그러다 곧 대수는 다양한 유형의 문제에 접하게 되고 좀 더 일반적인 방식으로 된 알고리즘적 조작을 다루게 된다. 대수는 전형적으로 미지의 수를 찾는 행위에서 시작된다. 이런 행위는 우리가 구체적인 수에 계산 알고리즘을 적용하는 산술적인 실행순서와는 반대로 진행된다.

대수적 사고 발달의 초기 단계인 언어적 대수와 생략적 대수의 초기 단계는 대수의 조작적인 측면을 나타내고 있다. 이때는 방정식의 계수가 문자로 표시되지 못하고 구체적인 수로 나타났고 그 풀이도 일상언어로 표현되었다. 생략적 대수의

초기 단계에서는 미지수를 나타내는 문자가 등장하였지마는 풀이 방식은 여전히 일상언어와 기호와의 혼합으로 표현되었다. 이런 특징은 수치 계산 과정에 중점을 두면서 구체적인 경우를 넘어서 추상적인 대상을 의식하지 못하는 대수의 조작적인 측면을 나타내고 있다. 이러한 조작적인 단계에서는 일상적인 언어표현이 지배적으로 나타난다. 대체로 조작적인 접근 방식은 수학에서 형식적인 기호가 도입되기 전인 초등학년 수준에서 학생들이 접하는 대수의 특징이라고 할 수 있다.

기호를 사용하여 어떤 과정을 매우 간결하고 압축된 형식으로 나타낸 대수식이 발달되면서 대수는 일반화된 산술의 구조적인 국면으로 들어가게 된다. 여기서 우리는 기호의 존재가 곧 구조적인 개념의 발달을 의미한다고 할 수는 없지만 어떤 기호 체계를 통해서 여러 가지 과정을 하나의 전체로 고려하게 된다는 측면에서 고정된 미지수에 대하여 문자를 사용한 것을 구조적 단계로 해석하는 것이다. 구조적인 대수를 향한 첫 단계는 생략적 대수 말기에서 나타나기 시작하는데 그 당시 문장제를 풀이할 때 디오판토스는 $10-x$, $10+x$와 같은 식을 구성하고 그것들이 하나의 수인 것처럼(예를 들어, 두 수를 곱해 $100-x^2$로) 다루었다. 그러나 문자는 고정되어 있는 미지의 값을 나타내는 것으로만 인식하였다. 이것은 Kieran이 '함수적 대수'라고 칭하는 단계 곧, 문자를 고정된 양이 아니라 변하는 양을 나타내는 것으로 이해하는 단계와 구분된다. 오늘날처럼 변수를 임의의 수가 대치될 수 있는 문자로 보는 관점이 이 시기에는 나타나지 않았다. 이 시기에는 일반적인 해법이라는 개념이 발달되지 않았던 것이다. 기초적 대수의 시대에 접어들어 $3(x+5)+1$과 같은 대수식은 일련의 연산을 의미하는 것에서 비록 결정되어 있지는 않지만 하나의 수 그 자체인 일종의 산물을 의미하는 것으로 받아들여지게 된다. 조작의 과정이 하나의 대상으로 보여지는 것이다.

Viéta가 문자를 두 가지 다른 방식으로 즉, 미지량을 나타내기 위한 문자 사용과 기지량을 나타내기 위한 문자 사용을 하기 시작함으로써 대수의 두 번째 구조적 단계가 이루어졌다. 문자를 두 가지 방식으로 사용한 것은 '함수적 대수'의 발달에 결정적인 역할을 하였다. 이 시점에서 문자는 고정되어 있지 않고 변한다는 의미에서 진정한 의미의 변수로 간주된다. 예를 들어 $x+y=a$라는 식에서, 주어진 양(x, y보다 먼저 수치화 된다는 의미에서)에 대해 사용된 문자 a는 임의의 수를 나타내고 있다. "어떤 두 수의 합과 차가 주어져 있다면, 그 두 수가 얼마인지를 항상 찾아낼 수 있음을 보여라"라는 동일한 문제에 대하여 디오판토스식의 해법과 비에트식의 해법을 비교하고 있는 표 Ⅲ-8을 보면 기지량을 문자로 표현함으로써 일반적인 풀이 방식이 가능해짐을 알 수 있다.

표 III-8 : 디오판토스식 해법과 비에트식 해법의 비교

디오판토스식 해법	비에트식 해법
합이 100, 차가 40 이라고 가정하자. 작은 수를 x라고 하면 큰 수는 $x+40$이 되고 $2x+40=100$이 된다. 그리하여, $x=30$이 되므로 구하고자 하는 두 수는 30과 70 이다	합을 a, 차를 b라고 가정하자 작은 수를 x라 하면, 큰 수는 $x+b$가 되고 $2x+b=a$이므로 $x=\frac{(a-b)}{2}$이다. 따라서, 구하고자 하는 두 수는 $\frac{(a-b)}{2}$와 $\frac{(a+b)}{2}$이다.

이 시기에 문자는 고정된 양뿐만 아니라 변하는 양까지도 나타내기 위해 사용되기 시작함으로서 문자가 자연스럽게 임의의 대상을 나타내는 것으로 이해된다. 앞에서 다룬 $3(x+5)+1$과 같은 대수식을 하나의 대상으로 받아들일 때에도 문자 x의 역할은 특정하지 않은 대상을 나타내는 것으로 인식되고 일반적인 계산법칙이나 공식에서 나타나는 문자가 '임의의 수', '변하는 수'의 이름으로 파악되기 시작한다.

19세기 전까지 대수는 산술적 절차에 적용되는 여러 가지 규칙을 일반적인 방식으로 표현하는 '일반화된 산술'의 범주를 크게 벗어나지 못하였으나, 관심의 초점이 형식적 조작 그 자체로 이동하게 되었다. 수학자들은 대수를 어떠한 제한에 구속받지 않는 것으로 보기 시작하였으며 대수식은 그 자체가 하나의 대상이면서 어떠한 의미라도 전달할 수 있는 비어있는 운반기구로 취급되기 시작하였으며 그 기구가 운반하는 잠재적인 '의미'는 중요하게 취급되지 않게 된다. 변수는 대수 발달의 초기 단계에서 의미가 풍부한 문맥으로부터 발생되었으나 점차로 그 문맥으로부터 벗어나 의미가 부여되지 않는 즉, 그 의미가 중요시되지 않는 문자로 간주되게 된 것이다. 그런 과정에서 대수는 여러 가지 조작의 조합을 중요시하게 된다. 그러한 조작은 그 조작이 무엇인지, 그 조작을 행하는 것이 무엇인지에 의해서 정의되는 것이 아니고 그 조작들이 연결되는 규칙에 의해서 정의된다. 그리하여 영국의 형식주의 학파에 의해서 대수에서 새로운 상위 수준의 조작적 단계가 형성된다. 그리고 그것은 추상대수 발달의 첫 단계가 되었으며 이를 계기로 하여 대수는 군, 환, 체 등과 같은 추상 구조의 학문으로 발전되었다(Sfard & Linchevski, 1994, pp.90-98).

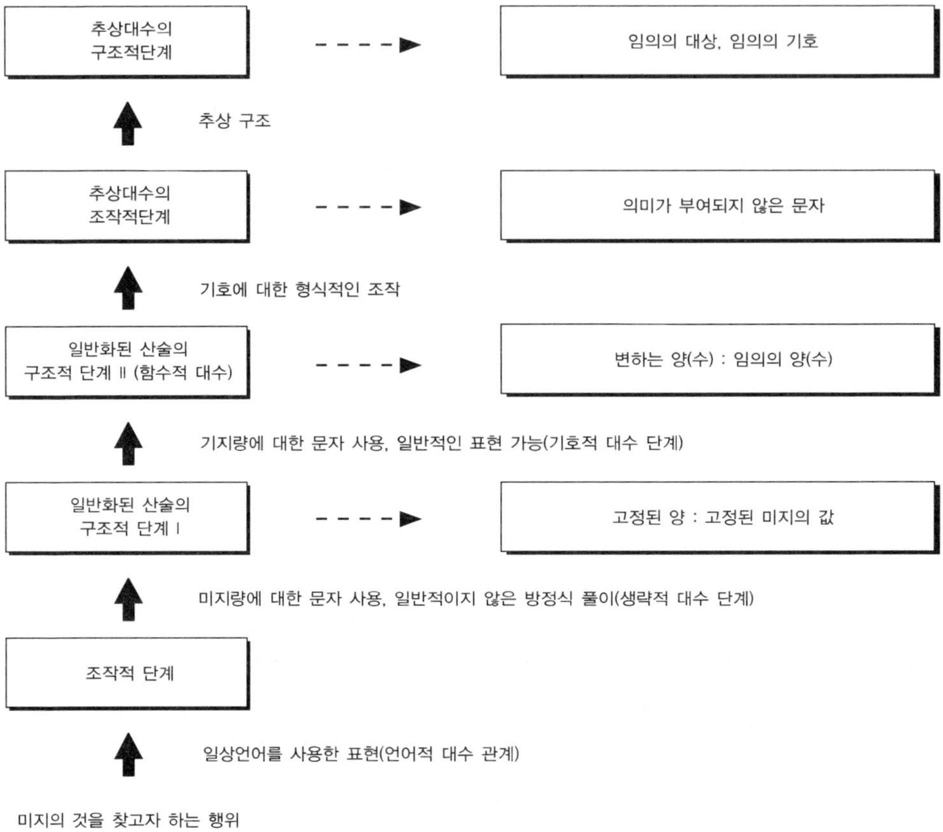

그림 III–6 : 대수적 사고의 발달사에서 본 변수 개념

조작과 구조의 관점에서 본 대수의 발달 단계에 대한 Sfard와 Linchevski의 설명에서 우리는 대수가 조작적 대수로부터 구조적 대수로의 발달 계열을 따르면서 궁극적으로 고정된 양에 대한 학문에서 변하는 양에 대한 학문으로 좀 더 나아가 의미와 무관한 기호 조작으로의 학문으로 변화되었다는 것과 그 과정 속에서 변수에 대한 해석도 고정된 양(수) → 변하는 임의의 양(수) → 의미가 부여되지 않은 문자 → 임의의 대상, 임의의 기호로 변화해 왔음을 알 수 있다.

이상에서 살펴본 내용을 요약하여 조작적 개념에서 구조적 개념으로의 대수적 사고의 발달사를 통한 변수 개념에 대한 해석의 변화를 그림 III-6과 같이 도식화해 볼 수 있다.

5. 변수 개념의 학습 수준

본 절에서는 학교수학에서의 변수 개념의 학습과 지도에 적용될 수 있는 변수 개념의 학습 수준에 대해 논의한다. Freudenthal에 의하면 수학적 개념의 학습과정은 바닥 수준에서 출발하여 탐구 수준으로 더 나아가 보다 상위의 수준으로 거듭되는 비약에 의해 특징지어지는 수학화 활동으로서, 학습의 본질은 인식 수준간의 비약이 이루어지는 불연속적인 과정이다. 따라서 학교수학에서 학생들의 수학적 사고활동을 강화시키는 방향으로 수학의 학습 지도가 이루어지려면 그것은 바로 '수학화의 경험'을 제공하는 문제로 귀착된다.

수학적 개념의 학습 과정에 대한 설명은 van Hiele의 학습수준 이론에서 보다 명확해지는데 van Hiele는 수학 학습을 한 수준에서 다음 수준으로의 비약을 통해 학습의 수준이 상승되어 가는 과정으로 보고 기하학습의 수준에 대한 그의 통찰을 일반화하여 수학 전체의 교수-학습에 적용될 수 있는 보다 확장된 수준이론을 제시하고 있다. 본 장에서는 van Hiele의 수학 학습수준 이론에 따른 수학적 개념의 학습 수준에 비추어 변수 개념의 학습 수준을 설정하고 이를 바탕으로 변수 개념의 위계적 관계 구조를 구성해 보았다.

변수 개념의 학습은 변수의 형식적인 정의를 도입하면서 갑자기 시작되는 것이 아니라 개념이 정의되기 훨씬 이전부터 변수 개념을 조직하기 위한 구체적인 활동이 존재하여 그 활동을 바탕으로 한 거듭되는 반성과 의식화에 의해 변수의 본질을 점진적으로 형식화해 나가는 과정으로 이루어지는 것이다.

(1) 수학적 개념의 학습 과정

Freudenthal(1973)에 의하면 수학적 개념의 학습 과정은 바닥수준에서 출발하여 탐구수준으로, 더 나아가 보다 상위의 수준으로 거듭되는 비약에 의해 특징지어지는 수학화 활동이다. 그가 말하는 수학화 활동이라는 것은 현상을 정리하는 수단인 본질이 다시 현상이 되어 새로운 본질로 조직되는 다시 말하면, 현상과 본질 사이의 계속적인 교대 작용이 일어나면서 인식수준의 상승이 일어나는 불연속적인 과정이다(Freudenthal, 1973, p.134). 그는 학교수학의 개념 지도에서 중요하게 다루어야 할 부분은 수학적 개념의 획득이 아니라 수학화 활동을 통한 '개념화'임을 강조하고 있다. 그는 개념획득과 개념화의 차이를 다음과 같이 설명한다. 개념획득을 위한 학습-지도에서는 형식화된 개념을 곧바로 도입하거나 형식화된 개념을 초등화하여 도입하는데 반해 개념화는 학습-지도의 목표를 개념의 본질을 점차로 형식화해 나가는 수학화 활동에 두고 개념의 형식화에 앞서 먼저 학습자로 하여금 개념이 발생한 맥락을 경험하게 하고 개념에 대한 심상을 구성하게 한 후 계속되는 사고의 비약을 꾀하는 것이다. Fischer(1984)도 열린 수학의 이론을 통해 Freudenthal이 주장하는 수학 학습 지도에서의 '개념화'를 강조하고 있다. 그는 개념 발생의 맥락과 관련된 수많은 관계 중의 단지 일부만이 보존된 형식화된 수학을 거부하고 어떤 개념에 대한 아이디어가 처음 발견되었을 때부터 그것이 형식화되기까지의 과정이 학습자에게 재회복되어 경험되어져야 한다는 주장을 하고 있다.

개념획득과 개념화의 차이는 수학을 산물로 보느냐 과정으로 보느냐에 있는 것으로서 Freudenthal과 Fischer가 강조하는 개념화는 말하자면, 황량한 사막에 서있는 건축물인 피라미드 그 자체에 대한 이해를 위해서는 피라미드를 구성한 생기 넘치는 도구로서의 이집트인의 사고활동의 양식에 대한 재음미가 중요하다는 것이다. 이러한 맥락에서 본다면 수학의 학습 지도는 기성수학의 모방을 위한 지도가 아니라 수학화 활동을 위한 학습 지도가 되어야 하며 그러한 학습 지도는 학습자의 수학적 사고 활동의 수준을 고려하면서 보다 상위 수준으로의 학습수준의 비약을 꾀하는 과정 속에서 이루어질 수 있는 것이다. 보다 낮은 수준의 행동이 보다 높은 수준에서의 분석과 반성의 대상이 되는 수학적 사고활동의 수준에 따라 수학적 개념이 점진적으로 형식화되어 나아가야 만이 학습자는 주어진 개념을 진정으로 '개념화'해 나갈 수 있게 되는 것이다.

그러나 그 동안 학교수학에서는 학생들에게 기성의 현대수학을 가르친다는 것을 기본 전제로 한 소위 '새수학'의 기본 철학을 바탕으로 수학적 엄밀성과 논리적인 형식체계의 문제를 염두에 두면서 학생들에게 수학을 조속히 전달하고자 하는 성급함 때문에 수학적으로 보다 깊은 이해를 바라며 꾸며낸 내용의 상당 부분이 대다수의 학생들에게 이해가 안 된 상태로 학습지도가 끝나는 상황이 계속되어 왔다. 수학이 기성의 논리체계인 산물로서 가르쳐져 왔으므로 학생들에게 필요하다고 생각되는 활동의 기회는 교과서에 나오는 소위 응용문제를 풀이하는 것이나 공식에 나오는 변수에 수치를 대입하는 것과 같은 말하자면 '가짜 수학'을 하는 것뿐이었다(김응태, 박한식, 우정호, 1984, p.66). 그러면서도 그러한 문제풀이는 시험의 주된 내용이 되고 결국 그것이 수학 학습 지도의 목표가 되는 상황에까지 이르게 된 것이다. 전문 수학자의 길로 들어서지 않을 대부분의 학생들은 수학 학습의 의의를 수학으로부터 학습한 것을 실제 현실 세계에 응용하는 것에서 찾을 수 있을 것이다. 이러한 입장에서 보면, 변수의 제 측면 가운데 너무나도 자연스러운

'실제적 변화'의 측면이나 효과적인 의사소통의 수단이면서 사고의 보조 수단으로서 강력한 힘을 발휘하고 있는 '동시 고려'의 측면을 소홀히 다룬 채, 변수를 '대입하여 계산할 수 있는 형식적인 문자'로 곧바로 도입하는 것은 실세계의 응용가능성을 희박하게 하는 수학교육의 허점을 그대로 드러내고 있는 것이다. 학교수학에서 변수 지도는 '변화'를 설명하는 혹은 '변화'를 다루는 수단으로 제시되기보다는 수학 문제의 해결을 위해 알고리즘 조작이 행해지는 문자 내지는 단순한 기호 차원에서 다루어지는 수준에 그치는 경우가 대부분인 것이다. 그 결과 학생들은 변수의 아이디어, 변수의 사용, 변수의 표현에 대한 감각을 갖지 못하게 된 것은 물론이거니와 변수라는 개념적 수단을 통해 변하는 상황을 꿰뚫어 볼 수 있는 안목을 형성하기 어려웠던 것이다. 이러한 현상은 단지 변수 개념 지도에 있어서만 나타나는 문제가 아니고 '새수학'의 형식주의적 전개양상을 따르는 수학교육의 전반적인 사조에 의해 수학의 여러 분야에서 발견될 수 있는 심각한 문제인 것이다.

수학교육을 위협하는 이러한 문제를 해결하기 위해서는 수학의 학습-지도가 학생들의 수학적 사고활동을 강화시키는 방향으로 전환되어야 하며 그것은 바로 '수학화의 경험'을 제공하는 문제로 귀착되는 것이다. 실세계의 변하는 대상을 변수로 파악하는 것은 변화를 수학화하는 것이며 변수가 갖는 핵심 성질을 정리하여 변수로 정의하는 것도 변수 개념을 수학화하는 것이고 변수 사용의 여러 측면을 외적 현상은 다르지만 본질적으로 동일한 범주로 통합하여 설명하는 것도 일종의 수학화라고 할 수 있다. 학생들에게 여러 수준의 수학화 곧, 국소적 수학화가 이루어지도록 학습 지도하는 것이 수학의 적용가능성을 보증하는 길이며 수학을 참으로 이해시킬 수 있는 길인 것이다(김응태, 박한식, 우정호, 1984, p.69). 이 때 수학적 개념을 지도하는 교과서나 교사에게 주어지는 중요한 역할은 바로 학생들의 수학적 개념의 학습 수준을 고려하는 것이 된다. 교과서나 교사는 수학적 개념의 수준이 위계적인 성질을 가지고 있다는 것, 수학적 개념은 이러한 수준을 차례로 거치면서 형성될 수 있다는 것, 모든 학생들이 동일한 속도로 동일한 수준을 통과하지는 않는다는 것, 수준의 비약은 바로 앞 수준에서 내재적이었던 것이 의식화되어 명확히 인식되면서 일어난다는 것을 충분히 고려하여야 한다는 것이다. 수준의 고려는 교과서나 교사가 수학적 개념을 지도하기 위해 어떠한 것을 어떤 순서로 어떠한 방법을 통해 제시하는 것이 바람직한가의 문제를 결정하는데 그리고 어떤 학생에게는 어떠한 단계부터 어떠한 방법으로 지도하는 것이 바람직한가의 문제를 결정하는데 상당한 도움을 줄 수 있다. 이와 같은 이유로 변수 개념 지도에 있어서 먼저 분명히 행해져야 할 것은 다양한 의미와 여러 가지 양상으로 나타나는 변수 개념의 학습 수준을 명확히 밝히는 것이 되어야 할 것이다. 변수 개념 지도가 그 학습 수준에 따라 점진적으로 형식화되어 제시되어야만이 학생들은 변수의 아이디어와 본질을 충분히 경험한 후 비로소 그것을 형식적 조작의 대상으로 다룰 수 있게 되는 것이다. 다음에는 변수 개념의 위계적 관계 구조와 그 학습 수준을 논하기 위해 먼저 그 이론적 바탕이 되는 수학적 개념의 학습 수준에 대한 이론적 검토를 행한다.

(2) 수학적 개념의 학습 수준

수학적 개념의 학습과정에 대한 보다 명확한 상을 우리는 van Hiele의 학습 수준 이론에서 찾아볼 수 있다(김응태, 박한식, 우정호, 1984, p.278). van Hiele에 따르면 수학의 학습활동은 보다 낮은 수준에서 보다 높은 수준으로 수준의 비약을 통해 진행되며 낮은 수준에서의 활동은 그 다음 수준에서 분석의 대상이 된다. 즉, 어떤 수준에서의 문제 해결 수단, 고찰의 수단은 그 다음 수준에서 고찰의 대상이 되어 수단의 대상화가 반복되어 나타난다는 것이다. 그는 수학적 사고의 특징을 '수단의 대상화' 즉, 고찰의 수단이었던 것을 새로이 고찰의 대상으로 해 가는 것으로 보고 이를 도형의 학습에 적용하여 아동의 기하학적 사고 수준을 다음의 5가지 수준으로 설명하고 있다(van Hiele, 1986, pp.39-47).

기초수준인 제0수준에서 아동은 주변 대상을 시각적 외관에 의해 형이라는 인식 수단으로 파악한다. 우리 주변의 사물을 도형이라는 수단으로 고찰하는 이 수준에서 아동은 도형을 구성하는 각 요소들에 대한 고려 없이 대상을 겉모습에 의해서 판단한다.

제1수준에서 아동은 여러 가지 도형을 그 성질에 의해서 인식한다. 시각적 외관에 의해 판별했던 도형의 여러 가지 성질을 이해하고 도형의 구성 요소와 그 성질에 대한 비형식적인 분석을 통해 도형을 파악한다.

제2수준에서는 도형의 여러 가지 성질을 서로 관련시키고 이로부터 다른 성질을 국소적으로 연역해낸다. 도형의 성질과 도형 사이의 관계가 연구의 대상이 되고 명제가 정리 수단이 된다. 이 수준에서 도형을 정의하는 활동이 이루어지게 된다.

제3수준에서는 여러 가지 명제 사이의 관계를 논리라는 수단으로 연구하게 된다. 명제가 연구의 대상이 되며 명제 사이의 논리적 관계가 정리 수단으로 등장하여 공리, 정의, 정리, 증명의 의미와 그 역할을 이해하고 전체적인 기하의 연역체계를 파악한다.

제4수준에서는 기하학 체계 그 자체가 연구의 대상이 되어 여러 가지 공리체계를 비교할 수 있고 Hilbert류의 기하의 형식적인 엄밀성을 파악한다.

van Hiele는 수학학습을 한 수준에서 다음 수준으로의 비약을 통해 학습수준이 상승되어 가는 과정으로 보고 학습의 본질을 수준간의 사고의 비약으로 설명한다. 그가 말하는 사고의 비약이라는 것은 한 수준에서 경험을 정리하는 수단이 어떠한 갑작스런 관점의 변화에 의해 새로운 경험의 대상으로 의식화되면서 그것을 조직화하는 활동으로 이루어지는 것이다(Freudenthal, 1978, pp.242-252). 이러한 사고의 비약은 바로 Freudenthal(1983)이 말하는 본질과 현상의 교대작용에 의한 인식수준의 상승인 학습의 불연속적인 과정을 이루는 것으로서 van Hiele도 사고 수준의 가장 뚜렷한 성질은 불연속성이라고 설명하고 있다(van Hiele, 1986, p.49).

수준간의 비약으로 설명되는 학습의 본질은 다음과 같은 특징을 가진다. 첫째, 바로 전 단계에서 무의식적으로 다루었던 것이 의식화되어 연구의 대상이 되면서 사고가 발달되어 간다. 둘째, 각 수준은 그 수준 고유의 여러 가지 언어적 상징과 그러한 상징을 연결하는 고유의 관계 체계를 갖는다. 셋째, 서로 다른 수준에서 추론하는 두 사람은 서로를 이해할 수 없다. 따라서 상대적으로 학생들보다 높은 사고 수준에 있는 교사가 학생들의 학습과정에서 제기되는 이해의 문제를 해결하기 위해서는 의도적으로 학생의 사고 수준으로 내려가서 그 수준에 알맞은 지도방법을 택하여야 할 필요가 있는 것이다. 그렇지 않으면 학생들은 교사가 전달한 학습 내용에 자신의 사고를 동화시키기보다는 교사의 행동을 모방하는 수준에 말하자면, 어떤 법칙이나 알고리즘의 기계적인 수행만을 행하는 수준에 머무르는 결과가 초래될 수 있다. 넷째, 사고의 n수준은 $(n-1)$수준을 거치지 않고서는 도달할 수 없으며 수학적 사고는 초보 수준에서부터 모든 수준을 차례로 통과하면서 발달한다. 따라서 위계적인 사고 수준을 고려하여 지도된 개념만이 적절하게 지식으로서 기능을 할 수 있다. 다섯째, 모든 학생들이 동일한 수준에 있는 것은 아니며 수준간의 전이도 동일한 속도로 이루어지는 것은 아니다. 따라서 어떤 학생들은 교사의 적절한 지도와 처치아래 학습 수준의 상승 속도가 빨라질 수도 있고 어떤 학생들은 교사의 부적절한 지도와 처치에 의해서 학습 속도가 지연될 수도 있는 것이다(van Hiele, 1986, pp.49-50).

van Hiele는 기하학습의 수준에 대한 통찰을 일반화하여 수학 전체의 교수-학습에 적용될 수 있는 보다 확장된 수준이론을 제시하고 있다. 그는 수학적 사고의 수준을 다음의 5가지 수준으로 분류하고 있다(van Hiele, 1986, p.53).

제1수준: 시각적 수준
제2수준: 서술적 수준
제3수준: 국소적인 논리적 관계를 파악하는 수준
제4수준: 형식적 논리를 파악하는 수준
제5수준: 논리적 법칙의 본질을 파악하는 수준[13)]

수준 이론에서 수학의 학습은 바로 수준이 상승되어 가는 과정이다. 다시 말하면 수학의 학습은 제1수준에서 제2수준으로, 제2수준에서 제3수준으로, …… 이행되어가는 과정인 것이다. 여기서 수학의 학습 초기 단계에 해당되는 제1, 2 수준은 매우 중요한 논의의 대상이 될 수 있다. 왜냐하면 수학의 학습은 명백히 이 수준에서부터 시작하여 이를 밑바탕으로 전개되는 것이기 때문이다. 뒤에서 자세히 논의하겠지만 Freudenthal은 개념학습의 초기 수준을 바닥 수준이라고 말하면서 수학의 학습에서 가장 중요한 단계로 여긴다. 그는 학교수학에서의 '바닥 수준의 무시'를 전통적인 수학교육에서 가장 흔히 볼 수 있는 오류라고 지적하고 있다(Freudenthal, 1973, p.147). 변수 지도에 있어서의 바닥 수준의 무시는 구체적 조작단계에서 학생들에게 풍부한 현실 경험을 제공하지 않는 데에서 찾아볼 수 있다. 변화를 함의하는 실세계의 현상을 제공하지 않고 더구나 상이한 심층 구조를 갖는 변수의 제 측면을 적절한 단계에 따라 도입하지 않으면서 변수를 단지 종이 위에 쓰여지는 일종의 자리지기로서의 기호, 기계적인 조작이 가해지는 형식적인 문자로 즉, 변수의 표층만을 드러내어 도입, 지도하는 것이 바로 그 예인 것이다. 이러한 학습과정에서 학생들은 변수로 표시되는 기호를 조작이 행해지는 단순한 알고리즘 과정의 한 요소로 생각하게 될 뿐 그 의미와 연관지어 생각하지 못한다. 다시 말하면 학생들은 '지식의 기록'을 단순히 수용할 뿐 진정으로 수학적 이해의 과정을 경험하지 못하게 되는 것이다.

수학적 이해의 과정은 구체적 경험에 의한 초보적인 지식에서 출발하여 이미지를 구성하고 이미지를 바탕으로 여러 가지 성질과 관계를 이해한 후 그것을 형

13) 그가 기하 학습의 수준에서 제0수준, 제1수준, ……, 제4수준으로 부르는 것은 여기서의 제1수준, 제2수준,……, 제5수준에 해당된다. van Hiele의 주장에 따르면 학교수학의 범위는 제2수준, 제3수준, 제4수준이다. 제1수준은 학교수학 이전의 수학이고, 제5수준은 학교수학 이후의 수준이다(박교식, 1992, p.110).

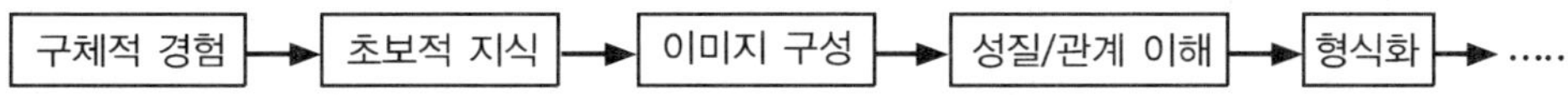

그림 III-7 : 수학적 이해의 관계

식화해 나가는 단계에 따라 진행되어야 한다(유현주, 1995, pp.93-94). 그리고 이러한 수학적 이해의 과정은 바로 수학 학습과정 내의 위계적인 성질을 갖는 몇 가지 수준들이 순차적인 단계에 따라 진행되었을 때 비로소 가능한 것이다.

학습 수준 이론이 수학적 개념의 학습-지도에 시사하는 중요한 함의는 어떤 수학적 지식이나 개념의 지도는 주도면밀하고 신중한 학습계획에 의해 학습자의 사고 수준을 고려하면서 오랜 기간에 걸쳐 한 수준에서 더 높은 수준으로의 질적인 비약을 꾀하는 과정으로 이루어져야 한다는 것이다. 그러나 학교수학에서는 수학적 개념 학습의 상대적인 수준에 대한 고려를 하지 않고 더군다나 개념 학습의 초기 수준을 무시한 채 개념을 지나치게 간략화된 정의와 함께 직접적으로 도입제시하고 있다. 개념의 단계적인 학습 수준을 거치지 않은 이러한 교육의 사태로 인해 수학적 개념에 대한 학습은 의미에 대한 고려 없이 단순한 알고리즘 조작에 그치기 쉬우며 학생들은 자신이 학습한 수학적 개념을 실세계의 문제 상황에 적절히 관련시키지 못하는 다시 말하면 그들이 학습한 수학적 지식을 통해 현실세계의 문제 상황을 꿰뚫어 볼 수 있는 안목을 형성하지 못하고 그 결과 경험세계로의 수학적 지식의 응용 가능성은 보장받기 어렵게 되는 것이다. 학교수학은 이와 같은 문제점을 심각하게 받아들여 수학적 개념의 학습 지도에서 그 동안 소홀히 다루어 왔던 개념 학습의 초기 수준을 중요하게 다룰 필요가 있다.

학교수학의 개념 지도는 주로 정의와 함께 개념을 도입하고 그에 대한 형식적 조작으로 곧바로 이행하는 양상을 보여왔는데, 이는 개념에 대한 심상을 갖기 시작하여 개념 이미지를 구성하고 그 이미지를 소유하여 개념을 받아들일 준비가 될 때까지의 학습 단계를 소홀히 하고 있다는 것을 나타낸다. 이러한 교육의 문제점을 심각하게 고려하여 Freudenthal(1991)은 수학적 개념 지도에 있어서 개념이 형성되기까지의 준비 학습 단계를 강조해야 한다고 주장한다. 그것은 아동의 학습 과정이 개념으로부터 시작하는 것이 아니라 복합적이고 다양한 경험을 통해 심상이 형성되면서 이루어지는 것이기 때문에 수학적 개념의 학습-지도에서는 개념 형성 이전에 개념을 받아들일 준비를 갖춘 심적 상태를 만드는 것이 무엇보다도 중요하다는 것이다. 따라서 수학적 개념 학습의 초기 수준 곧, 개념이 발생하는 맥락에서 조작적인 활동을 통해 보다 높은 수준에서 탐구되어야 할 수학적 개념에 대한 심상을 구성하는 단계는 다음 수준에서의 학습을 의미 있게 경험하게 하는 기본 토대를 제공한다는 측면에서 학교수학에서 중요하게 다루어야 할 부분이라는 것이다. Freudenthal은 탐구 수준에서의 활동은 바닥 수준에서 했던 자신의 활동을 반성함으로써 비로소 가능해지는 것이라고 말한다. 따라서 바닥 수준에서 일어난 학습자의 활동은 실제 수학을 하는 탐구 수준에서의 활동과 구별하여 '非수학적'이라고 단정 지울 수 없으며, 바닥 수준에서의 활동이 실제 수학을 하는 것이라고 보기는 어려울지라도 반성을 통해 수학적 개념으로 조직될 수 있는 조작적 활동을 한다는 의미에서 '前수학적(pre-mathematical) 단계'라고 말할 수 있다는 것이다 (Freudenthal, 1991, p.19). 이와 같은 이유로 하여 학교수학에서는 개념 이전에 개념을 받아들일 준비를 시키는 '전개념'의 단계를 충분히 고려하여야 하며 이를 위해서는 바닥수준에서의 개념의 구체화 다시 말하면, 개념이 발생한 맥락과 그 조작적 특성을 고려하는 풍부한 경험을 제공할 필요가 있다는 것이다. 이러한 주장은 수학적 지식은 형식화된 개념 이전에 그 개념 발생의 맥락과 연결되어 있는 관계가 먼저 고려되어야 한다는 Fischer(1984)의 주장으로 더욱 분명해진다.

van Hiele의 수학 학습 수준 이론에 의해 밝혀진 수학적 개념의 학습 과정은 경험의 세계를 단계적으로 추상화하여 조직화해나가는 과정으로서 이는 다름 아닌 개념이 창조되어 온 과정 바로 그것이며 학습 수준에 따라 개념을 학습한다는 것은 그 개념을 낳게 한 여러 가지 과정들 속에 포함된 반성과 사고를 다시금 재회복하여 경험한다는 것을 뜻한다(김응태, 박한식, 우정호, 1984, p.278). 이러한 학습과정을 강조하는 개념학습 지도방법이 바로 Fischer와 Freudenthal이 제안하는 수학적 개념의 재발명[14]에 의한 역사 발생적 지도방법인 것이다. 재발명에 의한 학습은 수학 학습 수준 이론에 따른 국소적 조직화[15]를 거치는 수학화로서 구체화되는데, Freudenthal은 수학을 적용하거나 창조하는 것을 국소적 조직화의 활동이라고 하고 학생들에게 자명하다고 생각되는 곳이 국소적 조직화의 출발 기준이 되도록 하여 학생들의 자발적이고 창조적인 활동이 가능하게 되기를 바란다.

(3) 변수의 표층과 심층

변수 기호의 사용으로 인해 생기는 위력이 대단히 큼에도 불구하고 그리고 학생들이 수학에서 변수를 상당히 많이 다루고 있음에도 불구하고 학생들은 그

14) 불연속적인 수학적 사고과정을 의식적으로 경험시키는 것(우정호, 1994, p.106)
15) 참으로 보이는 영역에서 시작하여 수학적 사고를 부분적으로 조직화해 나가는 것(같은 책, 같은 면)

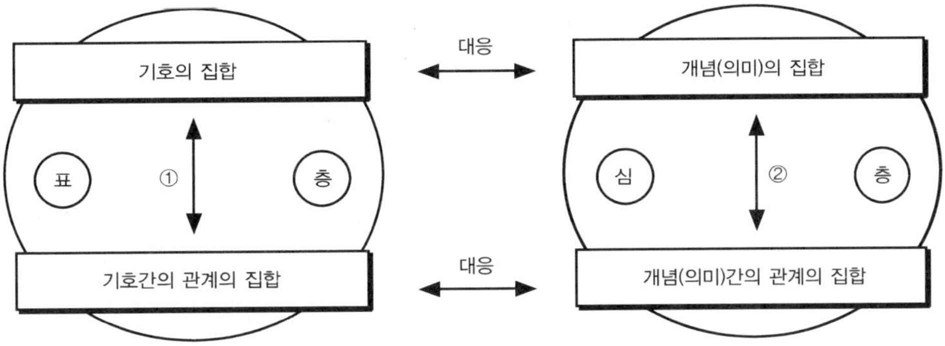

그림 III-8 : 기호와 개념간의 대응

의미에 대한 고려 없이 그 조작적인 측면에 치중하고 있다는 것을 인정할 수 밖에 없는 현실이다. 그 동안 선행연구에서 밝혀왔듯이 학생들이 변수를 개념적으로 이해하고 있지 못한 사실에서 오는 학습의 어려움은 적지 않다. 어린 아동이 5살 정도가 되면 대체로 모국어를 완벽하게 구사하는 것과 비교하여 생각해볼 때 수학 언어 체계에서 가장 핵심적인 요소로 작용하고 있는 변수에 대한 이해의 결여는 그 동안 변수 지도가 학습자로 하여금 형식적인 기호를 단순히 수용하도록 만드는 과정에서만 행해진 것은 아닌가 하는 생각을 품게 한다. 수학에서 변수 개념은 형식적인 기호의 지도에 그쳐서는 안될 것이며 기호화된 변수가 무엇을 의미하는 것이며 그것이 수학에서 어떤 일을 하는 것인가에 대한 이해가 가능하도록 지도되어야 한다. 이는 변수 지도에서 목표로 해야 하는 것은 변수라는 기호에 대한 알고리즘적 조작만이 아닌 변수의 개념적 이해를 위한 교육이어야 한다는 것이다. Freudenthal은 대수에서 문자는 무엇인가를 의미한다는 것, 공식의 각 부분에 대한 의미가 언급되지 않는다면 어떠한 공식도 의미를 가질 수 없다는 것, 대수는 26개의 문자를 가지고 조작하는 의미 없는 게임이 아니라는 것을 학생들의 사고에 넣어 주기 위한 노력을 해야 한다고 말한다(Freudenthal, 1973, p.290).

Skemp(1989)가 기호와 개념간의 대응관계를 설명하기 위해 제시하고 있는 그림 III-8에서 보면, 실제로 알고리즘적 사고와 계산 패턴의 강화가 학습의 주를 이루는 현재의 학교수학은 기호와 기호들만의 관계를 중요시하는 ①의 과정을 부각시키면서 개념과 개념간의 관계를 중요시하는 ②의 과정을 소홀히 다루는 경향이 있다. 변수 개념 지도에서도 궁극적으로 학생들에게 전달하여야 하는 것은 변수의 '개념적 구조'이지만 실제 학교수학에서는 그 전달에 있어서 기호 표현과 그 기호에 대한 조작에 치중하기 쉬워 변수는 그 풍부한 의미가 가려진 채 형식적 조작의 대상으로서 취급되는 경우가 많은 것이다.

Skemp는 수학에서 개념의 의미를 주고받을 수 있는 의사소통의 과정은 기호에 의한 표현 즉 개념의 표층 구조에 의해서 이루어지지만 궁극적으로 전달되는 것은 개념의 심층 구조이어야 함을 주장한다. 그가 말하는 표층 구조는 기호체계이고 심층 구조는 그 기호에 상응하는 의미 풍부한 수학적 개념의 구조이다[16]. 개념의 표층과 심층에 대한 Skemp의 설명에 비추어보면 변수의 표층적 차원은 종이 위에 표시된 문자 기호(일종의 자리지기)그 자체이며 그 심층적 차원은 변수 개념의 본질을 함의하는 다양한 의미라고 할 수 있다. 변수 개념의 의미가 다양하다는 것은 바로 변수가 하나의 표층 구조에 상응되는 하나의 심층 구조를 갖는 단일 차원의 개념이 아니라 자리지기라는 하나의 동일한 표층 구조 아래 상이한 심층 구조를 갖는 다차원적 개념임을 말해주는 것이다. 이에 대하여는 다음절에서 보다 상세히 논의되겠지만 변수 개념이 다양한 의미를 갖는다는 것은 바로 변수의 서로 다른 의미론적 차이를 갖는 내용이 상이한 조직화의 특성에 따라 구성되어지면서 변수 개념의 본질과 그것이 갖는 여러 가지 성질이 단일한 하나의 패러다임으로 수렴될 수 없다는 것을 뜻한다.

학생들이 수학 교과서에 제시되는 변수, 교사가 칠판에 써 놓은 변수를 단지 그 표면적인 측면에서 파악한다면 변수는 무언가를 대신하고 있는 일종의 자리지기로서 모두 동일하게 취급될 수도 있겠지만, 변수 기호가 도대체 무엇을 나타내고 있는 것인가에 대해 주목하여 본다면 다시 말하면 그 내면적 차원을 들여다보면 뚜렷이 구분되는 상이한 두 가지 방식의 변화를 확인할 수 있다. 변수는 가상적 변화를 함의할 수도 있고 실제적 변화를 함의할 수도 있는 두 가지의 가능성을 지니고 있는 것이다. 이 두 가지가 흔히 변수의 정적 변화, 동적 변화로 해석되고 있는 것으로서 전자는 일반적으로 불연속적인 변화를 후자는 연속적인 변화를 나타낸다. 대체로 불연속적인 변화는 다가적으로 사용되는 변수의 특징이고 연속적인 변화는 실세계의 변하는 대상에 대해 사용된 변수의 특징이라고 말할 수 있지만 어느 경우에나 항상 그러한 것은 아니다. 예를 들어 다가적으로 사용되는 변수가 $8 \le x$과 같이 부등식에서 사용되어지면 그 변화는 연속적인 것이 되고, 시간에 종속하여 연속적으로 변하는 온도, 거리 등의 변하는 대상이 측정에 따라 그 값이 결정되는 문제 상황에서는 불연속적인 변수로 취급될 수 있는 것이

16) 수학은 의사소통을 위한 일종의 언어로서 표층 구조와 심층 구조의 구분과 그들 사이의 관계는 대단히 중요한 것으로 생각된다(박성택, 1996, p.104).

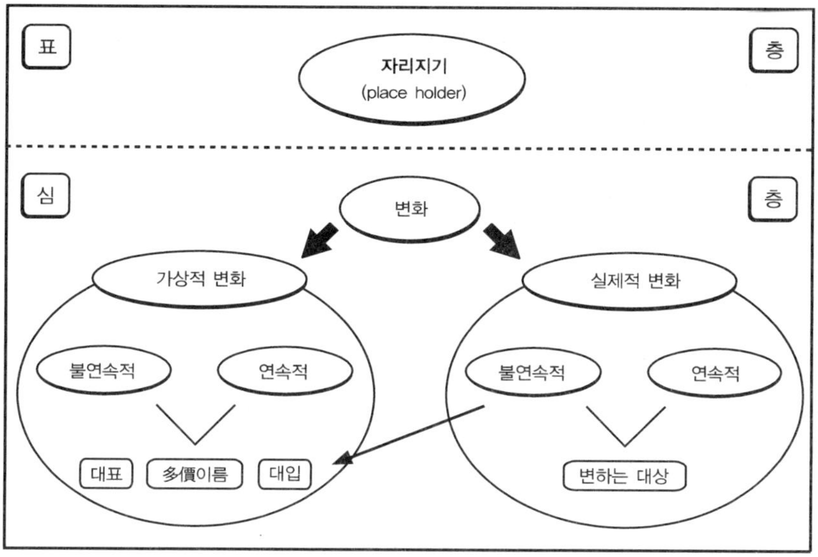

그림 Ⅲ-9 : 변수 개념의 표층과 심층

다. 가상적 변화의 측면에서도 변수는 단일한 의미로 취급되지 않는다. 어떤 집합의 모든 원소에 해당하는 또는 수학적으로 동일한 취급을 받을 수 있는 모든 대상에 대해 변수가 사용될 때에는 변수에 의한 일반화가 이루어지면서 대표의 의미가 강하게 부각되지만, 방정식의 해를 나타내는 미지수로서의 변수가 사용될 때에는 대표의 의미보다는 오히려 대입의 의미가 더욱 부각되는 것이다. 이와 같은 변수의 표층 구조와 심층 구조를 그림 Ⅲ-9와 같이 도식화해 볼 수 있다.

그림 Ⅲ-9에서 보는 바와 같이, 우리가 변수를 단지 표층적 차원에서만 본다면 무엇인가를 대신한다는 일종의 자리지기일 뿐이지마는 그 내면 즉, 심층적 차원에서 보면 변화의 특성과 그 양상이 뚜렷이 구분되는 상이한 개념적 구조를 확인할 수 있는 것이다. 다시 말하면 변수는 상이한 심층 구조가 동일한 표층 구조로 수렴되어있는 복합적인 개념인 것이다.

변수의 서로 다른 심층 구조는 무엇인가를 대신하는 의미의 자리지기라는 하나의 표층 구조로 수렴되어 있기 때문에 변수 개념의 학습지도에서 변수의 다양한 의미에 대한 고려가 주의 깊게 이루어지지 않는다면 변수는 자칫 종이 위에 쓰이는 단순한 문자 이상의 별다른 의미를 갖지 않는 형식적인 기호로 전락해버리기 쉽다. 따라서 학교수학에서는 변수를 그 의미와 관련지어 다루어 나가는 노력을 해야 한다. 즉, 변수의 심층적 차원에서의 학습지도에 보다 충실해야 한다는 것이다. 심층적 차원에서의 학습은 바로 수학 학습 수준의 초기 수준에서 이루어질 수 있다. 그러나 불행히도 현재의 학교수학에서는 상이한 심층 구조를 갖는 변수의 다양한 의미를 가린 채 변수를 그 표층적 측면으로부터 직접적으로 도입 제시하면서 주로 해답 찾기를 위한 형식적 조작의 대상으로 다루고 있을 뿐이다. 학교수학에서 변수는 문제 상황에 대한 해답을 찾는 과정에서의 역할이 주로 강조되고 있기 때문에 변수의 실제적 변화(동적 변화)의 측면은 가상적 변화(정적 변화)로 다루어지는 경우가 대부분이고 정적 변화의 측면도 변수의 본질을 반영하는 일반화의 맥락에서 그 의미를 찾고 있지 못하다.

Skemp(1989)는 학교수학에서 개념의 표층적 차원의 학습이 이루어지는 이유는 심층적 차원의 학습이 시간이 오래 걸리고 모든 학생들에게 적용될 수 있는 명확한 단계를 설정할 수 없는 반면 개념의 표층 구조의 학습은 단기적으로 더 쉽게 이루어질 수 있기 때문이라고 말하고 있다. 그러나 그는 개념의 심층 즉, 개념적 구조가 빈약하거나 존재하지 않는다면 표층 구조는 개념이 없는 상태로 만들어져서 결국엔 계속적인 학습에 의한 지식의 성장은 기대하기 어려워진다고 말한다. 따라서 수학에서 의사소통은 기호에 의해 이루어지기 때문에 수학적 개념이 그 표층구조 상태에서 다루어지기 쉽지만, 장기적인 안목에서 보았을 때 개념에 풍부한 의미를 부여할 수 있는 즉, 심층적 차원에서의 수학적 의미의 학습-지도가 중요하며 교사는 그러한 학습-지도의 방법을 모색하는 끊임없는 노력을 해야한다는 것이다.

그렇다면 변수에 대한 심층적 차원에서의 개념적 이해는 실제적으로 무엇 때문에 그렇게 중요하게 고려되어야 하는 것인가, 변수의 의미를 이해하지 못하면 어떠한 문제가 발생하는 것인가에 대한 설명이 필요해진다. 가장 분명한 점은 개념이 없는 상태로 학습된 지식에서는 계속적인 학습의 진전을 기대할 수 없다는 것이다. 변수 개념의 풍부한 의미가 살아나지 못한 채 단지 그 표면적인 기호 학습에 의존하다보면 학습의 맥락은 문맥으로부터 벗어난 빈약한 상태로 이루어지게 되고 결국 변수에 대한 알고리즘의 기계적인 학습만이 남게 될 것이다. 또한 변수에 대한 개념적 이해를 하지 못한 학생들은 수학에서 변수라는 개념적 수단을 통해 얻을 수 있는 많은 이점을 경험하지 못하게 된다. Skemp가 “수학의 힘은 수학적 아이디어에 의존한다. 만약 기호에 의미를 부여하는 힘을 갖추지 않는다면 이런 아이디어를 이해하고 그것을 조작하는데 있어 기호가 가진 많은 이점은 사라질 것이다”라고 말하고 있듯이, ‘변화’에 대한 해석과 ‘변화’를 효과적으로 다루는 기능을 하고 있는 변수에 적극적으로 의미를 부여할 수 있는 능력을 갖고 있지 못하다면 학생들은 변화에 대한 예민한 감각을 갖지 못하여 수학에서 변수를 통해 얻을 수 있는 많은 이점을 경험할 수 없을 것이다. 이는 구체적인 학습 상황에서 특수한 경우마다 반복되는 사고를 줄여주는 공식의 위력을 인식하지 못하거나 문제의 결과를 얻고자 할 때 정해진 수치를 단순히 대입만 함으로써 해를 얻을 수 있게 하는 방정식의 일반해의 의미를 뚜렷이 파악하지 못하는 사태로 나타난다. 또한, 교환법칙이나 분배법칙과 같은 일반화된 식이 나타내는 의미와 그 역할을 바르게 이해하지 못하는 경우도 생각할 수 있다. 예를 들면 변수 개념이 내면화되어 있지 않은 학생들은 $a+b=b+a$ 라는 식을 접하여도 이 식이 모든 a, b 에 대해 성립되는 일반적인 성질을 나타내고 있다는 것을 인식하지 못하고 심지어는 a와 b가 같은 경우에는 이 식이 적용될 수 없다고 생각하기도 한다. 이 식이 $2+2=2+2$의 경우까지도 포괄하고 있다는 것을 깨닫지 못하는 것이다.

그 동안 변수 개념 학습에서 학생들이 경험하는 어려움의 대부분은 바로 동일한 표층 아래 상이한 심층이 내재해 있다는 사실을 이해하고 있지 못한 것에서 비롯된 것이라고 생각되는 바, 학교수학에서의 변수 개념 지도는 학생들이 변수 개념의 심층 구조를 동화시키도록 이루어져야 하며 그러한 과정은 바로 앞 절에서 언급된 바와 같이 학습 수준의 바닥 수준으로부터 탐구 수준으로의 이행을 의미 충실하게 실행하였을 때 가능해지는 것이다. 현재의 학교수학은 변수 개념을 학습의 바닥 수준에서부터 충분히 다루어오지 않은 채 곧바로 탐구 수준에서 본격적으로 도입, 사용하고 있으므로 학생들에게는 변수의 표층만이 전달되었을 뿐 그 이면에 있는 의미는 가려져 결국 학생들이 변수의 아이디어를 동화하지 못하고 변수를 단지 조작 가능한 형식적인 기호의 관점으로밖에 볼 수 없는 사태에 이르게 된 것이다. 그렇다면 변수 개념 학습의 바닥 수준은 어디에서 어떻게 시작되어 어떠한 구조를 통해 탐구 수준으로 이행되는 것인가에 대한 설명이 필요하며 그러한 설명은 변수의 개념적 구조와 그 학습 수준에 대한 분석으로 이루어질 수 있을 것이다. 따라서 다음절에서는 변수 개념의 위계적 관계 구조와 학습 수준에 대하여 논의할 것이다. 이러한 논의로부터 변수의 심층으로부터 그 표층에 이르는 학습 과정이 보다 명확하게 드러날 것이다.

(4) 변수 개념의 위계적 관계 구조와 학습 수준

'변화의 설명'과 '동시 고려'라는 개념적 근원을 가지는 변수는 '변하는 대상'과 '다가이름'이라는 두 가지 본질로 정리되며 수학의 문맥에서 이 두 가지 본질은 결국 무엇인가를 대신한다는 자리지기의 개념으로 통합된다. 변수 개념의 표층이 바로 자리지기로 나타나는 문자기호이며 그 이면에 있는 심층은 동적 변화와 정적 변화라는 상이한 두 가지 구조로 구분되어 있는 것이다. 또한 두 가지의 상이한 심층 구조는 변수가 대신하는 대상의 유형과 그 성질에 따라 또 다른 방식으로 구분될 수 있다. 이러한 구분은 수학에서 변수를 이용해 표현되는 대수식을 서로 다른 명칭으로 부르는 것(공식, 방정식, 항등식, 함수식, …… 등)과 관계가 있다. 변수는 추상적인 형식적 개념이라는 사실 때문에 수학에서 다양한 의미로 사용되고 있다고도 볼 수 있다. 그러나 현재의 학교수학에서는 변수를 지나치게 간략화된 정의와 함께 곧바로 문제해결을 위한 조작적 수준에서 다루도록 제시하고 있기 때문에 학생들이 변수의 다양한 의미를 쉽게 포착하기 어려운 상황에 있고 결국 학생들의 변수에 대한 개념적 이해의 결여라는 결과가 초래되었다. 변수 개념은 그 풍부한 의미를 가린 채 단지 문자 기호의 수준에서 제시되어야 할 성질의 개념이 아니라 그 개념의 발생의 맥락과 아이디어의 배경을 중요시하면서 현실 세계의 경험에서부터 출발하여 그 경험을 단계적으로 추상화하고 조직화하는 활동을 통해 형성되어야만 그 심층에 내재해있는 다양한 의미를 포착할 수 있는 복합적인 개념이다.

변수 개념의 인식은 고정된 대상에 대해 이름을 부여하는 행위로부터 시작된다. 고정된 대상에 대해 부여된 고유의 이름이 변수의 한 측면은 아니지만 고정된 대상에 대해 이름을 부여하는 행위는 동일한 속성을 가지는 여러 개의 대상을 동시에 부를 수 있는 이름을 부여하는 행위로 발전되기 위한 준비 단계로서 중요한 의미를 가진다. 여기서 말하는 '준비 단계'는 변수 개념을 형성하기 전 변수 개념을 받아들일 준비가 된 상태를 만드는 단계로서 바로 Freudenthal(1991)이 말하는 '전수학적 단계'이다. 일반적으로 이 단계는 학교수학 이전부터 시작하여 초등학교 시기까지 지속될 수 있다.

변수 개념 학습의 제1수준에서 아동은 고정된 대상에 이름을 부여하여 그것을 언어적으로 표현하는 과정에서 정적인 의미의 변수를 무의식적으로 다루기 시작한다. 주변에 있는 구체적인 사물을 가리키며 '이것 좀 주세요'라고 말할 때의 지시사 '이것'이라든가, 미지의 것을 찾는 활동 속에서 '그것 어디 갔지?'라는 표현에서의 미지의 것에 대한 대명사 '그것'등은 비형식적인 수준에서 이미 아동이 무의식적으로 변수를 사용하고 있는 예가 된다. 미지의 것에 대한 비형식적인 표현은 다음 수준에서는 고정된 미지량에 대한 초보적인 기호 □로 전환되고 그 다음 수준에서는 대입의 의미가 부가된 기호 x 로 발전되면서 변화 가능한 문자로 다루어지게 된다. 또한 이 수준에서의 아동은 현실 경험 세계 속에서 변화를 반영하는 현상에 접하면서 시각적/감각적 느낌에 의해 초보적이나마 함수적 연관 관계를 갖는 변화하는 실체를 인식하게 된다. 예를 들면 스케치북 위에 네모를 그릴 때 연필을 가지고 선을 길게 그리면 네모가 훨씬 더 커진다던가(이는 후에 길이와 넓이 개념으로 발전되고 길이와 넓이 사이의 관계를 일반적으로 표현하게 될 때, 길이, 넓이를 변수로 취급하게 된다), 수도꼭지를 오래 틀어놓았더니 항아리에 물이 많이 채워졌다는 사실을 인식하는 경우 등이 이에 해당될 수 있다. 물론 이 때, 길이와 넓이, 시간과 물의 양 사이의 연관 관계를 논리적으로 파악하는 것은 아니고 단지 반복되는 감각 경험에 의해 그것을 주관적인 판단으로 이해할 뿐이다. 이 수준에서는 학생들은 변수 개념의 사례가 되는 실세계의 경험적 대상들을 개념과 무관하게 단지 인식하게 된다.

변수 개념 학습의 제2수준에서는 제1수준에서 인식했던 변하는 대상의 실체에 대한 비형식적인 분석이 일어나면서 그 속에 포함된 내적 질서와 성질을 파악하게 된다. 주로 대상의 '변화성'에 관심이 집중되고 변화성의 파악은 한 대상의 고유의 '변화성'을 인식하는 것에서 출발하여 다른 대상과의 '관계에 의한 변화성'을 인식하는 것에까지 이를 수 있다. 예를 들면 자동차가 빨리 달리면 간 거리는 길어진다, 직사각형의 변의 길이가 길어지면 넓이가 커진다는 생각을 할 수 있는 것이다. 이 수준에서 전수학적 수준의 탈피가 이루어지는데, 전수학적 수준의 탈피는 제1수준에서의 어떤 구체적인 맥락이 이해되어진 후, 이러한 맥락을 묘사하는 적절한 상징을 고안해 냄으로써 시작된다. 이 수준에서는 측정행위를 통해 변하는 대상을 수로 기술하여 '수치화' 또는 '계량화' 하면서 '변화표(또는 대응표)'와 같은 도구를 이용해 변하는 대상들 사이의 함수적 연관을 파악하게 된다(박교식, 1992, pp.153-154). 측정 단위를 도입하여 변하는 대상이 어떤 상황 어떤 조건에 고정되어 있을 때 그것을 수치로 표현하는 학습을 하게 된다. 길이와 넓이에 대한 변화표에 의해 학생들은 직사각형의 크기가 변하면 직사각형의 넓이가 변한다는 것을 객관적으로 설명할 수 있음을 이해하게 된다. 따라서 이 시기에는 언어적 표현에 의해 함수적 연관을 나타내는 공식—예를 들면, (직사각형의 넓이) = (가로의 길이) × (세로의 길이)—이 사용될 수 있다. 한편, 구체적인 맥락을 묘사하는 적절한 상징의 고안은 전수학적 수준에서 경험된 고정된 미지의 것에 대한 이름에 적용되어 미지량에 대한 기호 □가 도입된다. 따라서 이 수준에서는 문장제를 통해 구하고자 하는 대상의 수를 기호 □로 놓고 문제를 수학적으로 표현하는 과정을 경험할 수 있다. 그러나 이 수준에서 다루어지는 기호 □는 고정된 어떤 것(수)을 대신하는 기호로 다루어질 뿐 아직 변화를 함의하는 것은 아니다. 변하는 대상들 사이의 함수적 연관을 파악하는 과정에서 학습된 '규칙 발견'의 과정은 수의 성질을 파악하거나 수들 사이의 내적 질서를 발견하는 과정으로 이어진다. 특수한 사례의 예를 통해 서로 바꾸어 더해도 결과가 같다는 수의 성질이 발견되고 이러한 맥락을 묘사하는 적절한 상징으로 법칙의 초보적 표현 □ + △ = △ + □이 도입된다. 그러나 이 시기의 학생들은 위의 식에서의 □ , △를 임의의 수로 이해하지는 못하고 다만 그 기호들은 구체적인 수들을 대신하는 것이라고 생각할 뿐이다. 제2수준에서 학생들은 변수에 대한 심상을 갖기 시작하고 초보적이나마 변수에 대한 개념 이미지를 형성하게 된다. 일반적으로 변수에 대한 형식적 정의가 도입되기 전인 초등학교 시기가 이 단계에 해당된다고 할 수 있다.

변수 개념 학습의 제3수준은 이론적인 수학적 사고 수준으로서 변수 개념을 정의하고 함수적 연관을 문자와 식을 사용하여 상징으로 기술하게 되는 수준이다. 함수적 연관을 문자와 식을 사용하여 상징으로 기술하는 과정을 대수화 과정이라고 하는데, 대수화는 변수로서의 문자와 그 문자를 사용하여 함수적 연관을 식으로 나타내고자 하는 동기가 충분히 유발되었을 때만이 가능하다(박교식, 1992, p.154). 이 수준에서는 변수 개념의 형식적 정의가 도입되기 때문에 변수로 사용되는 문자를 명시적으로 사용하게 되고 제2수준에서 파악된 함수적 연관을 변하는 대상들 사이의 불변의 관계로 이해하고 변하는 대상을 문자로 표현하여 그 관계를 형식화해 나간다. 이 때 문자는 변화하는 양을 대신하는 것으로 이해되고 이를 바탕으로 변화에 대한 인식이 보다 분명해지면서 바로 전 수준에서 구체적인 맥락에서 이해한 덧셈의 교환법칙과 같은 수의 성질을 변수를 이용하여 $a+b=b+a$로 표현하게 된다. 이 때 a, b는 미지의 양에 대한 기호라기보다는 아직 결정되지 않은 기지량에 대한 기호로 여겨진다. 이러한 기호는 주로 일반적인 표현을 위해 사용되는데 그 때 문자는 주어진 집합 안의 임의의 수(또는 양)를 나타낸다. 이러한 문자가 방정식이나 함수의 일반식에서 부정소의 역할을 하는 변수이다. 일반화된 수 개념을 가질 수 있는 형식적 조작기의 인지 수준이 변수 학습의 제3수준에 해당되는데 이 수준에서 학생들은 일반화된 표현에서 문자가 임의의 수를 나타낸다는 것을 이해할 수 있다. 일반화된 식에서의 부정소의 의미를 이해할 수 있게 되는 것이다. 이에 대한 이해를 바탕으로 학생들은 일반화 맥락에서 사용되는 변수의 범위를 점, 선, 명제, 집합 등과 같은 임의의 수학적 대상에까지 확장하여 적용할 수 있게 된다.

van Hiele에 의해 형식적 논리를 파악하는 수준으로 설명되는 변수 개념 학습의 제4수준은 이전 수준에서 문맥과 연결되어 의식적으로 다루어졌던 변수가 형식적 조작의 대상이 되면서 탈문맥화되기 시작하는 단계이다. 이 때 변수는 우리가 원하는 무엇인가로 채워져야 할 빈자리 즉, 자리지기라는 하나의 표층으로 수렴되어 상황에 따라 서로 다르게 구분되는 형식적인 기호로 다루어진다. 따라서 이 수준에서는 변수가 무엇인가를 대신하는 기호로 인식되지만 그 무엇에 대한 고려보다도 변수로 나타난 기호들 간의 관계가 더욱 중요시되면서 기호에 대한 형식적 조작이 관심의 대상이 된다. 식 $acx^2+(ad+bc)x+ad$를 인수분해하거나 곱셈공식을 이용하여 $(a+b+c)^2$을 전개하는 경우, 삼각함수 사이의 관계를 이용하여 $(\sin x-\cos x)^2+(\sin x+\cos x)^2=2$가 성립하는 것을 보이거나 사인법칙을 이용하여 부등식 $\sin A<\sin B+\sin C$를 증명하는 경우를 그 예로 들 수 있는데 이 때 우리는 원하는 식을 유도하기 위해 변수가 나타내는 대상에 대한 고려는 하지 않고 단지 변수에 대한 형식적 조작만을 행하게 되는 것이다. 변수가 형식적 조작의 대상이 되면서부터 다양한 의미를 갖는 변수의 심층이 가려지기 시작한다. 변수가 형식적 조작의 대상이 되는 경우는 특정 문맥과 연결되어 동적 변화나 정적 변화를 나타내기 위해 사용된 변수가 계산 조작 수준에서 다루어질 때에도 발생될 수 있다. 여기서 우리는 현재 학교수학의 변수 개념 지도에서 발견되는 한 가지 큰 결함을 지적할 수 있는데, 그것은 학생들에게 변수를 의미 있게 받아들일 수 있는 맥락을 충분히 제시해 주지 않고 변수를 대입 또는 형식적 조작의 대상으로 다루는 학습을 부과하는 경향이 있다는 것이다. 이러한 교육에서 학습자는 변수를 '개념적으로' 이해하지 못하고 '도구적으로' 이해하는 상태에 머물러있게 된다. Skemp(1989)는 개념을 도구적으로 이해하는 상태를 개념의 심층이 빈약한 상태라고 표현하고 있는데, 앞에서도 언급하였듯이 그는 개념의 심층이 빈약하거나 존재하지 않는다면 개념의 표층은 개념이 없는 상태로 만들어져서 계속적인 학습에 의한 지식의 성장은 기대하기 어렵다고 말하고 있다. 수준 이론에서도 밝히고 있듯이 수학적 사고는 각 수준을 차례로 통과하면서 발달하는 것이므로 제4수준에서의 변수 학습이 의미 있게 이루어지는 것(즉, 변수가 의미와 연결된 문맥에서 상당히 벗어난 경우에도 변수를 잘 다룰 수 있게 되는 것)은 변수 학습이 제1, 2, 3수준을 순차적으로 거치면서 바르게 행해지는 것이 전제가 되는 것이다.

학교수학에서 다루지 않는 변수 개념 학습의 제5수준은 변수 개념이 완전히 내면화된 후 구조를 이해하는 수준으로서 변수는 군, 환, 체와 같은 추상 구조 내에서의 임의의 대상으로 다루어진다.

이상과 같이 변수 개념의 학습은 변수에 대한 정의의 도입과 함께 갑자기 시작되는 것이 아니라 변수 개념의 정의가 도입되기 훨씬 이전부터 변수 개념을 조직하기 위한 구체적인 활동이 존재하여 그 활동을 바탕으로 한 거듭되는 반성과 의식화를 통해 점진적으로 형식화되어 가는 과정이 되어야 할 것이다. 그것은 변화가 포함된 맥락 안에서 구체적인 대상들을 비형식적이면서 직관적으로 다루는 활동으로 시작하여 변화에 대한 인식을 하게 되고 곧 변화하는 대상들 간의 불변의 관계에 주목하면서 그 관계를 수학적으로 표현해야할 필요성을 느끼고 그 과정에서 변수의 본질을 경험한 후 변수를 형식적 조작의 대상으로 다루게 되는 단계까지 점진적으로 발전해 가는 과정이다.

이와 같은 변수 개념의 과정을 학습 수준 이론을 바탕으로 변수 개념의 위계적 관계 구조로 도식화해 보면 그림 Ⅲ-10과 같다. 그림 Ⅲ-10에서 보는 바와 같이, 변수 개념 학습에는 수준이 있어서 그 수준을 차례로 거쳐서 학습이 진행되었을 때 비로소 변수 개념이 학습자의 사고 안에 바르게 내면화될 수 있음을 알 수 있다. 따라서 학교 수학에서의 변수 개념 지도는 위와 같은 변수 개념 학습의 수준을 고려하여 진행되는 것이 바람직하며 특히 변수 개념을 받아들일 준비를 형성시켜 주는 제 1수준 및 제 2수준에서의 경험 즉, 학생들이 '변하는 대상'과의 풍부한 경험을 통해 '변화'에 대한 인식과 그 표현에 대한 감각을 갖게 하는 과정, 그리고 제 3수준에 이르러서는 변수를 의식적으로 다루면서 문맥과 관련지어 그 의미를 충분히 살리는 과정을 중요하게 다루어야 할 것이다.

변수 개념의 학습 지도는 학습자로 하여금 개념의 심층 구조에 속한 적절한 개념적 구조에 이를 수 있도록 진행되어야 한다. 이는 변수 개념의 바닥 수준에서의 충분한 활동으로부터 시작하여 학습자로 하여금 변수의 다양한 의미를 직접 경험하게 한 후 이를 점차 형식화해 나가면서 자연스럽게 탐구 수준으로 이를 수 있도록 지도되어야 함을 뜻한다. 변수 개념의 학습 수준은 변수 개념이 형성되어 온 과정과 동일한 과정으로서 그 수준에 의한 학습의 진행은 결국 변수 개념이 형식화되기까지 그와 관련된 여러 가지 수학적 사고 활동을 그대로 재현하여 경험한다는 것과 같은 의미로 해석된다. 이는 van Hiele가 말하고 있는 바와 같이, 한 수준에서 경험을 정리하는 수단이 새롭게 경험의 대상으로 인식되어 그에 대한 성질과 관계를 연구하고 조직하는 활동에 의한 다음 수준으로의 사고의 비약을 경험하는 과정이다. 따라서 변수 개념의 학습 지도는 수학적 사고 활동의 사이클을 그대로 재발명해 나가는 과정과 동일시되며 이러한 학습 지도에서는 학습

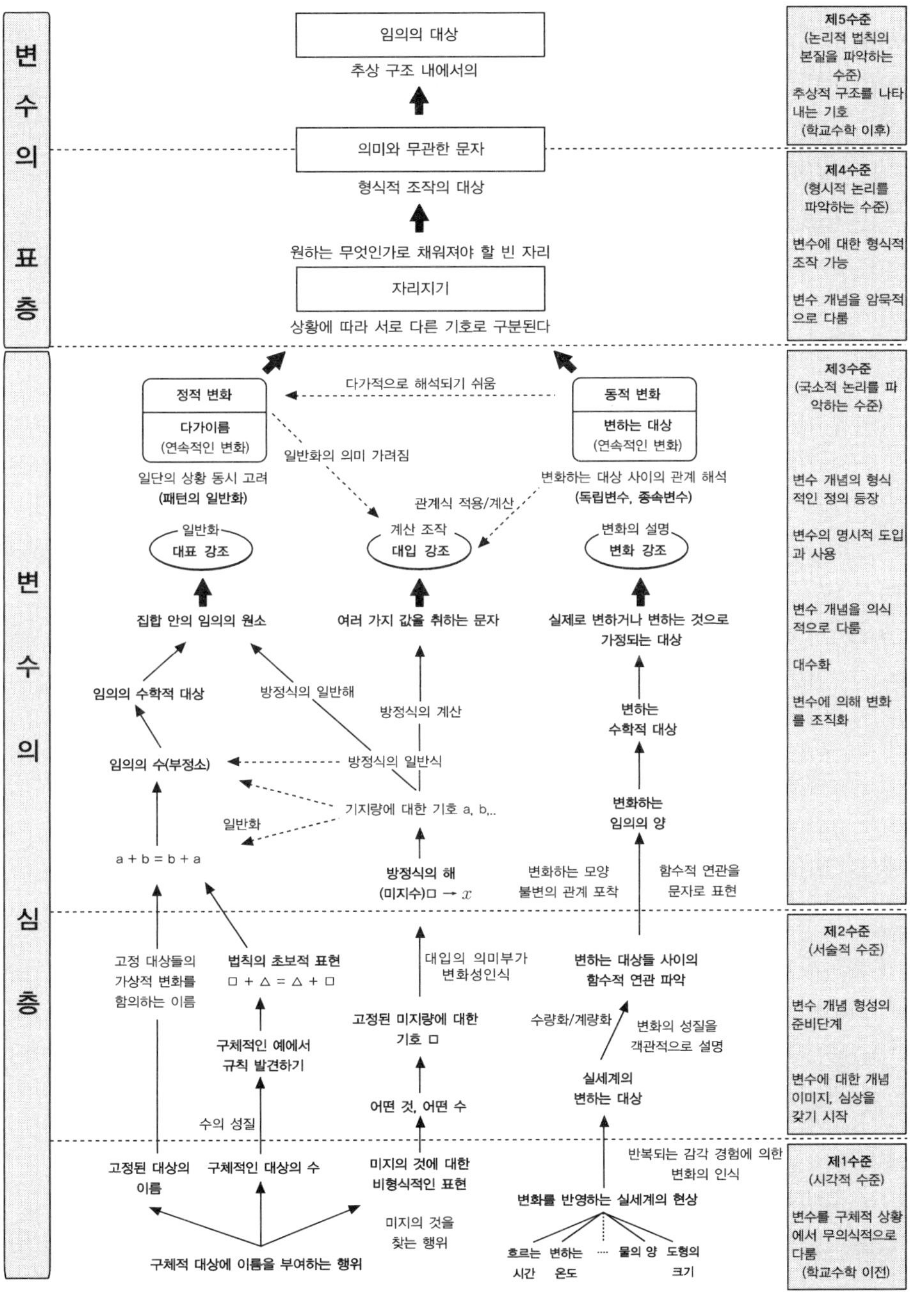

그림 III-10 : 변수 개념의 위계적 관계 구조와 학습 수준

과정에 대한 학습자의 능동적인 참여와 변수 개념으로 조직되는 실재를 고려하는 것이 중요한 관건이 된다. 수학적 개념을 학습해 나갈 때 학습자의 능동적인 참여와 실재의 고려를 중요시하여야 한다는 것은 바로 열린 수학 이론의 기본 철학으로서 Fischer와 Freudenthal이 제안하는 수학적 개념의 재발명에 의한 지도 방법이 바로 이러한 그 철학을 기본 바탕으로 하고 있는 것이다.

IV.

변수 개념 지도의 실태 분석

제Ⅲ장에서의 변수 개념 분석을 통해 변수의 본질은 실제 수학의 문맥에서 문제 상황에 따라 다양한 의미와 여러 가지 양상으로 나타나고 있다는 사실, 그리고 변수 개념의 진정한 이해는 변수에 풍부한 의미를 부여할 수 있는 즉, 심층적 차원에서의 의미 충실한 학습을 통해 비로소 가능해진다는 사실을 밝혔다. 따라서 변수 지도의 목표는 변수 기호에 대한 알고리즘적 조작이 아닌 변수의 개념적 구조 즉, 변수의 심층 구조의 교육이어야 한다.

학교 수학에서의 변수 개념 지도는 기호화된 변수가 무엇을 의미하는 것이며 그것이 수학에서 어떤 일을 하는 것인가에 대한 이해가 가능하도록 지도되어야 한다는 생각에 의하여 이 책에서는 학교수학에서 이루어져야 할 변수 개념 지도의 바람직한 방향을 마련하고자 하였다. 이를 위해 현재의 학교수학에서는 변수 개념이 어떻게 지도되고 있는가하는 그 지도의 실태를 확인해 볼 필요가 있다. 이는 변수 개념 지도의 실태에 대한 확인, 반성을 통해 현재의 변수 지도 방식에 대해 보다 발전적인 대안을 제안할 수 있기 때문이다.

따라서 이 책에서는 학생들의 변수 개념 이해에 결정적으로 영향을 줄 수 있는 두 가지 요인인 교사와 교과서를 대상으로 하여 조사 연구를 행하였다. 학생들이 변수를 이해하는 과정은 교사의 변수 지도 방식과 교과서가 변수를 제시하는 방법에 따라 달라질 수 있다. 교사 스스로가 변수 개념을 바르게 이해하고 있으면서 학생들에게 변수를 적절한 방식으로 지도하고 교과서는 변수의 본질을 의미 충실하게 다루어 나아가야만이 학생들이 변수 개념을 바르게 형성할 수 있는 것이다.

제1절에서는 현직 교사와 예비교사를 대상으로 조사를 실시하여 그들의 변

수 개념 이해 상태와 변수 개념 지도 방식에 관한 분석을 행하였다.

제2절에서는 각 교육과정기의 중학교 수학 교과서를 분석하여 교육과정 변화의 흐름에 따라 변수 개념 지도에 어떠한 변화가 있어 왔는지를 검토하고 현행 초, 중등학교 수학 교과서를 분석하여 변수에 관한 내용이 어떠한 순서로 어떻게 제시되고 있는지 즉, 변수 개념 지도 계열에 관한 분석을 행하였다.

제3절에서는 제7차 교육과정에 의한 중학교 [7-가] 단계 수학 교과서를 논의의 대상으로 교과서에서 다루어지는 변수의 형식적인 처리의 문제를 살펴보고, 함수 개념 도입의 변화에 따른 변수 개념 정의의 제시의 구체적 내용을 살펴보았다.

1. 교사의 변수 개념 이해 상태 및 지도 방식에 관한 조사

학생들을 대상으로 한 변수 개념에 관한 여러 선행 연구(Davis, 1975; Rosnick, 1981; Küchemann, 1981; Kieran, 1989, 1992; Eisenberg, 1991)에 의해 학생들이 변수 개념을 올바로 파악하고 있지 않다는 사실은 이미 입증된 바 있다. 이에 따라 학생들이 변수 개념을 바르게 이해할 수 있도록 도움을 줄 수 있는 교수 방안에 대한 연구도 활발히 진행되어 왔다. 그러나 이에 비하여 학생들을 가르치는 교사의 변수 개념 이해 상태에 대해서는 그 동안 거의 주목을 해 오지 않았다. 그러나 본 연구에서는 학생뿐 만 아니라 교사도 변수에 대한 오개념을 가지고 있을 수 있다는 가능성을 고려하였다. 이는 변수 개념에 대한 교사의 이해 상태가 학생들의 변수 개념 형성에 영향을 줄 수 있다는 사실을 반영한 것으로서 수업시간을 통해서 교사가 변수 개념을 학생들에게 가르치는 경우, 그가 변수를 포함하는 구체적인 상황을 설정하고, 그 상황에서 변수를 도입하고, 변수를 정의하는 일련의 과정은 그 스스로가 파악하고 있는 변수 개념을 통해 이루어질 것이라는 생각에서 비롯된다.

따라서 본 절에서는 교사는 변수 개념을 학생들에게 올바로 가르칠 준비가 되어 있는가, 교사는 변수 개념을 바르게 파악하고 있는가, 교사는 변수를 학생들에게 어떻게 지도하는가, 학생들이 변수의 제한된 측면만을 이해하고 변수에 대한 그릇된 개념 이미지를 가지고 있는 것은 변수 개념에 관한 교사의 이해 상태와 관련이 있는 것은 아닌가에 대한 해답을 얻고자 교사를 대상으로 변수 개념에 대한 교사의 인식 상태와 그들의 지도 방식에 대한 조사를 행하였다. 교사들이 이해하고 있는 변수 개념에 관한 본 조사의 결과에서 변수 개념에 대한 교사의 인식 상태와 그들의 지도 방식에 대해 재조정의 필요성이 요구되는 부분이 발견된다면 그것은 교사 재교육 과정의 변수 개념 지도에 적극적으로 반영되어야 할 것이다.

(1) 조사 절차

① 조사 도구

변수 개념 분석을 통한 이론적 토대를 바탕으로, 변수 개념에 대한 일반적인 인식을 조사하는 문제, 변수 개념의 본질에 대한 이해를 조사하는 문제, 변수 사용의 제 측면에 대한 이해를 조사하는 문제로 구성된 질문지를 작성하였다. 변수 개념에 대한 일반적인 인식을 조사하는 문제는 교사가 변수에 대한 정의를 어떻게 내리는지 혹은 변수 개념을 어떻게 설명하는지, 변수의 핵심을 어떤 표현으로 나타내고 있는지, 그리고 학생들에게 변수를 어떻게 지도하고 있는지를 알아보기 위한 것이다. 변수 개념의 본질에 대한 이해를 조사하는 문제는 변하는 대상과 다가 이름에 대한 이해 상태를 조사하고 교사들이 '변수다' 혹은 '변수가 아니다'라고 판단하는 기준은 무엇인가를 알아보기 위한 것이다. 변수 사용의 제 측면에 대한 이해를 조사하는 문제는 실제 수학적인 문제 상황에서 제시된 구체적인 사례들은 변수라는 추상적인 개념을 통해서 볼 수 있는가를 알아보기 위한 것으로서 교사가 실제 수학적 문맥에서 사용되고 있는 변수를 어떻게 인식하고 있느냐에 주목하면서 그들이 품고 있는 변수에 대한 개념을 보다 구체적으로 끌어내기 위한 것이다.

문제의 표현이 잘못되거나 문제 자체가 모호하게 제시되어 조사에서 분석하고자하는 방향과 동떨어진 응답이 나오는 경우 또는 교사가 문제의 뜻을 파악하지 못하는 경우가 발생할 수 있음을 고려하여 작성된 질문지로 대전 시내 중학교 수학 선생님을 대상으로 한 예비 조사를 실시하고 그 결과를 반영하여 질문지를 적절히 수정 보완하였다. 표 IV-1은 질문지의 각 문제에서 조사하고자 하는 내용이고 표 IV-2는 질문지를 구성하고 있는 문제이다.

표 Ⅳ-1 : 질문지의 내용

<table>
<tr><th>문제 분류</th><th colspan="2">번호</th><th>조사 내용</th></tr>
<tr><td rowspan="3">변수 개념에 대한 일반적인 인식</td><td colspan="2">1</td><td>교사는 '변수'를 어떻게 정의하는가?
교사는 변수를 어떻게 설명하고 있는가?</td></tr>
<tr><td colspan="2">2</td><td>교사는 변수 개념을 학생들에게 어떻게 가르치는가?
변수 개념이 교수학적으로 어떻게 변환되어 지도되고 있는가?</td></tr>
<tr><td colspan="2">3</td><td>교사가 파악하고 있는 변수 개념의 핵심은 무엇인가?</td></tr>
<tr><td rowspan="3">변수 개념의 본질에 대한 이해</td><td rowspan="3">4</td><td>(1)</td><td>다가이름으로 사용된 문자의 의미와 변하는 대상을 나타내기 위해 사용된 문자의 의미 사이의 차이점을 바르게 설명할 수 있는가?</td></tr>
<tr><td>(2)</td><td>다가이름으로 사용된 문자와 변하는 대상을 나타내기 위해 사용된 문자를 변수로 인식하고 있는가, 다시 말하면 변수 개념의 두 가지 본질을 이해하고 있는가?</td></tr>
<tr><td>(3)</td><td>교사가 '변수다 혹은 변수가 아니다'라고 판단하는 기준은 무엇인가?</td></tr>
<tr><td rowspan="7">변수 사용의 제 측면에 대한 이해</td><td rowspan="7">5</td><td>(1)</td><td>방정식의 해에 대한 자리지기로서의 변수를 인식하고 있는가?</td></tr>
<tr><td>(2)</td><td>변수가 수 이외의 대상을 대신할 수 있음을 인식하고 있는가?</td></tr>
<tr><td>(3)</td><td>독립변수, 종속변수, 부정소를 변수로 인식하고 있는가?</td></tr>
<tr><td>(4)</td><td>임의의 기하학적 대상을 나타내는 다가이름으로 사용된 변수를 인식하고 있는가?</td></tr>
<tr><td>(5)</td><td>임의의 양을 나타내는 기호로 사용된 변수를 인식하고 있는가?</td></tr>
<tr><td>(6)</td><td>패턴을 일반화하는 도구로서의 변수를 인식하고 있는가?</td></tr>
<tr><td>(7)</td><td>산술 법칙에서 임의의 수를 나타내는 변수 그리고 연산을 대신하는 변수를 인식하고 있는가?</td></tr>
</table>

표 Ⅳ-2 : 질문지에서 제시하고 있는 문제

문제 분류	번호		문제
변수 개념에 대한 일반적인 인식	1		선생님께서는 변수를 어떤 것이라고 생각하고 계십니까?(자유롭게 설명을 하셔도 좋고 나름대로 변수에 대한 정의를 내리셔도 좋습니다.)
	2		수업 중 변수가 사용되는 문제 상황을 다루게 될 때, 학생들에게 변수에 대한 설명을 어떻게 하십니까? (변수의 정의를 통해 설명하신다면 그 정의를 쓰시고, 변수 사용의 예를 통해서 설명하신다면 그 예를 쓰십시오. 가능하면 선생님께서 설명하시는 방식 그대로를 적어주십시오. 여러 방식으로 변수를 설명하신다면 그것을 모두 적으셔도 좋습니다)
	3		우리가 '함수'개념을 다룰 때 대응, 종속 등의 단어를 이용하듯이, '변수'라는 용어의 의미를 파악할 수 있는 단어 혹은 짤막한 표현을 생각해 보십시오. 만약 여러 가지가 가능하다면 변수의 의미를 가장 잘 나타낸다고 생각되는 순서대로 나열해 보십시오.
변수 개념의 본질에 대한 이해	4	(1)	아래의 두 문장에 대한 질문입니다. ㉠ 임의의 실수 a 에 대하여, $a+3=3+a$ ㉡ 0에 수렴하는(가까이 가는) 수 ε ㉠에서 문자 a가 사용된 방식과 ㉡에서 문자 ε이 사용된 방식을 비교하여 설명해 보십시오.
		(2)	㉠에서 사용된 문자 a와 ㉡에서 사용된 문자 ε을 변수라고 할 수 있을까요? ① a만 변수 ② ε만 변수 ③ a, ε 모두 변수 ④ a, ε 모두 변수 아님
		(3)	(2)번에 답하신 것에 대한 이유를 써 보십시오.
변수 사용의 제 측면에 대한 이해	5	(1)	아래에 주어진 각 표현에서 변수가 포함되어 있으면 '있다'에 ○표, 그렇지 않으면 '없다'에 ○표 하십시오. 변수가 있다고 생각되면 괄호 안에 변수를 모두 쓰시고, 변수가 없다고 생각되면 괄호를 비우고 그냥 통과하십시오. 방정식 $x^3+3x^2-x-3=0$을 풀어라. ☞ 변수가 (있다, 없다), 변수는 ( ) 이다.
		(2)	임의의 조건 p, q에 대하여, 명제 $p \to q$의 역은 $q \to p$ 이다. ☞ 변수가 (있다, 없다), 변수는 ( ) 이다.
		(3)	기울기가 k이고 y절편이 b인 일차 함수를 나타내는 식은 $y=kx+b$ 이다. ☞ 변수가 (있다, 없다), 변수는 ( ) 이다.
		(4)	$\triangle ABC$ 에서 세 변 $\overline{AB}$, $\overline{BC}$, $\overline{AC}$의 수직 이등분선은 한 점에서 만난다. ☞ 변수가 (있다, 없다), 변수는 ( ) 이다.
		(5)	가로의 길이가 L이고 세로의 길이가 W인 직사각형의 넓이 A를 구하는 공식은 A = LW이다. ☞ 변수가 (있다, 없다), 변수는 ( ) 이다.
		(6)	1부터 n까지의 자연수의 합 즉, $1+2+3+\cdots+n$의 값을 구하는 공식은 $\frac{n(n+1)}{2}$ 이다. ☞ 변수가 (있다, 없다), 변수는 ( ) 이다.
		(7)	임의의 실수 a, b에 대하여, 교환법칙$a+b=b+a$, $a\times b=b\times a$ 가 성립한다. 이 두 식을 기호 ∘ 를 이용하여 $a\circ b=b\circ a$로 표현 할 수 있다. ☞ 변수가 (있다, 없다), 변수는 ( ) 이다

② 조사 대상

조사는 2회에 걸쳐 실시되었다. 1차 조사는 현직 교사들을 대상으로 하였고 2차 조사는 예비 교사들을 대상으로 하였다. 예비 교사 집단을 대상으로 조사를 실시한 이유는 두 가지이다. 첫 번째 이유는 조사 대상으로서 충분한 인원수의 현직 교사를 확보하기 어려운 현실적인 상황에 의해 조사 결과의 일반성을 보장받기 어렵다는 사실을 보완하기 위한 것이고 두 번째 이유는 현장 경험이 풍부한 교사와 그렇지 않은 교사들 간에 조사 결과의 차이가 있는가를 알아보기 위한 것이었다.

1차 조사는 서울대학교에서 실시하는 1996년 중등 1, 2급 정교사 자격연수 과정(1996. 7. 16 - 1996. 8. 13)에 참가하고 있는 인천/경기 지역 중등학교 수학 교사 194명을 대상으로 하였다. 연수에 참여하고 있는 교사들의 교직 경력은 적어도 5년 이상으로서 본 조사의 대상 집단은 비교적 교육 현장 경험이 풍부한 교사들로 이루어져 있다고 할 수 있다. 조사 대상 집단에는 중학교 수학 교사와 고등학교 수학 교사가 고르게 분포되어 있었다. 질문지에 대한 조사는 1996년 7월 31일에 실시하였다. 조사를 위한 시간으로는 먼저 교사들에게 시간 할애에 대한 양해를 구하여 수업 시작 직전, 수업 종료 직후를 이용하였다. 조사를 할 때에는 조사에 대한 교사들의 거부감을 최소화하고자 질문지에 이름을 기록하는 것은 생략하였고 교사 자신들의 생각을 부담 없이 나타내주길 조심스럽게 부탁하였다. 응답이 긴 경우를 고려하여 질문지의 뒷면 여백을 이용하도록 하였으며 특별히 제한시간을 두지는 않고 응답을 마친 후 질문지를 제출토록 하였다. 연구자는 교사들의 성실한 답변을 위하여 정숙한 분위기를 유도하려고 노력하였다.

2차 조사는 예비 교사 139명을 대상으로 하였다. 조사에 참여한 예비 교사는 초등 예비 교사 86명(전주교대 수학교육과 2, 4학년생 54명, 청주교대 수학교육과 3학년생 32명), 중등 예비 교사 53명(서울대 수학교육과 3, 4학년생 32명, 전북대 수학교육과 3, 4학년생 21명)이다. 질문지에 대한 조사는 1996년 10월 둘째 주에 실시하였다. 각 대학에서 독립적으로 실시된 조사는 조사 대상 인원수로 적절한 수의 학생이 수강하는 강의시간을 택하여 이루어졌다. 예비 교사들에게 제시된 질문지에는 2번 문제가 포함되지 않았고 질문지에 이름 또는 학번을 기록하게 한 것을 제외하고는 조사 방법은 1차 조사때의 경우와 같다.

표 Ⅳ-3 : 조사 대상 인원 수

구분	1차 조사	2차 조사
조사대상	현직 교사 194 명	예비 교사 139 명

(2) 결과 분석

결과 분석은 1, 2차 조사에 대한 결과를 통합하여 행하였다. 현직 교사와 예비 교사 간의 의미 있는 차이를 보이는 결과에 대해서는 이것이 본 조사에서 궁극적으로 밝히고자 하는 사실은 아니지마는 각 경우에 대한 조사 결과를 비교해 보았다.

① 변수 개념에 대한 일반적인 인식

a. 문제 1

문제 1에 대한 응답에서, 변수에 대한 정의에 주목을 하면 변수를 수에 국한하여 용어 그대로 해석하고 '변하는 수'라고 정의한 응답이 가장 우세하게 나타나고 있음을 알 수 있다. 이 때 교사들은 '변한다'에 대한 보다 자세한 설명은 하고 있지 않다. 그러나 그들이 변수 개념의 동적 측면 곧, 변하는 대상을 의미하는 '변한다'의 의미로 '변하는 수'라는 표현을 사용하고 있지는 않다는 것은 분명하다. '변하는 수'라고 했을 때 그들의 생각은 변하는 대상보다는 오히려 변수가 수를 원소로 가지는 집합의 범위 내에서 여러 가지 수를 번갈아 가면서 취할 수 있다는 생각에 가까운 것으로 보여진다. 그것은 변수를 '여러 가지 값을 가질 수 있는 문자'라고 정의하고 있는 응답에서 더욱 두드러지게 나타난다. 그러나 여러 가지 값을 취할 수 있다는 의미에 대한 교사들의 생각에는 일관성이 없다. 예를 들어 그들이 변수의 예로 가장 많이 들고 있는 일차함수의 일반식 $y=ax+b$ 에서 문자 x, y는 변수로 보고 있지만 문자 a, b는 변수로 보고 있지 않았다. 문자 x, y와 문자 a, b는 값을 취하는 방식에 있어서 서로 차이가 있고 문자 a, b의 변화성이 문자 x, y의 변화성에 비해 동적인 의미가 다소 약하다는 것을 제외하고는 그 문자들이 모두 여러 가지 값을 대신하여 사용되고 있음에도 불구하고, 교사들은 여러 가지 값을 취할 수 있다는 변수의 의미를 실제적인 상황에서는 일관성 있게 적용시키지 못하고 있는 것이다. 문자 a, b가 문자 x, y에 비해서 상대적으로 좀 더 일찍 수치화된다는 의미에서 '고정된다'는 의미가 사용될 수는 있지만 그것을 수 3, 5 등과 같이 일반적인 의미에서의 상수라고 부르는 것은 잘못된 것이다. '변하는 수'라고 변수를 정의하고 패턴을 일반화하는 변수 개념과 관련된 '임의의 수'에 대한 언급을 하고 있는 교사의 수가 적지 않음에도 불구하고 실제적인 예에서는 임의의 수를 대신하고 있는 문자를 변수로 보고 있지 않다는 사실은 특이한 사항이다.

변수에 대한 정의를 할 때 전체 현직 교사의 20%는 구체적으로 상수를 언급하면서 변수를 상수의 대립 개념으로 설명해 나가고 있는데 반해 상수와의 비교를 통해 변수를 정의하고 있는 예비 교사의 수는 전체의 2%에 불과하였다. 이는 이제까지 실제 수학 교육 현장에서 변수의 정의가 학생들에게 처음 제시될 때, 교과서나 교사나 모두 상수의 언급을 통해 변수 개념을 보다 쉽게 전달하려는 상황이 계속되어져 왔고 실제로 그러한 지도를 경험해 온 교사들은 무의식적으로 상수를 통한 변수 설명 방식에 익숙해 있음을 반영하는 사실로 보여진다. 그들은 변하지 않고 고정된다는 의미에 지나친 비중을 두고 있으며 이러한 사실은 현직 교사들이 미지수를 변수와는 별개의 것이라고 구분짓는 다음의 현상에서 더욱 분명하게 확인된다.

미지수의 개념을 이용해 변수를 정의하고 있는 응답(총 31건)을 살펴보면 변수를 미지수와 별개의 것이라고 구분짓고 있는 응답과 변수를 미지수와 같은 개념 또는 미지수를 포함하는 개념으로 보는 응답으로 구분됨을 알 수 있는데, 변수를 미지수와 별개의 것이라고 구분 짓고 있는 응답은 현직 교사를 대상으로 한 조사 결과에서만 나타났다. 그들이 미지수와 변수를 구분짓는 이유로 들고 있는 것은 미지수는 특정한 수를 다루는 것이고 변수는 일반적인 조건을 만족하는 수를 다루는 것이라는 것과 미지수는 모르지만 정해진 수이고 변수는 모르지만 정해져 있지 않은 수라는 것이다. 한편, 변수를 미지수와 같은 개념 또는 미지수를 포함하는 개념으로 보는 경우에는 미지수와 변수의 개념이 적당히 혼합되어 그 구분이 깨끗하게 정리되지 않은 채, 두 가지 용어를 혼동하여 사용하고 있음이 관찰되었다. 미지수라는 용어를 사용하고 있는 교사들 중에는 미지수를 방정식에서의 자리지기로서, 말하자면 일정한 값이 정하여져 있는데 아직 구하지 못한 수라고 표현하고 있는 교사가 있는 반면, 미지수를 함수식에서의 x, y, 임의의 값이 올 수 있는 자리, 어떤 상황이 변할 때마다 변할 수 있는 수, 변역을 갖는 것 등과 같은 표현으로 미지수 개념을 일반적인 변수 개념과 혼동하여 사용하고 있는 것이다.

교사들이 가장 일반적으로 사용하고 있는 '변하는 수'라는 변수의 정의, 그리고 변수에 대한 기타 설명에서 주목할 사항은 학생들의 변수 인식에 대한 조사에

표 Ⅳ-4 : 교사가 변수를 설명하기 위해 사용하고 있는 용어

구분	응답의 예
수	변하는 수, 임의의 수, 정해지지 않은 수, 일반적인 수, 임의의 수, 값이 정해지지 않은 수, 어떤 결과에 영향을 미치는 수
문자	어떤 집합의 원소를 취할 수 있는 문자, 여러 가지 값을 택할 수 있는 문자, 일정 범위 안에서 값을 취할 수 있는 문자, 조건에 의해서 변할 수 있는 문자, 대입하여야 할 자리에 대신 쓰는 문자, 어떤 값이든 대입할 수 있는 문자
값	변할 수 있는 값, 변하는 임의의 값, 임의의 값을 대입 받을 준비가 되어 있는 값
자리	임의의 값이 올 수 있는 자리, 변화를 주어서 수를 대입할 수 있는 자리
상자	다양한 수를 넣을 수 있는 상자
틀	다른 문자나 숫자를 대입할 수 있는 틀, 예를 들어, $f(x)$, $f(a)$, $f(\square)$에서 네모칸
그릇	상수를 담아 놓은 그릇(기억장소)
□,△	2+□=5, 2×□=△에서 □,△의 역할
상태	자리를 차지하면서 특정 값을 받아들일 준비가 되어있는 상태
공간	어떠어떠한 것을 대표하기 위해 마련해 놓은 공간

서 나타났던 것과 마찬가지로 교사들 역시 변수가 대신하는 대상을 '수'에 국한하고 있다는 것이다. 이러한 사실은 교사가 '변수는 …… 것이다'라고 설명을 하는 표현 중 '것'에 해당되는 명사로 무엇을 사용하고 있는가에 주목하여 보면 더욱 분명하게 알 수 있다.

표 Ⅳ-4에서 알 수 있듯이 교사들이 변수를 설명하기 위해 가장 많이 사용하고 있는 용어는 '수'로서 조사 대상 교사의 절반 정도가 변수를 변하는 수, 임의의 수라고 표현하고 있었고 두 번째로는 '문자', '값'이라는 표현을, 그리고 드물게나마 '자리', '틀', '상자', '□, △', '그릇', '상태', '공간'이라는 표현을 사용하고 있었다. 그 이외에 '대표성', '변량', '도형' 그리고 x, y, a, b 따위의 구체적인 기호를 쓴 교사들도 있었다.

또한 변수에 대한 설명을 제시한 응답에 주목해 보면 22건의 응답에서 변수가 사용된 예를 들고 있는데 그 중 87%의 응답이 함수식을 이용하여 독립변수 x와 종속변수 y를 변수라고 하고 있고 드물게나마 집합을 이용하여 변수를 집합의 원소를 대표하는 문자로 또는 방정식을 이용하여 방정식의 미지수에 대한 자리지기로 변수를 보고 있다.

함수식을 이용하여 변수의 예를 들고 있는 응답에서 특이하게 관찰되는 것은 교사들이 문자 a, b를 변수로 보지 않는 경우와 종속변수 y를 변수로 보지 않는 경우가 있다는 점이다. a, b를 변수로 보지 않는 경우에 교사들은 a, b가 x, y보

다 먼저 고정된다는 의미를 지나치게 확장하여 상수로 취급하고 있었고 종속변수

표 Ⅳ-5 : 교사가 설명하는 변수의 예

변수를 설명하는 상황	교사가 제시하고 있는 예	변수로 보는 문자	응답 수
함수식	$y=ax+b$	x,y	16
	$f(x)=ax+b$	x	9
	$f(x),f(a),f(\square),\ldots$	□	1
집합	$a\in\{1,\ 2,\ 3\}$, $b\in\{5,\ 6,\ 7\}$ $a+b=5$일 때의 a,b	a,b	2
	$\{5x \mid x\in R\}$	x	1
방정식	2+□=5, 2×△=□	□, △	1

y를 변수로 보지 않는 경우에 교사들은 'y는 x가 주어지면 정해지는 것이기 때문'이라는 이유를 덧붙이면서 그러한 생각을 정당화시키고 있다.

실제적으로 변수 지도 경험이 풍부한 현직교사는 변수 사용의 예를 들어 응답하는 경우가 비교적 많았고 예비교사들은 실제적인 사용의 예보다는 변수를 접했던 상황을 상기하여 '일반적으로 방정식에서 x, y로 표현된 것이 떠오른다', '교과서에서 대부분 x, y, z로 쓴다'라고 설명하거나, 변수 사용의 효율적인 측면을 생각해 보고 '수의 특성이나 성질을 연구할 때 그것을 일반화해서 연구하기 위하여 사용되는 것', '수학 표현에 있어서 수를 일일이 나열하는 번거로움을 해결하기 위해 사용됨'이라는 설명을 하고 있다. 드문 경우이지만 '정적이기보다는 동적이며 변화의 상황이 가정되어 있음', '수학적인 조작에서 동일한 취급(수, 도형, ……)을 받을 수 있는 대상들을 나타내는 것'이라는 표현으로 변하는 대상과 다가이름으로서의 변수의 본질을 비교적 명확히 제시하고 있는 예비교사도 있었다.

문제 1에 대한 응답의 결과를 종합해 보면, 교사들은 변수의 범주 속에 들어가는 미지수, 부정소, 자리지기, 독립변수, 종속변수 등의 여러 가지 하위 개념을 불완전하게 인식하고 있으며, 어느 하나의 하위 개념을 또는 몇 개의 하위 개념을 적당히 혼합하여 그 구분을 분명히 하지 않은 채 변수 개념 전체를 대표하는 것처럼 사용하고 있다.

b. 문제 2

변수 개념이 교사에 의해 교수학적으로 어떻게 변환되어 지도되고 있는가를 알아본 문제 2의 응답을 살펴보면 대체로 교사들은 변수 개념의 본질이나 변수의 의미 그리고 변수 도입의 필요성에 대한 설명을 자세히 하고 있지 않은 채 단지 변수를 제한된 예를 통해 직접적으로 도입하고 학생들이 변수를 즉각적으로 이해하기를 바라면서 지나치게 간략한 설명에 그치고 있음을 알 수 있다. 또한 '변수라는 개념은 초등학교 때부터 시작됨으로 중, 고등학교에서는 특별히 설명하지 않는다'라든가 '고등학생이라 변수의 개념을 알고 있다고 생각하고 변수 개념을 언급하지 않을 때가 많다'라는 응답을 하는 교사들도 있었다.

교사들이 학생들에게 변수 개념을 지도할 때 주로 예로 드는 것은 함수식에서의 x, y였다. 많은 수의 교사가 함수의 대응 관계에서의 x, y를 예로 들어 변수를 여러 가지 값을 대입할 수 있는 문자로 설명한다는 응답을 하고 있는데, 변하는 대상이라는 변수의 본질을 가장 분명하게 설명할 수 있는 함수 관계에서도 변수는 그 개념의 본질인 '변한다'의 의미가 충분히 부각되지 못한 채 단지 여러 가지 값이 대입될 수 있는 형식적인 기호로 다루어지고 있음을 알 수 있다. 또한 상수와 비교하여 변수를 설명할 때 $y=ax+b$를 예로 들면서 문자 x, y는 변수, 문자 a, b를 상수로 가르치고 있는데, 이러한 지도 방식에는 문제 1에서 나타났듯이 변수를 여러 가지 값을 취할 수 있는 문자로 보고 있으면서도 실제로는 그 개념을 일관성 있게 적용시키고 있지 못하는 교사의 생각이 그대로 반영되어 있다고 할 수 있다.

표 IV-6을 보면 교사가 학생들에게 변수를 설명하는 방식에는 변수 개념의 포괄적인 의미 속에 들어가는 하위개념들이 모두 나타나고 있기는 하지만 특정한 하위개념이 마치 변수 개념 전체를 나타내고 있는 것처럼 사용되고 있는 경우가 대부분이고, 특히 변하는 대상과 다가이름이라는 변수의 본질을 강조하여 변수를 설명하고 있는 교사의 수는 극소수에 불과함을 알 수 있다. 교사가 변수를 지도할 때 변수를 나타내는 기호는 임의적으로 결정할 수 있다는 생각, 변수가 수 이외의 다른 대상을 대신할 수 있다는 생각, 변수로 사용된 문자의 의미는 주어진 문제 상황에 따라 달라 질 수 있다는 생각을 반영하는 설명으로 학생들을 지도하고 있음을 드러내고 있는 교사의 수는 아주 적었다.

표 Ⅳ-6 : 교사가 학생들에게 변수를 설명하는 방식

<table>
<tr><th colspan="2">변수 설명 방식</th><th>주로 사용되는 예 또는 설명</th><th>응답 비율</th></tr>
<tr><td colspan="2">함수의 대응 관계에서 여러 가지 값을 대입할 수 있는 것</td><td>함수나 직선의 방정식에서의 x, y
x에는 정의역에 있는 여러 가지 값을 대입할 수 있고 그에 따라 y의 값이 결정된다(독립변수, 종속변수의 개념)</td><td>43%</td></tr>
<tr><td colspan="2">상수와 비교</td><td>① $y=ax+b$에서 a, b는 상수, x, y는 변수
② 상수는 우리가 알고 있는 것. 예를 들어 2, 3과 같은 것이고 변수는'변하는 수'.</td><td>16%</td></tr>
<tr><td colspan="2">집합의 개념 이용</td><td>집합의 원소를 대표하는 것, 집합 안에 있는 임의의 원소를 취할 수 있는 것</td><td>7%</td></tr>
<tr><td rowspan="2">미지수의 개념 이용</td><td>유사개념</td><td>변수는 그 값을 아직 모르기 때문에 미지수와 같은 것이다.</td><td>3%</td></tr>
<tr><td>대립개념</td><td>미지수는 알지는 못하지만 정해져 있는 것이고, 변수는 정해져 있지 않고 변하는 것이다.</td><td>3%</td></tr>
<tr><td colspan="2">방정식의 해에 대한 자리지기</td><td>방정식 $\square+2=5$, $x+5=10$에서 적당한 수로 대입되는 □, x</td><td>3%</td></tr>
<tr><td colspan="2">임의의 수</td><td>① $\forall x \in R$, $3 \cdot x = x \cdot 3$에서의 x
② □+2라는 식의 □안에는 임의의 수를 써넣을 수 있다.</td><td>3%</td></tr>
<tr><td colspan="2">변수가 나타내는 대상의 확장</td><td>① 임의의 우리 반 학생의 1명의 이름을 X
② 직사각형의 넓이에서 가로, 세로, 넓이 ③ 함수를 나타내는 f</td><td>2%</td></tr>
<tr><td colspan="2">변하는 대상</td><td>① 모든 것은 변하게 되어있다. 일상생활에 있어서도 모든 것이 수시로 변하듯이 상황에 따라 변한다.
② 속력이 60km/시로 일정 자동차가 달린 거리에서 변하는 시간을 변수로 표현</td><td>2%</td></tr>
<tr><td colspan="2">변수 기호의 임의성 고려</td><td>① $2x+3y$로 표시하는 것과 $2z+3w$로 표시하는 것은 같다
② $f(x)=ax+b$, $f(\alpha)=a\alpha+b$, $f(\square)=a\square+b$, $f(\bigcirc)=a\bigcirc+b$, $\cdots$</td><td>2%</td></tr>
<tr><td colspan="2">변수 사용의 필요성이 부각되는 상황 전개</td><td>① $\square+2=5$: □에는 어떤 수를 넣든지 상관없다. 계속 변할 수 있으므로 그것을 문자(기호)화하여 x라 한다
② 표에서처럼 계속 변하여가는 수 x, y를 문자화시키면 문제 상황을 보다 쉽게 그리고 한 눈에 알 수 있다</td><td>2%</td></tr>
<tr><td colspan="2">프로그래밍에서의 변수개념</td><td>① 변수를 컴퓨터의 베이직 언어와 결부시켜 설명
② $y=ax+b$에서 x, y는 전역변수(global variable), a, b는 지역변수(local variable)라고 설명</td><td>1%</td></tr>
<tr><td colspan="2">확률변수</td><td>동전을 10번 던질 때, 앞면이 나올 횟수 x</td><td>1%</td></tr>
<tr><td colspan="2">일반화(다가이름)</td><td>일차함수 $y=ax+b$에서 기울기 a, y절편 b</td><td>1%</td></tr>
<tr><td colspan="2">상황 의존</td><td>문제의 형태나 조건에 따라서 각각 다르게 설명한다.</td><td>1%</td></tr>
<tr><td colspan="2">특별한 설명 안함</td><td>변수개념은 초등학교 때부터 시작됨으로 학생들이 변수개념을 알고 있다고 생각한다.</td><td>1%</td></tr>
<tr><td colspan="2">기타</td><td>'?', '변수는 …' 등의 불완전하거나 모호한 표현</td><td>9%</td></tr>
</table>

c. 문제 3

문제 3은 교사들이 생각하는 변수 개념의 핵심을 밝혀보고자 한 것으로 Schoenfeld 와 Arcavi(1988)의 실험을 근거로 하여 작성된 것이다[17]. 문제 3은 Schoenfeld와 Arcavi가 제시하고 있는 문제를 수정 보완한 것이다. 먼저 함수를 예로 들어 문제에 응답하는 방식에 대한 간접적인 설명을 덧붙이고, Schoenfeld 와 Arcavi가 제시하고 있는 문제에서 단어를 이용하라는 조건을 '단어 혹은 짤막한 표현'을 이용하라는 조건으로 바꾸었다. 그 이유는 변수의 진정한 의미가 한 단어에 의해서 수렴될 수는 없다는 생각이 들었기 때문이다. 다시 말하면 변수의 핵심 개념이 존재는 하겠지만 그것이 한 단어에 의해서 적절하게 표현되기란 불가능할 것이라는 점이다. 그리하여 적당한 길이를 갖는 표현을 허용하기로 하였다. 문제 1과 비교하여 특별히 문제 3이 갖는 특징이라고 할 수 있는 것은 불필요하거나 부수적인 설명을 배제하면서 변수의 핵심에 가장 가까운 표현을 끄집어내고자 하는 것이다. 그러나 이 문제에서 변수의 핵심이 단일한 표현으로 수렴될 것이라는 것을 가정하고 있는 것은 아니다. 그리고 그것은 가능한 일도 아닐 것이다. 다만 이 문제에서는 교사들이 변수의 진정한 의미를 어떠한 표현으로 나타내고 있는가 그들이 보편적으로 파악하고 있는 변수 개념의 핵심은 무엇인가를 밝히고자 하는데 있다.

문제 3에 대한 결과는 변수의 핵심을 가장 잘 나타내는 것으로서 교사가 선택하고 있는 단어가 무엇인지 그리고 변수의 핵심이 어떠한 성질로 표현되고 있는 지에 주목하여 응답된 모든 내용을 유형별로 정리하여 분석하였다.

표 IV-7에 빈도순으로 제시된 단어를 보면 변수의 핵심을 가장 잘 나타내는 용어로 변하는 수와 더불어 미지수가 가장 많이 선택되고 있음을 확인할 수 있다. 이는 교사들이 변수는 그 값을 아직 모르기 때문에 미지수와 같은 것이라고 생각하고 있기 때문인 것으로 분석된다. 그러나 문제 1의 결과에서 미지수는 모르지만 정해진 수이고 변수는 모르지만 정하여져 있지 않은 수라는 주장을 하면

---

17) Schoenfeld 와 Arcavi는 컴퓨터 과학, 논리학 등의 각 분야에 종사하고 있는 연구자들을 대상으로 그들이 파악하는 변수 개념의 핵심을 조사하기 위해 다음과 같은 문제를 제시하고 있다.

> "변수는 (   )이다"라는 문장을 변수라는 용어의 의미를 가장 잘 포착할 수 있는 단어 하나를 이용하여 완성하여라(만약 여러 개의 후보 단어가 있다면 그것을 가장 적절하다고 생각되는 순서로 나열하여라).

그들의 실험에서 서로 다른 분야에 종사하고 있는 사람들은 제각기 다른 단어를 사용하여 위의 문장을 완성하였다. 예를 들면 컴퓨터 과학자들은 '포인터(pointer)'라는 단어를, 논리학자들은 '대명사(pronoun)'라는 단어를 선호하고 있지만 다른 집단에서는 이러한 단어가 거의 선택되고 있지 않았다(Schoenfeld & Arcavi, 1988, pp.420-421).

표 Ⅳ-7 : 교사가 변수의 핵심을 나타내는 것으로 선택한 단어

① 미지수(42) ② 수[변하는 수(33) 그 외의 ……한 수(31)] ③ x, y(13) ④ 문자(12) ⑤ 독립변수(10) ⑥ 대입(9) ⑦ 변화(8) ⑧ 종속변수(6) 그 외 : 이름, 변량, 자리지기, □, 대표, 해, 다양성, 빈 공간, 괄호, 동점, 상자, 기억장소, 유동값, 가능성, 선택, 多價, 상징 …… ※ 괄호 안의 수는 빈도수(명)

서 미지수와 변수를 별개의 것으로 보는 교사들이 상당수 있었다는 사실에 비추어 보았을 때 미지수라는 단어가 가장 많이 선택된 위의 결과는 특이한 현상이라고 보인다. 교사들은 실제 문맥에서는 미지수를 변수 개념과 분리하여 생각하다가도 변수에 대한 생각을 나타내기 위해서는 미지수라는 용어를 가장 적절하다고 선택하고 있는 것이다.

위의 나열된 단어 중에서 연구자는 변하는 대상과 다가이름이라는 변수의 본질을 함의하고 있는 단어가 교사들에 의해서 얼마나 선택되고 있는 가에 주목하였다. 전자는 변화, 변량, 동점 등의 단어, 후자는 이름, □, 대표 등의 단어로 표현될 수 있는데 그러한 단어는 한두 명의 교사에 의해 선택될 뿐이었다.

다음에는 변수의 핵심이 어떠한 성질로 표현되고 있는 지에 주목하여 응답된 내용을 유형별로 정리하고 그 빈도수가 가장 높은 4가지를 선정하여 표 Ⅳ-8에 제시하였다.

표 Ⅳ-8을 보면 교사들이 비교적 변수가 갖는 핵심적인 성질을 잘 표현하고 있음을 알 수 있으나 각각의 응답을 주의 깊게 살펴보면 변수의 핵심적인 성질을 상당히 축소시켜 해석하거나 바르지 않게 파악하고 있는 것을 발견할 수 있다. 예를 들면, 변화 가능하다는 변수의 성질을 독립, 종속의 관계가 있는 상황에 제한하

표 Ⅳ-8 : 교사가 표현하고 있는 변수의 핵심

변수의 핵심 성질	교사의 표현
고정되어 있지 않은	일정하지 않은, 상수가 아닌, 정해지지 않은, ……
변화 가능한	어떤 값이 변함에 따라 변하는, 조건에 따라 변하는, 어떤 변인에 의해 변하는, ……
여러 개의 값을 취할 수 있는	수를 대입할 수 있는, 여러 가지 값을 대입할 수 있는, ……
대표하는	대신하는, 정의역의 원소를 대신하는, ……

여 '……에 따라 변하는 것'으로 표현하는 것과 같은 응답이다. 변하는 대상과 다가이름이라는 변수의 본질을 함의할 수 있는 '변화 가능한', '대표하는'의 표현에서도 실제로 변하는 대상이나 일반화에 대한 의식이 나타나있지 않다. 대체로 교사들은 고정되어 있지 않은 것이란 측면에서 변수의 핵심을 파악하고 있으며 그것이 실제 문제 상황에서는 대입 과정을 정당화하는 것으로 보고 있는 것 같다.

② 변수 개념의 본질에 대한 이해

문제 4에 대한 결과 분석은 먼저 문제 4의 하위문항 (2)에 대한 응답 분포를 알아보고 교사들이 문자 a, ε을 변수로 보는가의 여부에 따라 하위문항 (1), (3)에 대한 결과를 검토하였다.

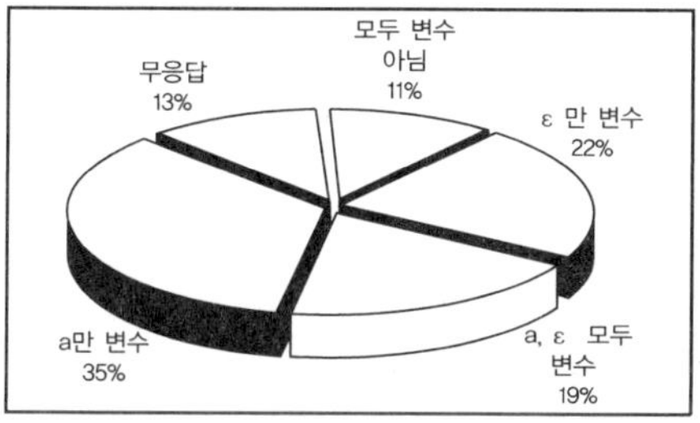

그림 IV-1 : 문제 4(2)의 응답 분포

그림 IV-1을 보면 다가이름으로 사용되는 문자를 변수로 보고 있는 교사의 수는 전체의 54%, 변하는 대상을 나타내는 문자를 변수로 보고 있는 교사의 수는 전체의 41%, 다가이름과 변하는 대상을 동시에 인식하고 있는 교사의 수는 전체의 19%에 불과함을 알 수 있다. 이러한 결과는 문제 1에서의 결과 즉, 일반적으로 교사들은 함수식에서의 x, y 따위의 문자만을 변수로 보는 경향이 있다는 것과 함수식에서의 문자 x, y 도 변하는 대상에 대한 개념으로 파악하고 있다기보다는 수 집합의 원소를 번갈아 가면서 취할 수 있다는 생각에 가까운 개념으로 파악하고 있다는 것을 반영하고 있는 것으로 보인다. 아래에서는 a와 ε을 변수다 혹은 아니다 라고 하는 하위문항 (2)의 결과에 따라 하위문항 (1), (3)의 결과를 검토하여 교사들이 a와 ε의 문자 사용 방식을 어떻게 파악하고 있는가를 정리해 보았다[18].

18) Schoenfeld와 Arcavi는 '0에 수렴하는 수 ε'과 '$a+3=3+a$'이라는 두 문장에서 변수가 담당하고 있는 역할을 Freudenthal(1983)의 설명을 참고로 하여 다음과 같은 표로 제시하고 있다(Schoenfeld & Arcavi, 1988, p.423).

구분	변하는 대상	다가이름
예	0에 수렴하는(가까이 가는) 수 ε	$a+3=3+a$
설명	계속 증가하거나 감소하는 것으로 가정되는 것	여러 개의 값으로 이루어진 특정 집합 안의 어떤 원소로 가정되는 양
	값이 변할 수 있는 것	지정된 집합 안의 임의의 원소로 대치될 수 있는 기호

a. a만을 변수로 보는 경우

a만을 변수로 보는 교사들은 주로 ε을 상수로 생각하는 경우가 대부분이었고 경우에 따라서는 ε에 대해 '가까이 가는 상태를 나타내지만 정확하게 어떤 값이라고 꼬집어 말할 수 없다'라고 말하면서 변수는 정확하게 결정된 값들을 취할 수 있어야만 한다고 생각하기도 하였다. 이러한 생각은 변수를 항상 불연속적으로 변하는 값들을 대입하여 문제를 해결하는 상황에서 경험해 왔기 때문에 연속적으로 변하는 대상을 그 '변화'에 주목하여 바라보기보다는 그것이 취하는 '값'이 분명하게 결정될 수 있는가의 관점으로 바라보는 데에서 기인하는 것으로 생각된다.

위와 같이 대체로 교사들은 변수다 혹은 변수가 아니다라고 판단하는 기준을 실제 문맥에서 사용되고 있는 문자가 상수인가 아닌가, 그리고 그것이 분명한 값을 취할 수 있는가 아닌가의 여부에 두고는 있으나 이러한 생각이 모든 교사에게서 공통적으로 나타난 것은 아니었다. 문자 ε이 가까이 가는 상태를 나타내지만 결국은 하나의 확정된 값을 취한다고 말하는가 하면 ε은 상수이지마는 정확하게 어떤 값인지는 말할 수 없다고 설명하는 교사들도 있었다.

㉠과 ㉡의 문자사용 방식에 대한 비교로서 ㉠은 실재하며 구체적인 불특정 다수의 수를 나타내는 기호이고 ㉡은 개념 또는 관념상의 수로서 우리 머리 속으로만 생각할 수 있는 수를 나타내고 있다는 표현 또는 ㉠은 여러 개의 값을 취할 수 있는 것을 나타내고 ㉡은 0에 가까운 하나의 수를 나타내는 것이라는 표현이 있었다. 전반적으로는 ㉠의 문자 a에 대하여는 무한개, 실수 전체, 임의의 값, 모든 실수 등의 표현으로 변수의 이미지를 강하게 부각시키고 있었고 ㉡의 문자 ε에 대하여는 한 개 존재, 특정한 어떤 수, 정확한 값으로 나타낼 수 없는 상수 등의 표현으로 상수의 이미지를 강하게 부각시키고 있었다.

b. ε만을 변수로 보는 경우

위와 반대로 ε만을 변수로 보는 교사들은 a를 상수로 취급하는 경향을 보이고 있었다. a를 상수로 취급하는 교사들은 ㉠에서 제시된 식을 방정식으로 보고 문자 a는 방정식에서 미지수로 사용된 것이기 때문에 결국 특정한 값 즉, 상수로 귀결될 것이라는 것이다. 'a는 방정식 속에 하나의 명확한 답을 숨겨놓은 미지수'라고 한 응답은 이러한 생각을 가장 전형적으로 나타내고 있다고 할 수 있겠다. 때로는 '문자 a는 실수의 반장(대표)격'이라는 표현으로 다가이름의 전형적인 특징을 잘 표현하는 교사도 있었지만 역시 a를 변수로 보고 있지는 않았다. 이는 교사가 문자사용의 포괄적인 측면을 잘 알고 있어도 나름대로 변수의 범위를 제한하고 있는 경우라고 생각된다.

한편, ε은 확정된 수가 아니기 때문에 변수라고 생각하는 교사들의 응답을 보면 ε은 특정한 값이 아니고 계속적으로 변하여 가는 값, 0에 수렴하는 여러 수들의 대표 수로서의 ε, 0에 가까워지는 상황 설명의 수 ε 등의 표현으로 변하는 대상이 갖는 동적인 의미를 어느 정도 바르게 표현하고 있음이 관찰된다.

c. a와 ε을 모두 변수로 보는 경우

a와 ε을 모두 변수로 보고 있는 교사는 문자 a에 대하여는 '집합의 원소들 중 한 개 혹은 그 모두를 의미', '임의의 실수를 계속 바꾸면서 대입할 수 있다' 등의 표현으로 다가적인 특징으로 사용된 변수의 의미를 나타내었고 문자 ε에 대하여는 '변하는 과정에 놓여있는', '점점 작아지는', '한없이 가까이 가는', '접근하는' 이라는 표현으로 그 동적 측면을 잘 나타내고 있었다. 또한 a, ε을 모두 변수로 보는 이유에 대하여는 '그것들이 모두 어떤 특정한 값이 아니라 여러 가지 수를 대신해서 사용되고 있기 때문', '모두 고정된 것이 아니라 변한다', '변화의 가능성과 어떤 상황을 대변하고 있으므로'라는 설명을 하고 있었다. 이러한 응답이 상당히 적은 수의 교사에게서 발견되었다는 것이 아쉬운 점이다.

d. a와 ε을 모두 변수로 보지 않는 경우

a와 ε을 모두 변수로 보지 않는 경우는 이 둘을 모두 상수의 개념으로 파악하고 있는 경우이다. 문자 a에 대한 설명에서 임의의 실수, 모든 실수라는 언급을 하고는 있지만 결국 문자 a는 수를 대입했을 때 고정되는 것, 모르지만 값이 이미 정해져 있는 것이라는 표현으로 변하지 않는 상수임을 암시하고 있고, 문자 ε에 대한 설명에서도 점진적으로 작게 변한다, 진행되고 있다라는 언급을 하고는 있지만 진행상황에서 목표로 정해져있는 값이 있다 혹은 제한 조건이 있다라는 표현으로 결국은 고정된 것으로 파악하려는 경향을 보이고 있다.

문제 4에 대한 결과를 종합해 보면, 변수 개념의 본질에 대한 교사의 이해 상태는 그다지 만족스럽지 못하다고 할 수 있다. a와 ε의 사용 방식에 대한 교사의 해석도 올바르게 표현되지 않은 경우가 많았고 경우에 따라서는 a와 ε에 대한 설명을 바르게 하고는 있어도 그것을 변수로 보지 않는 교사도 있었다. 교사들에게 문자의 의미에 대한 설명과 그것을 변수로 파악하는 것과는 별개의 문제인 것으로 보인다.

③ 변수 사용의 제 측면에 대한 이해

문제 5는 세 가지 목적이 있다. 첫째는 변수 사용의 제 측면에 대한 교사들의 인식으로부터 그들의 변수 개념 이해 상태가 어떠한지를 밝혀보려는 것이고 둘째는 결과분석 과정을 통해 교사들이 변수에 대해 가지고 있는 이미지가 어떠한 것인지를 알아보려는 것이다. 다시 말하면 교사들이 실제 문제에서 사용되고 있는 문자를 변수로 보는 기준은 무엇인가에 주목하면서 그들이 품고 있는 변수에 대한 개념 이미지를 끌어내려는 것이다. 셋째는 변수 사용의 제 측면에 대한 교사들의 이해 상태에 대한 결과가 중등학교 학생들의 변수 이해 상태에 대한 기존의 조사결과와 어떠한 차이를 보이고 있는지를 알아보려는 것이다. 만약 그 결과가 비슷하다면 우리는 변수에 대한 교사들의 이해 상태가 수업 중 학생들을 지도할 때 반영되어 학생들의 변수 개념 형성에 영향을 주고 있다는 생각을 해 볼 수 있는 것이다.

다음에는 문제 5의 각 하위 문항에 대한 교사들의 응답을 유형별로 분류하여 분석해 보기로 한다. 응답 분석에서 무응답을 한 경우가 적지 않게 나타나는 것을 볼 수 있는데 이는 교사들이 질문지에 응답해 나가면서 변수에 대해 자신이 갖고 있는 생각에 의문을 갖게 되고 변수가 무엇인가에 대한 혼란된 생각에 빠져들어 문제에서 사용되고 있는 문자가 왜 변수가 되는 것인지에 대한 이유에 스스로가 합당한 결론을 내리지 못한 채 문제를 그냥 지나친 경우였으리라 생각된다. 그 외에는 변수가 없다고 생각하면서도 '없다'에 표시를 하지 않은 경우이거나 문제를 무성의하게 대한 경우가 있을 수 있겠다.

a. 문제 5(1)

방정식의 해에 대한 자리지기로서 사용된 문자를 변수의 범주에 포함시키고 있느냐를 조사하여 본 결과를 그림 Ⅳ-2에 제시하였다.

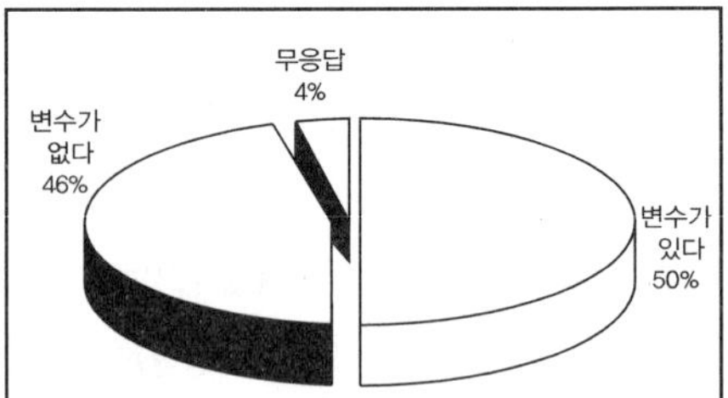

그림 Ⅳ-2 : 문제 5(1)의 응답분포

방정식에서의 x는 방정식의 해가 되는 것을 찾기 위해서 여러 가지 수를 대입해 볼 수 있다는 사실에 의해 변수 개념으로 파악된다. 그러나 조사 결과에 따르면 방정식에서의 x를 변수로 보지 않는 교사의 수가 상당히 많은 것으로 나타났다. 교사들은 일차방정식에서 x는 단 하나의 값을 갖기 때문에 x가 변하지 않고 고정된다는 생각을 하여 그것을 상수로 보고 이러한 생각을 확장하여 n개의 해를 갖는 n차 방정식의 경우에서도 x를 상수로 취급하고 있는 것이다. 그들의 생각은 방정식에서 미지수로 사용되는 x 는 이미 정해져 있는 것이기 때문에 변수가 될 수 없다는 것이다. 이러한 생각에는 모순이 있다. 첫째, 방정식에서 n개의 값을 갖는 문자를 변수로 여기지 않으면서 실제 그들은 변수를 여러 가지 값을 갖는 문자라고 생각하고 있다. 둘째, 근을 하나 갖는 일차방정식에서는 x 의 값이 하나이기 때문에 그것을 상수로 보는 것이 언뜻 생각하기에는 옳은 것 같지만 일차방정식을 확장하여 생각해보면 경우가 달라진다. 일차방정식 $ax+b=0$ 에서 $a=0$ 이고 $b=0$인 부정방정식의 경우를 예로 들어보자. 이 일차방정식은 무수히 많은 해를 가지기 때문에 이 경우 x 가 갖는 값도 하나가 아니라 모든 실수가 되는 것이다.

위의 결과를 보면 학교수학에서 방정식에서 미지수로 사용되는 문자의 의미에 대한 일관된 해석을 해야 할 필요성이 느껴진다. 교사나 학생들 모두 방정식에서 미지수로 사용되는 문자는 이미 정해져 있는 몇 개 만의 값을 대신하는 것으로 보는 경향이 있는데 이러한 생각은 문제 상황의 결과적 측면 즉, 방정식의 풀이 결과에 국한된 생각이라고 할 수 있다. 방정식에서 미지수에 대한 자리지기로서 사용되고 있는 문자는 그 문자가 쓰인 자리에 임의의 수가 대입될 수 있다는 의미, 다시 말하면 방정식의 해를 찾기 위해서 문자 x 에 여러 가지 값을 넣어 볼 수 있다는 의미에서 변수 사용의 한 측면으로서 강조되어야 한다.

b. 문제 5(2)

다가적인 의미로 사용되는 변수는 임의의 대상을 대신하거나 집합의 원소를 대표하는 맥락에서 사용된다. 변수가 대신하고 있는 대상에는 여러 가지가 있겠지만 이 문제에서는 논리에서 임의의 조건에 대해 사용된 변수를 예로 들어 제시하였다.

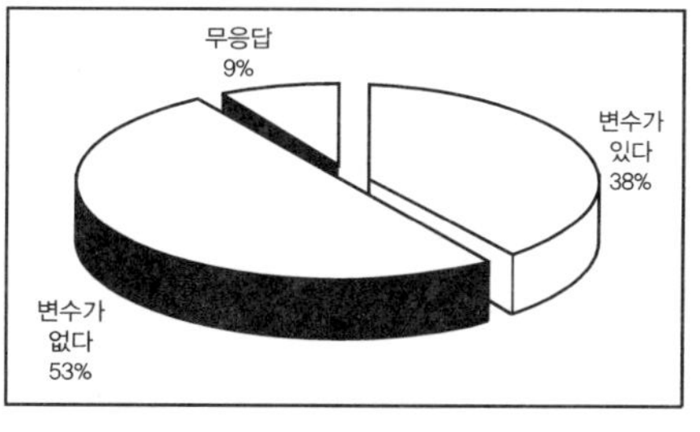

그림 Ⅳ-3 : 문제 5(2)의 응답 분포

조사 결과를 나타내는 그림 Ⅳ-3을 보면, 명제 내의 임의의 조건에 대한 기호 p, q를 변수로 보는 교사의 수가 전체의 38%, 변수로 보지 않는 교사의 수가 전체의 53%이다. 기호 p, q를 변수로 보고 있지 않은 교사의 수가 상대적으로 많은 것은 일반적으로 변수가 대신하는 대상을 수로 보고 있다는 문제 1의 결과와 상관이 있는 것으로 보인다. 그러나 기호 p, q를 변수로 보고 있는 교사의 수도 결코 적지는 않음을 보았을 때, 교사들이 변수가 임의의 대상에 대한 일반적인 명제를 나타내는데 사용될 수 있다는 것을 어느 정도 파악하고 있다는 것을 알 수 있다. 문제에 '임의의'라는 조건을 붙인 것이 기호 p, q를 변수로 인식하는데 도움을 주었는지도 모르겠다.

'변수가 있다'라고 응답한 경우는 일반적으로 그것을 p, q로 쓰고 있지만 때로는 변수를 'p' 또는 'q'만 쓴 경우(17명), '$p \to q$'로 쓴 경우(3명)도 있었다.

c. 문제 5(3)

독립변수, 종속변수, 일반화된 표현에서의 부정소에 대한 교사의 인식 상태를 조사하는 문제 5(3)의 결과에서는 특별히 일반화된 표현에서 부정소로 사용되고 있는 변수 개념을 교사가 어떻게 인식하고 있는가에 주목하였다.

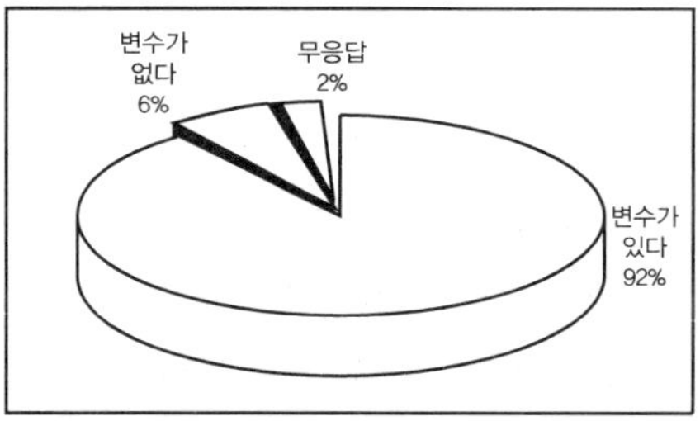

그림 Ⅳ-4 : 문제 5(3)의 응답 분포

그림 Ⅳ-4를 보면 변수가 있다고 답한 응답이 전체의 92%로 나타나지만 92%에 해당하는 모든 교사가 독립변수, 종속변수, 일반화된 표현에서의 부정소로서의 변수를 모두 인식하고 있는 것은 아니다. 그 사실은 교사들이 변수로 기록하고 있는 문자가 구체적으로 무엇인지를 살펴보면 쉽게 알 수 있다.

표 Ⅳ-9를 보면 우선 독립변수 x를 변수로 보고 있는 교사의 수가 종속변수 y를 변수로 보고 있는 교사의 수 보다 많은 사실을 알 수 있는데 이는 문제 1과 문제 3에 대한 분석의 결과에서 이미 예견된 것이다. 그것은 문제 1에서 'y는 x가 주어지면 정해지는 것이기 때문'이라는 이유를 덧붙이면서 y를 변수로 보지 않는 경우가 있었으며, 문제 3에서는 교사가 변수의 핵심을 가장 잘 나타내는 단어로서 종속변수보다 독립변수를 더 많이 선택하고 있는 것을 보면 알 수 있기 때문이다.

일반화된 표현에서 부정소로 사용되고 있는 문자 k, b를 변수로 보고 있는 교사의 수는 k의 경우가 전체의 22%에 해당하는 74(28+21+16+5+2+2)명, b의 경우가 전체의 17%에 해당하는 56(28+21+5+2)명이다. k, b를 변수로 볼 수 있는 교사들은 그것이 아직 정해져 있지 않은 수를 일반적으로 나타내고 있다는 사실을 인식하고 있는 것으로 보인다.

표 Ⅳ-9 : 문제 5(3)에서 교사들이 변수로 기록한 문자

변수	x,y	x	k,b	x,y,k,b	k	x,k,b	x,y,k	x,k	b	y	무응답
응답 인원	156명	65명	28명	21명	16명	5명	2명	2명	2명	1명	7명
전체 비율	47%	20%	8%	6%	5%	0.6%	1.5%	0.6%	0.6%	0.3%	2%

한편, 일반화된 표현에서 부정소로서 사용되고 있는 변수를 이해하는데 있어서 함수의 그래프에서 y절편을 나타내는 b보다 기울기를 나타내는 k를 변수로 보는 경우가 더 많은 것은 교사들이 y절편이 기울기에 비하여 좀 더 일찍 고정된다는 생각을 하고 있다는 것을 나타내준다.

d. 문제 5(4)

문제 5(4)에서 문자 A, B, C, $\overline{AB}, \overline{BC}, \overline{AC}, \triangle ABC$는 임의의 점, 변, 삼각형에 대해 전칭한정되어 있는 변수로 사용된다.

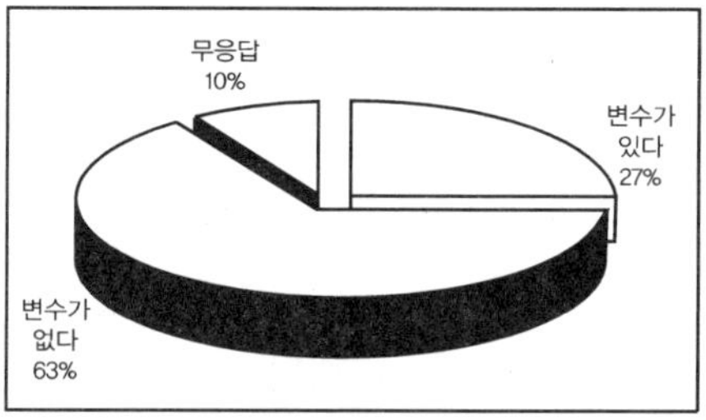

그림 IV-5 : 문제 5(4)의 응답 분포

그림 IV-5에 제시된 바와 같이, 전체의 27%에 해당하는 교사들이 '변수가 있다'라고 응답하고 있다. 이들은 기하에서 다가이름으로 사용되고 있는 변수의 의미를 이해하고 있는 교사들이라고 할 수 있다. 실제로 이들이 질문지에 변수로 기록하고 있는 문자를 유형별로 정리하면 표 IV-10과 같다.

문제 1에 대한 교사들의 응답에서는 다가이름으로서의 변수의 본질이 명확하게 드러나지 않았었다. 그러나 비록 그 수가 많지는 않지만 다가적 의미의 변수가 사용된 실제 수학의 문맥에서 문자를 변수로 파악하는 교사가 있다는 문제 5(4)의 결과는 교사가 변수에 대해 정의하거나 변수에 대한 설명을 하는 과정에서는 비록 표현하지는 못했지만 실제로 변수 개념의 다면적인 측면에 대한 이해를 하고 있는 경우가 있을 수 있다는 사실을 말해준다. 그러나 그러한 경우에 해당되는 교사의 수가 많지 않다는 사실과 우리나라 학생들이 수 이외의 대상을 나타내는 변수를 대체로 인식하지 못하고 있고 특히 기하에서 점을 대신하고 있는 변수를 인식하고 있는 학생의 비율이 상당히 낮다는 조사 결과(拙稿, 1992, pp.83-84)에 비추어 볼 때, 그 동안 진행되어온 변수 개념 지도에 대한 반성이 요구된다.

표 IV-10 : 문제 5(4)에서 교사들이 변수로 기록한 문자

변수	$\overline{AB}, \overline{BC}, \overline{AC}$	세 변	A, B, C	점	한 점, 변	$\triangle ABC$
응답 인원	47명	7명	6명	4명	5명	1명

e. 문제 5(5)

그림 Ⅳ-6을 보면 비교적 많은 수의 교사들이 임의의 양을 나타내는 기호로 사용된 문자를 변수로 보고 있음을 알 수 있다. 그러나 교사들이 변수로 기록하고 있는 문자에 주목해 보면 교사들의 생각에 일관성이 없음이 관찰된다.

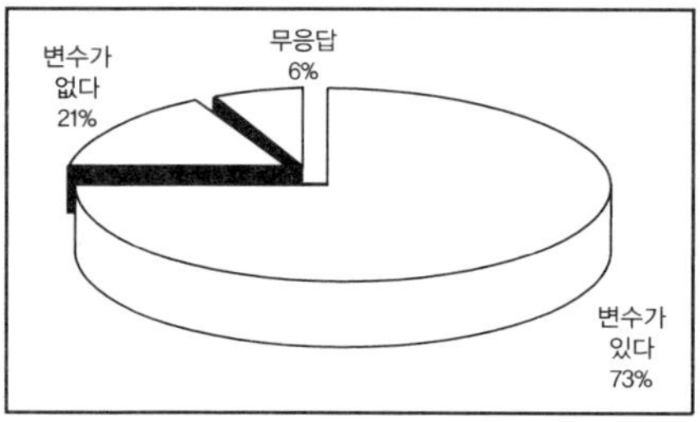

그림 Ⅳ-6 : 문제 5(5)의 응답 분포

표 Ⅳ-11을 보면 A, L, W 모두를 변수로 보고 있는 교사보다도 L, W만을 변수로 보고 있는 교사가 더 많다는 것을 알 수 있다. 이는 독립변수와 종속변수에 대한 인식의 차이가 있다는 문제 5(3)의 결과와 상관이 있는 것으로 보인다. 위의 문제에서 문자 A를 변수로 보는 교사가 매우 드물게 나타나는 결과에 대해서는 'y는 x가 주어지면 정해지는 것이기 때문'이라고 생각하면서 종속변수 y를 변수로 보지 않는 교사의 생각이 그대로 반영되어 있다고 생각해 볼 수 있다. 즉, A는 L과 W가 주어지면 정해지는 것이기 때문에 변수가 아니라고 생각하고 있는 것이다.

표 Ⅳ-11 : 문제 5(5)에서 교사들이 변수로 기록한 문자

변수	L, W	A, L, W	A
응답 인원	116명	102명	5명
전체 비율	35%	31%	2%

f. 문제 5(6)

문제 5(6)에 대한 응답 분포를 나타내고 있는 그림 Ⅳ-7을 보면 임의의 수를 나타내면서 패턴을 일반화하고 있는 문자를 변수로 인식하고 있는 교사의 수는 전체의 78%임을 알 수 있다. 문자 n을 변수로 보지 않은 교사들은 문자 n이 패턴을 일반화하고 있다는 것을 알고 있기는 하지만 그러한 의미로 사용된 문자를 변수의 범주 속에 넣고 있지 않는 것으로 판단된다.

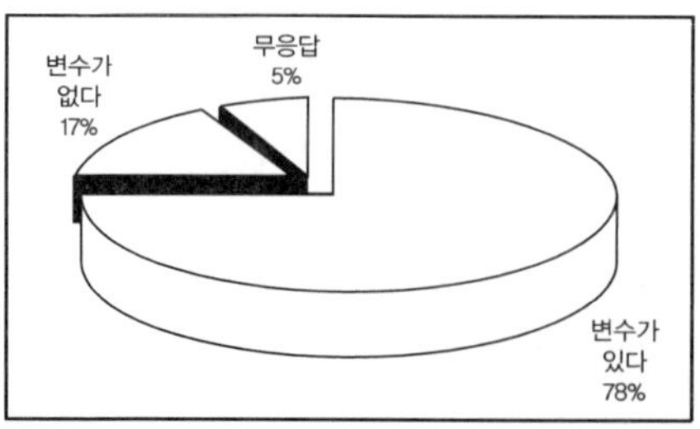

그림 Ⅳ-7 : 문제 5(6)의 응답 분포

문제 5(6)에서 패턴을 일반화하고 있는 문자를 변수로 인식하고 있는 교사의 수에 비해 문제 5(3)의 일차함수의 일반식에서는 문자 k, b를 변수로 인식하는 교사의 수가 상대적으로 더 적다는 것은 주목할 만한 사항이다. 이러한 사실은 교사들이 실제 문맥에서 일반화된 패턴을 나타내기 위해 사용된 기호를 일관되게 변수로 취급하고 있지 않다는 것을 보여주고 있는 것으로 생각된다.

위와 같은 현상은 학생들의 경우에서도 마찬가지로 나타난다. 우리나라 중등학교 학생들을 대상으로 한 조사 결과도 덧셈에 대한 항등원의 성질을 나타내는 식 $n+(-n)=0$에서 문자 n을 변수로 보는 학생의 수에 비해 일차함수의 일반식 $y=kx+b$에서 문자 k,b를 변수로 이해하고 있는 학생의 수는 상대적으로 매우 적게 나타나고 있음을 보여주고 있다(拙稿, 1992, pp.77-82).

g. 문제 5(7)

이 문제는 연산 변수에 대한 교사의 인식을 조사하기 위한 것이지만 문제의 표현상 일반화된 산술 패턴이 제시되고 있기 때문에 바로 앞에서 언급한 변수 개념도 동시에 다루어지고 있다.

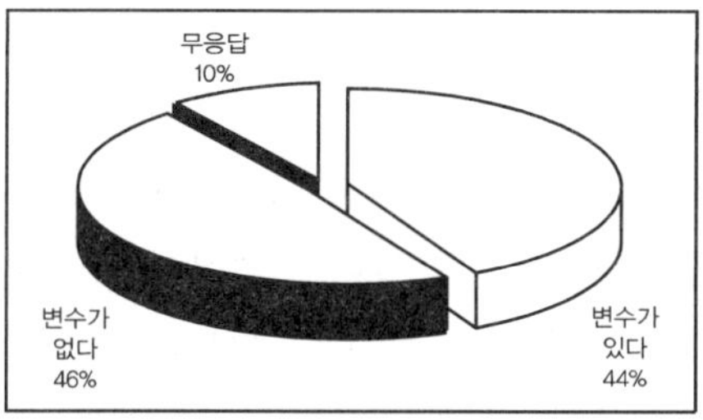

그림 IV-8 : 문제 5(7)의 응답 분포

문제 5(7)에 대한 응답 분포를 나타내고 있는 그림 IV-8과 교사들이 변수로 기록하고 있는 문자를 유형별로 정리한 표 IV-12를 보면 연산 변수에 대한 교사들의 인식도가 상당히 낮음을 알 수 있다. 패턴의 일반화에서 임의의 수를 나타내는 변수를 인식하는 교사의 비율이 문제 5(6)의 결과에 비해 현저히 낮게 나타난 것은 교사의 주의가 연산 기호에 집중되도록 문제가 표현되었기 때문인 것으로 보인다.

표 IV-12 : 문제 5(7)에서 교사들이 변수로 기록한 문자

변수	a,b	$\circ$	$a,b, \circ$	$a \circ b$	기록 안함
응답 인원	122명	9명	4명	1명	5명
전체 비율	37%	3%	1%		2%

제 III장 3절에서 언급하였듯이 연산을 나타내는 변수를 인식하는 학생의 수가 극히 적었던 이유를 교사의 경우에도 생각해 볼 수 있을 것 같다. 교사들이 학생들에 비하여 상대적으로 변수의 제 측면에 대한 이해도가 높다고 할 수는 있지만 그들도 역시 변수는 반드시 문자로 표현되어야 한다는 개념 이미지를 갖고 있는 것으로 생각된다. 다시 말하면 문자로 표현된 것보다 문자가 아닌 기호 ∘로 표현된 것을 변수로 인식하기 어려워한다는 것이다. 이러한 분석은 수 이외의 대상을 대신하고 있는 변수 이를테면, 문제 5(2)에 있는 명제 $p \rightarrow q$에서 임의의 조건을 나타내는 문자 p, q, 문제 5(4)에 있는 임의의 점을 나타내는 문자 A, B, C보다도 특히 연산을 대신하는 기호 ∘를 변수로 보는 비율이 현저히 낮다는 본 조사 결과에서 짐작할 수 있는 사실이다. 위의 문제에서 a, b, ∘ 모두를 변수로 바르게 인식하고 있는 교사의 수는 극히 적었다.

이상의 결과 분석을 종합해보면, 일반적으로 교사들이 변수 개념을 올바르게 파악하고 있다고 말하기 어렵다. 교사들은 특정한 변수 사례의 예를 통해서 변수 개념을 파악하는 경향이 있고, 변수 표현의 중심이 되는 문자 사용의 여러 측면에 대해서도 깨끗하게 정리된 생각을 가지지 못한 채 변수 개념을 상황에 의존하여 해석하고 있는 것 같다. 어떠한 문자 사용 방식을 변수 개념을 통해 이해하다가도 문제 상황이 바뀌면 동일한 문자 사용 방식도 변수 개념으로 이해하지 않는 경우가 발견된다. 또 자신들이 내린 변수 정의에 합당한 사례에 접하여서도 정작 그것을 변수로 파악하지 않는 모순된 행동을 보이기도 하였다. 교사들이 변수 개념을 이해하고 있다고 말하기 어려운 상황은 변수 사용의 제 측면에 대한 조사 결과가 그다지 만족스럽지 못하다는 사실에서 더욱 확인된다. 변수의 포괄적인 의미를 내면화하고 있는 교사들은 변수 사용의 제 측면을 바르게 인식하는 것으로 나타났으나 그러한 교사의 수는 그다지 많지 않았다. 그리고 많은 교사들이 실제 수학의 문맥에서 나타나는 변수의 구체적 사례들을 변수라는 추상적인 개념을 통해서 보고 있지 않음이 드러났다.

(3) 조사의 제한점

본 연구의 조사 절차는 몇 가지 제한점을 가지고 있다.

첫째, 질문지의 응답을 유형별로 분류하여 변수에 대한 교사의 일반적인 생각을 끌어내 보고자 하였으나 그러한 생각의 이면에 있는 요인 분석에까지는 이르지는 못했다. 조사에 응한 각 교사를 대상으로 개별 인터뷰와 같은 형식을 취해 교사가 변수 개념을 왜 그렇게 생각하는 것인지, 연구자의 어떠한 개입이나 적절한 처치를 통해 그들의 개념이 조절될 가능성이 있는 것인지에 대한 연구가 진행되었다면 좀 더 심층적인 분석이 이루어졌을 것이다. 그러나 그러한 연구의 진행이 실제적으로 쉽게 이루어질 수 없었다. 그것은 남을 가르치는 위치에 있다는 '교사'라는 신분의 특성상, 일반적으로 교사들은 학생들을 지도할 수 있을 만큼 자신이 담당하고 있는 교과에 대한 지식을 충분히 가지고 있다고 생각하고 있었고, 그렇지 않다는 사실이 객관적인 조사결과에 의해서 드러나도 스스로는 그것을 인정하고는 있지만 적어도 그 사실을 학생 또는 동료 교사에게 드러내 보이고 싶어 하지 않기 때문이다.

둘째, 위와 같은 이유에서 본 연구의 조사가 짧은 시간의 질문지 응답의 형태로 취해졌으나 이러한 조사방법 자체에 대한 타당도의 문제가 제기될 수도 있다. 그러나 연구자가 이러한 조사방법을 택할 수밖에 없었던 이유는 조사에 대한 교사들의 거부감을 최소화해야 했기 때문이다. 따라서 연구자의 개입이나 처치없이 빠른 시간 내에 가능하면 그들이 변수에 대해 품고 있는 '있는 그대로의' 생각을 '최대한으로' 끌어내려고 한 것이었다.

셋째, 1차 조사에서는 많은 수의 수학 교사가 동시에 모인 집단으로 서울대학교에서 실시된 중등 1, 2급 정교사 자격연수에 참가한 수학 교사 집단을 선정하였으나 특정지역에서 모인 수학 교사들로 이루어졌기 때문에 조사 결과에 대한 일반성을 보장받기에는 한계가 있다. 2차 조사에서는 조사 대상 지역을 서울, 전남, 충청지역으로 확대하여 실시하였으나 1차 조사 때와 같은 동일집단은 아니라는 사실 또한 본 조사의 제한점이라 할 수 있다.

2. 변수 개념의 교수학적 변환 분석

교과서에서 제시되는 변수에 관한 내용은 변수가 교수학적으로 변환되어진 가장 전형적인 형태라고 할 수 있다. 즉, 수학 교과서는 변수의 교수학적 변환을 보여주는 실질적인 자료가 될 수 있다.

본 절에서는 교사를 대상으로 한 조사 연구에 이어 학교수학에서 변수 개념이 어떻게 지도되고 있는가 그 지도의 실제를 확인해보는 두 번째 과정으로 변수 개념에 관한 교과서 분석을 행한다. 먼저 각 교육과정기에 사용되어진 수학 교과서를 대상으로 교육과정 변화의 흐름을 통해 변수 개념의 본질과 그 의미가 어떻게 다루어져 왔는가를 검토하고 변수 개념 중 특별히 어떠한 측면이 부각되고 있는가를 살펴본다. 다음에는 현행 초, 중등학교 수학 교과서를 대상으로 변수 개념이 초등학교 시기부터 중등학교 시기에 이르기까지 어떠한 지도 계열 아래 어떤 방법으로 도입되고 있는가를 살펴본다. 이는 앞에서도 언급하였듯이 학교수학에서의 변수 개념 지도의 실태에 대한 확인, 반성을 통해 현재의 변수 지도 방식에 대한 보다 발전적인 대안을 구성하기 위한 것이다.

(1) 각 교육과정기의 교과서 분석

여기서는 2차~6차 교육과정기에 해당하는 중학교 수학 교과서의 변수 개념에 관한 내용을 분석한다. 교과서 분석의 준거로 삼고 있는 사항은 교과서에는 변하는 대상과 다가이름이라는 변수 개념의 본질이 얼마나 충실하게 다루어지고 있는가, 다시 말하면 변수의 본질이 학생들의 사고 안에 내면화 될 수 있도록 의미있게 형식화되어 제시되고 있는가의 여부이다.

2차 교육과정기(1963년~1973년)에 사용된 교과서에서 변수라는 용어는 2학년 등식과 부등식 단원에서 처음 등장하는데 다음과 같이 변수는 그 용어에 대한 정의 없이 방정식의 해에 대한 자리지기의 개념으로 곧바로 도입되고 있다.

방정식에 들어있는 문자를 미지수 또는 변수라 한다(2학년, p.50).

3학년 방정식 단원에서는 이차방정식을 성립시키는 미지수(변수)의 값을 근이라 한다(3학년, p.96).

라는 표현으로 미지수는 곧 변수라는 것을 명시적으로 강조하고 있다. 또한

변화하는 두 수량 x, y 중 x의 값이 정해지면 그에 대응하여 y의 값이 단 하나로 정해지는 관계가 있을 때, y는 x의 함수라고 하고 …… (중략)

위에서 x, y를 변수라고 한다. 특히, x를 독립변수, y를 종속변수라고 한다(2학년, p.119).

와 같이 변수를 함수 단원에까지 확장하여 사용하면서 변수를 함수 관계에서의 변하는 양을 나타내는 개념으로 다루고 있다. 그러나 다음과 같은 표현을 보면,

두 개의 미지수 x, y를 갖는 한 방정식은 x, y를 변수로 보면 함수 관계가 되므로 이것을 그래프로 그릴 수 있다(3학년, p.64).

변수를 방정식보다는 함수관계에 더 적절한 개념으로 다루고 있음을 알 수 있다. 이 시기의 교과서는 변화하는 대상을 변수로 인식시키고자 하는 의도적인 노력이 있었음을 뚜렷이 알 수 있다. 그것은 변수가 도입되기 이전인 1학년 교과서의 문자와 식(문자 사용)단원에서 다음과 같이 문자 사용의 소재로서 변하는 대상에 대한 기호를 제시하는 표현이나

[요점] 문자 사용 --- 용어나 문장 등을 문자로 나타낸다.
변의 길이 a,b,c, 면적 S, 거리 s, 높이 h, 시간 t, 속력 v (1학년, p.59).

'따라 변하는' 양 사이의 관계를 설명하는 비와 비례관계 단원에서도 철사의 길이와 무게의 관계, 직사각형의 가로와 세로의 관계를 나타내는 연속적인 그래프를 제시함으로써 변하는 대상이 보여주는 '변화'의 특성에 주목할 수 있는 기회를 마련하고 있다(1학년, pp.98-99). 상관관계 단원에서는

자연계나 일반 사회의 여러 가지 변량 사이의 관계를 조사하여 두 변량 사이의 상관관계를 알면 우리들의 생활면에 유효하게 응용할 수 있다(3학년, p.137).

라는 설명으로 변하는 대상으로서의 변수를 실세계의 현상을 이해하고 응용하는데 적절히 이용할 수 있음을 암시하고 있다. 1차 교육과정(1955년~1963년)에 이어 2차 교육과정은 생활 수학에 기본을 둔 생활 중심 교육과정이었던 이유로 교과서는 수학적 개념이 실생활에 어떻게 응용되는가를 강조하고, 학습 소재로서 실세계의 현상을 제시하려는 의도가 분명했기 때문에 변하는 대상이 문제 상황의 소재로 자주 제시되어 변하는 대상이라는 변수의 본질이 비교적 잘 다루어졌다고 할 수 있다. 특히 이 시기에는 함수 개념이 '변화하는 대상 사이의 종속'의 의미로 다루어졌기 때문에 함수관계로 제시되는 소재로서 '실제로 변화하는 대상'이 자주 등장할 수 있었다(박교식, 1992, pp. 25-26).

한편, 일반적인 명제에서 임의의 수학적 대상을 나타내는 다가이름으로서의 변수에 대하여는 그 사용이 거의 암묵적으로 이루어지고 있음을 알 수 있다. 이 시기의 교과서 저자는 변수 사용에 충분한 설명과 풍부한 경험이 있어야 한다는

것을 의식하고는 있었던 듯하다. 그 이유는 이후의 교과서들에 비해 문자 사용이 비교적 자제되어 있는 사실에서 알 수 있다. 문자와 식 단원에서 문자의 사용에 대한 내용이 제시되기 전까지는 일반적인 표현을 해야 할 상황에서도 거의 문자를 쓰고 있지 않다. 이를테면, 사칙연산의 학습에서 등장하게 되는 교환법칙, 결합법칙의 일반식 $a+b=b+a$, $(a+b)+c=a+(b+c)$을 이후의 교과서들은 '문자의 사용'이라는 내용이 제시되기도 전에 a, b, c가 임의의 수를 나타낸다는 충분한 설명이나 학생들이 문자를 사용하여 일반화를 해갈 수 있는 경험의 제공 없이 1학년 수와 연산 단원에서 직접적으로 도입하고 있으나, 이 시기의 교과서는 이러한 일반적인 표현을 2학년 과정에 가서 제시하고 있다.

> a, b, c를 임의의 수라 할 때, $a+b=b+a$, $(a+b)+c=a+(b+c)$(2학년, p.4).

그러나 학생들로 하여금 여러 가지 구체적인 사례를 통해 직접 일반화를 해보게끔 하는 지도 방식을 채택하고 있는 것이 아니라, 단 하나의 예만을 보인 후 위와 같은 관계를 곧바로 도입, 학생들이 일반화의 의미, 일반화된 표현에서의 변수의 의미에 주목하도록 유도하고 있지 못하다.

3차 교육과정(1973년~1981년)에서는 기존의 생활중심 교육과정에서 교과중심 교육과정으로의 급격한 변화가 이루어졌기 때문에 변수 개념의 지도 방식에 있어서도 2차 교육과정에 비해 상당한 변화가 일어났다. 이전과 달리 변수가 방정식에서의 미지수로부터 도입되지 않고 함수 단원에서 처음 등장한다. 특히 방정식에서의 미지수는 그것을 변수라고 부른 2차 교육과정 때와는 달리 단지 '문자'라고만 표현할 뿐이다. 방정식에서 변수라는 용어를 명시적으로 사용하는 것은 이차방정식의 응용부분에서 단 한 번 발견된다.

> 이차방정식을 응용하여 풀 때는
> [1] 문제의 뜻에 맞는 알맞은 수량관계를 파악한다.
> [2] 적당한 것을 변수 x로 놓고 방정식을 세운다. …… (3학년, p.88).

변수라는 용어가 도입되는 시기도 빨라졌다(2학년→1학년). 그리고 변수를 아래와 같이 상수의 대립 개념으로 도입하고 있다.

> 위의 연구 5에서, 무게 x와 용수철저울의 길이 y사이의 관계식은 $y=0.1x+20$이

다. 이 때 x값이 변하는 범위와 y값이 변하는 범위는 각각 $X=\{x \mid 0 \le x \le 200\}$, $Y=\{y \mid 20 \le y \le 40\}$이다. 위의 관계식 $y=0.1x+20$에서 x,y와 같이 어떤 집합의 임의의 원소를 나타내는 문자를 변수라고 한다. 이에 대하여 20과 같이 고정된 한 값을 나타내는 수 또는 문자를 상수라고 한다(1학년, p.166).

변수를 집합의 개념과 관련하여 '어떤 집합의 임의의 원소를 나타내는'것으로 정의하고 있다. 이 시기에 함수는 '집합 사이의 대응'으로 간주되었으므로 함수에 딸린 개념으로 다루어지고 있는 변수에 대한 정의 역시 집합론적으로 다루어지고 있다는 것을 알 수 있다(박교식, 1992, p.28). 그러나 무게와 길이라는 변화하는 대상을 소재로 한 함수 관계를 제시, 변화하는 대상으로서의 변수의 본질을 부각시키려는 노력을 보이고 있다. 이때는 생활 중심 교육과정에서 교과 중심 교육과정으로 넘어가는 과도기에 해당되는 시기로서 변수를 실세계의 변하는 대상으로 보는 관점과 집합론적으로 보는 관점이 공존하는 양상을 보여주고 있는 것이다. 그러나 실세계의 현상을 소재로 하고 있는 문제의 수가 현저히 줄어들었기 때문에 변하는 대상이라는 변수의 본질이 교과서 내에서 충분히 부각되고 있는 상황이라고 보기 어렵다.

위에서 변수의 대립 개념으로 제시하고 있는 상수는 고정된 한 값을 나타내는 수 또는 문자라고 표현되어 있다. 이러한 생각은 일차함수의 일반식

$y=ax+b(a \ne 0,\ a, b$는 상수)(2학년, p.76).

에서 일차함수의 패턴을 일반화하는데 사용되어진 문자 a,b를 상수로 취급하는 상황으로까지 이어진다. 교과서에서는 임의의 수학적 대상을 나타내는 다가이름으로서의 변수의 의미를 충분히 살리고 있지 못하다. 변수를 '어떤 집합의 임의의 원소를 나타내는 것'으로 정의하는 것은 다가이름의 의미를 설명하는데 자연스럽게 적용될 수 있음에도 불구하고 변수 개념을 일반화의 맥락으로 연결시키고 있지 못한 것이다. 뿐만 아니라 중학교 1학년 첫 단원부터, 변수라는 용어가 아직 정의되지도 않았을 뿐만 아니라 문자의 사용도 학습되지 않은 상태에서, 집합 안의 임의의 원소를 나타내는 다가이름으로서의 변수(초등학교 교과서에서는 이를 전혀 다루지 않았다)가 갑자기 등장한다.

집합 A = $\{1, 2, 3, 4\}$에서, 집합과 원소 사이의 관계를 알아보자.

(1) 1은 집합 A의 원소인가?

(2) 5는 집합 A의 원소인가?

일반적으로, a가 집합 A의 원소일 때, a는 집합 A에 속한다라고 하고, 기호로 $a \in A$ 또는 $A \ni a$와 같이 나타낸다(1학년, p.4).

위의 내용을 보면 임의의 집합을 나타내는 A, 집합의 임의의 원소를 나타내는 a를 변수 개념의 한 사례로서 그 의미를 살려가며 조심스럽게 도입하고 있지 못하다는 것을 알 수 있다. '일반적으로'라는 말이 사용되어 있기는 하지만 그 말은 '그러한 관계를 일반적으로 기호로 나타낸다'는 식으로 들릴 뿐, 변수가 의미하는 일반화의 의미가 부각되어 있지 않다. 특히 문자 A는 집합 {1, 2, 3, 4}로 정의되었다가 갑자기 임의의 집합을 나타내는 변수로 사용되고 있다.

3차 교육과정기에는 문자 사용을 비교적 자제하고 있는 2차 교육과정기와는 달리 '문자와 식', '변수 정의'가 등장하기 훨씬 이전부터 문자가 자주 사용되고 있다. 기호의 조기 도입은 3차 교육과정의 문제점으로 지적된 바 있다(박두일 외 2인, 1989, 교사용 지도서 p.21). 특히, 다가이름으로서의 변수 사용도 상당히 빈번하게 나타나고 있음이 관찰된다. 예를 들면,

임의의 두 유리수 a, b에 대하여 $a+b=b+a$(1학년, p.81).

임의의 유리수 a에 대하여, $a \times 1 = 1 \times a = a$(1학년, p.87).

그러나 '임의의'라는 말이 사용되고는 있지만 학생들이 '임의의'라는 의미를 변수의 역할과 연결시킬 수 있는 경험을 제공하고 있지는 않다. 더욱이 등식의 성질을 나타내는 표현

$a=b$ 일 때, $a+c=b+c$ 이다(1학년, p.132).

에서는 바로 전에 임의의 유리수를 나타내기 위해 사용한 것과 똑같은 문자를 쓰고 있으면서도 a, b, c가 무엇을 나타내고 있는지에 대한 설명은 되어 있지 않다. 다가이름으로 사용된 변수는 교과서에서 그 의미가 충분히 살아나고 있지 못할 뿐만 아니라 그 사용에 있어서도 매우 형식적임을 보이고 있는 것이다.

4차 교육과정(1981년~1987년)에서도 3차 때와 마찬가지로 변수를 함수에 딸린 개념으로 도입하고 있다. 함수를 '집합 사이의 대응'으로 보는 관점에 맞춰

변수 역시 집합과 관련지어 정적인 개념으로 정의하고 있다.

> ($X = \{1, 2, 3\}$, $Y = \{2, 3, 4\}$ 일 때, 대응관계식 $y = x + 1$을 제시한 후)
> 이 식의 x에 X의 원소의 값을 대입하면, x에 대응하는 Y의 원소의 값을 얻을 수 있다. 이 x, y와 같이 어떤 집합에 속하는 여러 가지 값을 취하는 문자를 변수라고 하고, 이에 대하여 일정한 값을 나타내는 수나 문자를 상수라고 한다. 또 변수가 취할 수 있는 값의 집합을 그 변수의 변역이라고 한다(1학년, p.157).

그 후, 방정식에서도 변수, 변역이라는 용어를 사용하고 있다.

> 두 방정식에서 한 변수를 없애는 것을 그 변수를 소거한다고 한다(2학년, p.133), x의 변역이 $\{-3, -2, -1, 0, 1, 2, 3\}$일 때, 다음 방정식 $x^2 - 2x - 3 = 0$을 풀어라.(3학년, p.65).

변수를 정적인 의미로 해석한다는 점은 3차 때와 같지만 그 표현에 있어서 변화가 있었다. 즉, '어떤 집합의 임의의 원소를 나타낸다'에서 '어떤 집합에 속하는 여러 가지 값을 취한다'로 변화되었다. 이 때 두 가지 표현에서 부각되고 있는 변수의 속성이 약간 다르다는 것에 주목할 필요가 있다. '어떤 집합의 임의의 원소를 나타낸다'는 표현에는 집합의 원소를 '대표'할 수 있다는 의미가 강조되어 있고, '어떤 집합에 속하는 여러 가지 값을 취한다'는 표현에는 변수에 값을 '대입' 할 수 있다는 의미가 강조되어 있다. 변수의 본질인 다가이름의 의미는 오히려 전자의 표현에서 좀 더 쉽게 파악되는 것 같다. 변수를 도입하는 상황에서 변하는 대상을 소재로 하였던 이전 시기와는 달리 이때부터는 수를 원소로 하는 집합을 소재로 채택함으로써 변하는 대상이라는 변수의 본질이 점점 경시되면서 변수는 집합의 원소를 대입하여 수치 계산을 가능하게 하는 형식적인 문자로 다루어지고 있다. 변하는 대상을 소재로 활용할 수 있는 상관관계 단원에서도

> 영어와 수학 성적, 좌, 우 시력(2학년, p.179, p.182).

과 같이 명백히 수치로 표현되는 대상만을 소재로 하고 있다. 이는 4차 교육과정이 3차 교육과정의 문제점을 수정, 보완하면서 계산 기능을 강화시키는 것을 강조하고 있음을 나타낸다. 함수 단원에서도 수를 대입하여 대응표를 만들고, 함숫

값을 구하고, x절편, y절편을 구하는 계산 과정의 비중이 높아지면서 변수를 '변화'를 함의하는 개념으로 다루기보다는 수가 대입되는 형식적인 기호로 취급하고 있는 것이다. 따라서 학생들로 하여금 변수를 주로 계산 과정 속에서 경험하도록 하고 있으며, 변수의 의미는 변화하는 대상을 대신하는 것이 아니라 방정식의 해(미지수)를 나타내는 자리지기의 개념으로 다루어지고 있다. 일반화된 식에서 사용되는 다가이름은 3차 때와는 달리 그 도입 시기를 상당히 늦추고 있다. 이전 시기에 '임의의 유리수 a에 대하여, $a \times 0 = 0 \times a = 0$'으로 쓴 표현을

> 임의의 유리수와 0과의 곱은 항상 0이다(1학년, p.79).

와 같이 말로 표현함으로써 다가이름으로서의 변수 사용을 천천히 조심스럽게 도입하려는 의도를 엿볼 수 있다. 그러나 실제로 변수에 '임의의'라는 의미를 적용하여 사용할 때에는

> (실수의 대소관계) [1]$a-b>0$이면 $a>b$이다., ...
> $a-b$의 부호를 알면, a, b의 대소를 알 수 있다(3학년, p.23).

와 같이 변수가 임의의 실수를 대신한다는 것에 대해 특별한 설명을 하고 있지 않다. 또한 이전과 마찬가지로 교과서에는 학생들에게 구체적인 사례를 통한 경험을 제공한 후 그들에게 직접 일반화된 표현을 구성해보게 함으로써 스스로 변수의 의미를 깨닫게 하는 과정을 제공하고 있지 않았다. 일반화의 도구로서 사용되는 변수를

> n각형은 $(n-2)$개의 삼각형으로 나누어지므로, n각형의 내각의 크기의 합은 $180° \times (n-2)$이다(1학년, p.221).

와 같이 연역적으로 제시한 후(몇 가지 구체적인 사례를 제시하고 있는 경우에도 그것은 학생들의 활동이 아닌 교과서의 단순한 제시형식을 취한다), 곧바로

> 팔각형, 십각형, $\cdots\cdots$의 내각의 크기의 합을 구하여라(1학교, p.221).

와 같이 변수를 값을 대입하는 과정 속에서만 의미를 갖는 것으로 다루고 있다.

5차 교육과정(1987년~1992년)에서도 함수가 집합 사이의 '대응'으로 다루어지면서 그에 따라 변수도 정적인 개념으로 다루어졌다.

(집합 X의 원소 x인 1, 2, 3에 집합 Y의 원소 y인 4, 5, 6이 각각 대응하는 예를 제시한 후)이러한 x, y와 같이 여러 가지 값을 나타내는 문자를 변수라고 한다. 이에 대하여 일정한 값을 나타내는 수나 문자를 상수라고 한다(1학교, p.157).

또한 이전 시기와 마찬가지로

이차방정식$(x-1)^2=4$를 풀어보자. $x-1$을 한 개의 변수로 생각하면 4의 제곱근은 2, -2이므로 ……(3학교, p.89).

와 같이 방정식에서의 미지수를 암묵적으로 나마 변수 개념으로 다루고 있다. 처음 인용문의 변수 정의를 보면, 변수가 나타내는 것 역시 변하는 대상이 아니라 집합의 원소인 수이다. 그러나 교사용 지도서를 보면

함수의 대응 규칙을 발견하기 위해서는 일반적으로 변화하는 두 변량을 찾아내어 이 를 변수로 표시하고, ……

와 같이 변수가 변화하는 대상을 대신한다는 것을 밝히고

기온에서, 고도와 그 지점에서의 기온
자유낙하에서, 시간과 거리
초에서 연소하는 시간과 남은 길이
자동차에서 달린 거리와 시간, ……(1학년 교사용 지도서, p.156).

과 같이 물리적, 일상적 현상을 그 예로 제시하고 있듯이, 변화하는 대상으로서의 변수의 본질에 대한 인식을 분명히 나타내고 있다. 그러나 실제로 교과서에서 변수를 도입할 때는 변화하는 대상을 소재로 사용하지 않음으로써 변수의 본질을 자연스럽게 드러내지 못하고 있다. 그리고 변하는 대상 사이의 관계를 의식화시킬 수 있는 상관관계 단원에서도 상관관계 파악을 위한 그래프에 점을 찍는 행위

가 강조됨으로써 변수는 불연속적으로 변하는 수만을 대신하는 것으로 제시되고 있다(3학년, p.176). 방정식, 부등식, 함수의 응용문제에서 시간, 속도, 높이와 같은 변화의 소재가 등장하고는 있지만 이들을 나타내는 변수는 문제해결 과정에서 구하고자 하는 값을 일시적으로 대신하고 있는 문자로 취급되면서 결국 미지수의 역할로서 다루어지고 있다.

이 시기에도 다가이름의 사용이 상당히 불명확하게 이루어지고 있다는 것을 교과서 곳곳에서 발견할 수 있다. 연립방정식 단원에서

> $A=B=C$는 다음 어느 것과도 동치이다.
> $\begin{pmatrix} A=B \\ B=C \end{pmatrix}$, $\begin{pmatrix} A=B \\ A=C \end{pmatrix}$, $\begin{pmatrix} A=C \\ B=C \end{pmatrix}$(2학년, p.70).

의 표현에서는 변수 A, B, C의 의미 즉, 그것이 임의의 식을 나타내고 있다는 것이 명확히 제시되지 않은 채, 변수가 직접적으로 도입되어 사용되고 있는 것이다. 문자의 선택에 있어서도 조심스럽지 않다. 덧셈의 분배법칙

> $a(b+c)=ab+ac$(1학년, p.99).

에서 문자 a,b,c를 수에 대해 사용한 후, 이러한 분배법칙을 단항식과 다항식의 곱을 전개하는 과정에 확장하여 적용할 때,

> $a(b+c+d)=ab+ac+ad$ ←전개식(2학년, p.37).

와 같이 수에 대해 사용했던 a, b, c를 임의의 단항식에 대해서도 똑같이 사용하면서, 그에 대한 설명을 하지 않고 있는 것이다. 또한 변수를 사용한 일반적인 표현이 주로 연역적으로 제시되고 있다는 사실, 임의의 수학적 대상을 나타내는 변수 사용이 그 필요성이 느껴지는 문제 상황에서 도입되고 있지 못하다는 사실은 이전 시기의 교과서의 경우와 같다.

현행 교육과정인 6차 교육과정(1992년 이후)에서 변수에 대한 정의는 다음과 같은 맥락에서 제시되고 있다.

> 오른쪽 그림의 함수 $f: X \to Y$, $y=f(x)=x-1$에서 정의역은 $X=\{1,\ 2,\ 3\}$,

치역은 $\{0,\ 1,\ 2\}$, 공역은 $Y=\{0,\ 1,\ 2,\ 3\}$이다. 이 때 집합 X의 원소 1, 2, 3은 집합 Y의 원소 0, 1, 2에 각각 대응한다. 따라서 집합 X의 원소 x가 변하면 함수 f에 의하여 집합 Y의 원소 y도 변한다. 이러한 x, y와 같이 여러 값을 나타내는 문자를 변수라고 한다(1학년, p.147).

집합의 원소 사이의 대응 관계를 바탕으로 한 함수 정의에 따라 변수는 '여러 가지 값을 나타낼 수 있는 문자'로 정의되고 있다. 변수 개념이 이전과 마찬가지로 정적인 의미로 파악되면서 변수가 함의하고 있는 '변화성'은 여러 가지 값을 번갈아 가며 취한다는 의미로 사용되고 있다. 함수 관계의 예로서 교과서에서 다루고 있는 소재는 대응 관계가 시각적으로 명확히 드러날 수 있는 말하자면 학생들이 쉽게 짝지을 수 있는 수, 나라 이름, 도시 이름 등을 사용함으로써 변수를 변하는 대상으로부터 경험하도록 하고 있지 않다. 함수가

> 변하는 두 양 사이의 관계(1학년, p.139).

라는 것을 암시하고는 있지만 실제로 변하는 대상이라는 변수의 본질을 의미 있게 다룰 수 있는 함숫값의 변화나 기울기의 의미에 대한 내용에서도 변하는 대상을 소재로 사용하고 있지 않고 계산 가능한 수만을 다루고 있다(1학년, p.146; 2학년, p.123). 함수에서 변하는 대상을 다루는 경우에도

> 공기 중에서 소리의 빠르기는 기온이 0℃일 때 331 m/초이고, 기온이 1℃ 올라갈 때마다 0.6 m/초씩 증가한다고 한다.
> (1) 기온이 x℃일 때의 소리의 빠르기를 y m/초라고 할 때, y를 x에 관한 식으로 나타내어라.
> (2) 기온이 15℃일 때 소리의 빠르기를 구하여라.
> (3) 기온이 몇 ℃일 때, 소리의 빠르기는 346 m/초인가?(2학년, p.145).

와 같이 조건에 맞는 함수식을 구하는 행위, 함숫값을 찾는 계산을 강조함으로써 변수는 변하는 대상이라는 그 의미를 충분히 살리지 못한 채 계산 과정 속의 미지수 역할로서만 다루어질 뿐이다.

또한 일반화된 표현을 구성하는 다가이름으로서의 변수의 본질은 거의 전 단원에 걸쳐서 등장하고 있으나 그러한 변수 사용법에 대한 설명은 되어 있지 않을

뿐만 아니라 그 의미가 충분히 부각되고 있지도 못하다. 중학교 1학년 첫 단원부터 임의의 수학적 대상을 나타내는 다가이름으로서의 변수가 갑자기 등장하지만 역시 그 사용법에 대한 명확한 설명을 하고 있지 않다. 집합의 포함관계 $B \subset A$를 설명하기 위해

> 두 집합 $A=\{2, 4, 6, 8, 10\}$, $B=\{2, 4, 6\}$에서 집합 B의 모든 원소는 집합 A에 속한다.

에서 A, B를 특정한 집합으로 간주했다가도 곧바로

> 집합 B의 모든 원소가 집합 A에 속할 때 B를 A의 부분집합이라고 한다. 이것은 기호로 $B \subset A$로 나타낸다(1학년, p.15).

라는 표현을 사용하면서, 바로 직전에 특정한 집합으로 정의했던 A, B를 아무런 설명 없이 임의의 집합을 대신하는 변수로 사용하고 있는 것이다. 동일한 문맥 내에서 사용된 같은 문자를 특정한 집합을 나타내는데 사용하다가 변수로 보기도 하는 이러한 상황은 교과서 전반에 걸쳐 곳곳에서 발견할 수 있다(이러한 현상은 이전 시기의 교과서에서도 발견할 수 있다). 또한 일반화된 표현에서, 임의의 수를 대신하고 있는 문자에 대해서도 그것을 상수로 취급하기도 하다가 암묵적으로 변수로 보기도 하는 상황이 벌어진다. 예를 들면 일차함수의 일반식을

> $y = ax + b\,(a, b$는 상수이고 $a \neq 0)$ (2학년, p.111).

로 제시, 문자 a, b를 변하지 않는 상수로 고정시키면서 변하지 않는다는 것을 의도적으로 강조하고 있으나, 아래와 같은 동일한 상황에서는

> 두 미지수 x, y에 관한 일차방정식 $ax+by+c=0(a \neq 0$ 또는 $b \neq 0)$의 그래프는 직선이다. 특히 $a \neq 0$, $b \neq 0$일 때, 그 그래프는 일차함수 $y=-\frac{a}{b}x-\frac{c}{b}$의 그래프와 일치한다(2학년, p.129).

'상수'란 용어를 사용하지 않음으로써 위에서 고정시킨 동일한 문자를, 암묵적으로, 임의의 수에 대해 변화 가능한 것으로 볼 수 있는 가능성을 열어 놓고 있는

것이다. 도형의 성질을 다루는 단원을 보면 이전까지 이등변 삼각형의 성질을

이등변 삼각형의 두 밑각의 크기는 같다(5차, 2학년, p.199).

로 나타내던 것을 기호를 사용하여

이등변 삼각형의 성질 (1)
$\triangle ABC$에서 $\overline{AB} = \overline{AC}$이면 $\angle B = \angle C$이다(2학년, p.193).

와 같이 표현함으로써 임의의 기하학적 대상(점, 직선, 삼각형)을 나타내는 변수를 사용하고 있다. 그러나 교과서는 학생들에게 점은 대문자로, 선은 소문자로, ……와 같은 문자 사용의 규칙만을 의식시킬 뿐 그러한 문자가 대신하는 기하학적 대상들을 '변화'의 시각에서 바라보도록 지도하고 있지 못하다. 학생들은 위의 표현에서 기호 A, B, C가 '변하는' 기하학적 대상을 나타낸다는 사실을 의식하지 못하고 단지 '삼각형에서 두 변의 길이가 같으면 두 밑각의 크기가 같다'는 성질에만 주목할 뿐이다.

이상의 내용을 종합해 보면, 교육과정 변화의 흐름을 통해 변수가 동적인 의미에서 정적인 의미로 전환되면서 변수의 변화성을 강조하는 문제 상황은 변수에 대입을 강조하는 문제 상황으로 바뀌어 왔음을 알 수 있다. 이에 따라 변수를 다루기 위한 소재에 있어서도 변화가 있었다. 각 교육과정기의 교과서에서 변하는 대상이라는 소재가 어느 정도 다루어지고 있느냐는 정도의 차이를 분명히 보일 수는 있었지만 대체로 변수가 함의하는 '변화'의 의미가 교과서에서 충분히 살아나고 있지 못함을 관찰하였다. 또한 변수를 사용한 일반화된 식이나 표현을 빈번히 제시하고는 있지만, 그러한 일반화의 과정이 학생들에게 풍부한 경험으로서 제공되어 있지 못하므로 변수를 일반화의 맥락에서 의미 있게 형식화시키는 작업이 이루어졌다고 보기도 어려웠다. 위의 분석에서 다가이름의 변수 사용이 매우 불분명하게 이루어지고 있는 예를 보이고 있는 것은 여러 시기의 교과서에서 동시에 관찰된 사항이었다. 교과서는 변수의 존재에 대하여 단정을 하고 실제적으로 교과서 전반에 걸쳐 기호 x를 상당히 자주 사용하고 있지만, 대부분의 교과서들이 변수 개념을 논하는데 아주 적은 공간과 시간을 할애하고 있었다.

(2) 변수 개념 지도의 계열 분석

여기서는 제6차 교육과정에 따른 초, 중등학교 수학 교과서를 대상으로 변수 개념이 초등학교 시기부터 중등학교 시기에 이르기까지 어떠한 지도 계열아래 어떤 방법으로 도입되고 있는가를 살펴보고자 한다. 이것은 학교수학이 변수 개념의 다양한 측면 가운데 어떤 내용을 어떠한 순서로 다루고 있으며 학생들에게 변수 개념의 본질을 인식시키도록 그 내용을 어떻게 조직하고 있는가를 확인하기 위한 것이다. 변수 개념 지도의 계열에 대한 교과서 분석으로부터 우리는 학교수학에서 변수 개념이 어떠한 면에 강조점을 두고 지도되고 있는가를 보다 분명하게 파악할 수 있을 것이다. 먼저 변수 개념의 지도 내용과 그 계열을 확인한 후, 그에 대한 논의를 행할 것이다. 변수에 관한 내용을 동적, 정적 측면에서의 변수 역할 중 특히 어떤 것이 강조되는냐에 주목하여 변화, 대입, 대표의 의미로 분류하여 정리하였다.

① 초등학교 교과서 분석

이 시기에는 비록 '변수'라는 용어가 명시적으로 사용되고 있지는 않지만 실제적으로는 변수가 지도되고 있다. 표 IV-13은 초등학교 수학에서 제시되고 있는 변수 개념에 관한 내용을 정리한 것이다.

먼저 초등학교 저학년(1, 2, 3학년) 시기의 변수 지도 내용을 보면 어떤 수를 □로 표시하고 그 값을 구하는 과정이 지배적으로 나타나고 있는 반면, 실세계의 변하는 대상의 경험이 상당히 부족함을 확인할 수 있다. '길이 재기', '무게와 들이'라는 단원에서는 측정 단위를 도입하고 단위명을 익히게 한 후 측정 연습을 하는 과정이 나오지만 하나의 대상을 변하는 상황에 따라 제시하기 보다는 고정된 상황에 있는 여러 개의 대상에 대한 측정 문제가 제시되고 있으므로 실세계의 변화하는 대상을 다루면서도 그 '변화'의 의미가 자연스럽게 부각되고 있지 못하다. 물론 이 시기의 학생들이 문제 상황 속에서 '변화'를 포착할 수 있다고 단정지울 수는 없지만 같은 내용을 다루면서도 '변화'를 함의하는 문제 상황을 만들어 제시할 수 있다면 이후의 학습에서 학생들이 변하는 대상으로부터 변화의 의미를 파악하는 과정은 보다 효과적으로 이루어질 수 있을 것으로 생각된다. 이 시기에서 일반화의 맥락으로 이어지는 변수의 '대표' 의미는 본격적으로 다루어지고 있지 않지만 '규칙 발견하기'라는 문제 상황에서 초보적이나마 일반화의 맥락이 도입되고 있음을 알 수 있다. 그러나 규칙을 발견하고 이를 말로 표현하게

표 Ⅳ-13 : 초등학교 수학에서 제시되고 있는 변수 개념

구분	동적인 변화(실제적 변화)의 측면		정적인 변화(가상적 변화)의 측면	
	변화 강조	대입 강조	대입 강조	대표 강조(일반화)
1학년	▶비교하기와 시계보기 길이를 비교하여 봅시다. 무게를 비교하여 봅시다. 넓이를 비교하여 봅시다.		▶고정된 수를 대신하는 자리지기 기호: 어떤 수를 더했는지 알아보기 → 2 + □=5 ▶ 식에 알맞은 문제를 만들어 풀어 봅시다.: 식의 결과에 대한 기호□ 사용	▶식을 쓰고 읽어보시오 □ + □, □ - □
2학년		▶ 길이의 단위를 알아보고 길이를 재어봅시다. (측정 연습)	▶어떤 수를 □로 어떤 수를 알아봅시다 □ - 3=15 □×(사람 수)=(연필 수) ▶색깔이 같은 숫자 카드에 쓰인 숫자는 같습니다. 각 카드의 숫자는? ■ 2 5 + 5 □ ■ ———— □ 1 8	▶어떤 규칙으로 짝지어 졌는지 알아보시오 3 → 6, 4 → 7, 5 → 8, …, □ $\underset{\triangle}{\rightarrow}$ ○ ▶ 선분, 직선을 표시하고 읽는 연습 '선분ㄱㄴ', '직선ㄱㄴ'이라고 읽습니다.
3학년		▶ 들이의 단위(L, dL)를 알아보고 물의 양을 비교해 봅시다.(측정 연습) ▶무게를 비교하여 봅시다.(무게를 재고 계산하기)	▶54□3>5469:□에 알맞은 수는? 7, 8, 9 ▶□, △는 어떤 수를 나타냅니다. □, △를 사용해 식 표현하기 (예)□−△,□×△÷5, … ▶□를 써서 식을 만들고 어떤 수를 구합시다(예) 3000 − □ = 850	▶점의 기호 ㄱ, ㄴ, ㄷ, …변의 기호로 ㄱㄴ, ㄴㄷ, …면의 기호로 ㄱㄴㄷ, ㄷㄴㄱ, …혹은 가, 나, 다, …
4학년	▶온도의 변화에 대한 그래프 : 온도가 변하는 모양의 인식(온도의 변화가 가장 심한 달은?)	▶도형의 둘레의 길이와 넓이를 알아보자. 둘레와 넓이: 변의 길이와의 관계 → 공식 유도 → 특정 도형 제시 → 둘레/넓이 계산	▶두 수의 관계를 알아보자 (책상 수)=(의자 수)×2 → □ = △ × 2 ▶문장을 식으로→어떤 수를 □	
5학년		▶직육면체의 겉넓이와 부피 → 공식 유도 → 특정 도형 제시 → 겉넓이/부피 계산 ▶ 물이 나오는 시간 x와 물의 양 y를 나타내는 대응표를 만들고 관계식 세우기/관계식을 보고 대응표 만들기	▶미지수에 대한 기호x 도입:9+△=13을 9+x=13으로 나타낸다 ▶형의 나이(x)는 내 나이보다 2살 많다. 형의 나이 (x+2)살을 y로 하여 $y=x+2$ 표현 ▶조건에 맞는 어떤 수 x를 구하기	▶$\frac{\triangle}{\square}\times\frac{☆}{\bigcirc}=\frac{\triangle\times☆}{\square\times\bigcirc}$ ▶$\frac{\triangle}{\square}\div\bigcirc=\frac{\triangle}{\square}\times\frac{1}{\bigcirc}$
6학년	▶변하는 두 양 사이의 관계를 알아보자 정비례/반비례 관계 설명 (비례상수) ▶두 양(x, y)사이의 관계를 알아보자	▶문장제에서 키, 길이…등을 x로 놓고 방정식을 푸는 내용 ▶부채꼴의 중심각의 크기, 원뿔의 반지름의 길이 등을 x로 놓고 계산하기	▶26+x=50에서 x와 같이 그 값을 알 수 없는 항을 미지항이라고 하고, 미지항이 있는 식을 방정식이라 한다. 26+x=50은 x가 24면 참, 24가 아니면 거짓 ▶−9 ○ −2 → ○안에 <, >을 알맞게 넣어라	$\frac{\triangle}{\square}\div\frac{☆}{\bigcirc}=\frac{\triangle}{\square}\times\frac{\bigcirc}{☆}$ ▶(음의 정수) < 0 0 < (양의 정수) ▶x가 수의 범위를 나타내는 기호로 사용 → 문장을 부등식으로 나타내어보자 → $x+2>4$, $8<4\times x<20$

하는 과정이 약화되어 있고 □ $\overrightarrow{\triangle}$ ○ 같은 꼴의 기호 표현이 등장하는 것은 아직 '임의의'라는 의미를 받아들일 준비가 되어있지 않은 학생들에게 혼란을 줄 여지가 있다. 교과서에서 두드러지게 발견할 수 있는 특징은 자리지기에 대한 기호를 문맥과의 연결 없이 거의 모두 □로 통일하고 있다는 것이다. 예를 들면 동수누가에 의해 곱을 설명하면서 '8 + 8 = □, 8 × □ = □'와 같은 표현을 제시, 한 문맥 내에서 상이한 값을 가지는 대상에 대해 동일한 기호를 사용하고 있다. 한 문맥에서 다른 기호가 같은 값을 가질 수는 있지만 같은 기호가 다른 값을 가질 수는 없는 것이다. 변수에 대한 개념 이미지가 형성되는 이 단계에서 신중하지 않은 문자 사용으로 인해 학생들은 후에 표현을 $8x = x$로 형식화하는 오류를 범할 지도 모르는 것이다. 학생들은 이 시기에서부터 변수 개념에 대한 심상을 갖기 시작하므로 교과서에서는 동일 문맥에서 의미가 다른 것을 변수로 대신하여 표현할 때 명백한 구분을 할 필요가 있다.

또한 초등학교 고학년(3, 4, 5학년) 시기의 변수 지도 내용을 보면 변수 개념이 변하는 대상에서의 변화의 의미나 일반화된 표현에서의 대표의 의미보다도 수 계산을 위한 대입의 의미로 상당히 강조되어 다루어지고 있음을 쉽게 알 수 있다. 물론 이 시기에는 수 계산이 중요한 학습 내용이 되고 있으므로 미지수로서의 변수 사용이 빈번하게 제시되는 것은 자연스러운 현상이겠지만 이와 같은 현상과는 독립적으로 '변화'나 '대표'의 의미로서의 변수 지도가 좀 더 의미있게 지도되고 있지 못하다는 것은 아쉬운 점이다. 중학교 1학년 때부터 변수의 '변화'의 의미는 함수 단원에서, '대표'의 의미는 계산 규칙의 일반화된 표현이나 교환법칙, 결합법칙과 같은 수의 성질에 대한 일반화된 표현에서 본격적으로 사용되기 시작하므로 이를 위한 준비학습이 이 시기에 절대적으로 필요하다고 생각되기 때문이다. 변하는 대상을 다루는 정비례, 반비례 단원에서는 대응표에 기록된 수들 사이의 관계에 주목시키고 있기 때문에 어떠한 관계에 의해 변하는 변화의 의미가 가려지고 있다. 또한 산술의 계산규칙이나 수의 성질을 일반화한 표현 예를 들면, $\frac{\triangle}{\square}\times\frac{\star}{\bigcirc}=\frac{\triangle\times\star}{\square\times\bigcirc}$, □ + △ = △ + □와 같은 표현은 구체적인 상황에서의 충분한 예가 주어지지 않은 채 학생들의 즉각적인 이해를 바라면서 곧바로 도입되고 있다. 위와 같은 표현을 제시할 때 중요한 것은 □, △, ○, ☆과 같은 기호는 구체적인 수를 나타내기 위해 사용하였다는 것을 분명히 하고, 각 기호에는 우리가 원하는 수를 마음대로 넣어볼 수 있다는 사실을 강조하는 것이다. 그리고 위와 같은 표현을 제시한 후에는 실제로 각 기호에 임의로 수를 넣어보는 과정을 취해 보여야만이 학생들은 □, △, ○, ☆을 왜 사용하고 그것을 어떻게 이용하여야 하는지에 대한 감각을 얻을 수가 있다. 이러한 감각을 갖지 못한 상태에서 중학교 시기에 이르러 $a+b=b+a$와 같이 문자에 의한 일반식이 본격적으로 도입되면 학생들은 일반화의 의미와 일반화된 식이 수학에서 발휘하는 강력한 힘을 깨닫기 어렵게 된다. 한편 저학년 시기에 특정한 하나의 값을 대신하는 것으로 다루어졌던 미지수에 대한 기호 □가 x로 전환되면서 식의 참, 거짓을 판별하는 과정에서 x가 여러 가지 수를 가질 수 있다는 것이 설명되면서 x의 변화성이 암시되고 있지만 실제로 x에 대해 여러 가지 값을 대입해보는 과정을 경험시키기 보다는 등식의 성질을 이용하여 방정식을 풀어 계산 결과를 얻는 과정을 강조하면서 학생들로 하여금 은연중에 x는 유일한 값을 가지는 것이라는 생각을 가지게 하고 있다. 변수를 혼란스럽고 모호하게 사용하는 경우도 있다. 특수한 예로 형의 나이와 동생의 나이 사이의 관계를 알아보는 문제에서 변수가 대신하는 것이 실세계의 대상인지 그 대상에 대한 수인지에 대한 명확한 구분을 하고 있지 않은 경우가 발견된다 예를 들면,

형(□)	10	11	12	13	14
동생(△)	8	9	10		

(초등 4학년 1학기, 64쪽)

에서와 같이 대응표에 형의 나이를 형으로, 동생의 나이를 동생으로 써 놓고 있다. 대상과 대상의 수 사이의 구분을 명확하게 하고있지 않는 것은 P=6S와 같은 변수 역해석 오류를 일으키는 원인이 될 수 있다.

② 중등학교 교과서 분석

이 시기에서는 중학교 1학년 시기에서 변수에 대한 개념 정의가 도입되면서 변수가 다양한 문제 상황에서 명시적으로 사용된다. 또한 이 시기에는 학습되어야 할 수학의 내용이 다양해지면서 변수가 여러 단원(대수, 기하, 명제, 집합, 확률, 통계, 행렬, 극한, ……)에서 나타나고 있으므로 변수의 제 측면이 모두 다루어지고 있음을 알 수 있다. 표 Ⅳ-14는 중등학교 수학에서 제시되고 있는 변수 개념에 관한 내용을 정리한 것이다. 고등학교 시기에 다루어지는 변수는 이미 중학교 시기에 다루어졌던 내용이 보다 심화되는 수준에 있으므로 그 내용상 중복되는 부분이 많아 자세한 언급은 생략하였다.

현행 중학교 수학 교과서에 나타나는 변수에 관한 내용을 살펴보면 산술에서

대수로의 급격한 전환에 의해 변수의 '대표성'이 부각되는 일반화된 의미로서의 문자 사용이 두드러지게 나타나고 있음을 알 수 있다. 그러나 일반화의 의미에 대한 설명은 거의 주어져 있지 않다. 일반화된 표현을 즉각적으로 도입하는 경향이 있고 일반화된 표현을 특수한 경우에 적용시켜 보는 과정이 충분히 주어져 있지 않다.

변수에 의한 일반화의 의미를 소홀히 다루는 것은 부정소를 상수로 취급하는 것에서 더욱 분명하게 확인된다. 이차함수의 일반식 $y = ax^2 + bx + c(a \neq 0)$에서 아직 정해져 있지 않은 상수 a, b, c를 단순히 '상수'로 규정하는 것이 그 예가 될 수 있다. 이 시기에서는 일반화된 식의 표현에서 부정소의 의미로 사용된 변수를 자주 다루고 있지만 부정소를 항상 상수로 규정함으로써 학생들이 주어진 식이 함의하는 일반화의 의미를 명확하게 포착하는 것을 어렵게 하고 있다. 학생들이 부정소의 의미를 이해하지 못한다면 방정식의 일반해의 의미를 명확히 파악할 수 없다. 따라서 위와 같은 일반식에 사용된 문자 a, b, c에 대하여 '상수'라는 표현을 하는 것은 바람직하지 않고 그것을 '부정소' 또는 '아직 정해지지 않은 상수'라고 표현하는 것이 옳을 것으로 생각된다.

중학교 시기의 변수 개념 지도 내용에서 발견할 수 있는 또 다른 특징은 변하는 대상의 '변화성'을 경험하는 과정이 상당히 약화되어 있다는 것이다. 변수의 동적 변화성을 가장 자연스럽게 다룰 수 있는 함수 단원에서조차 문제 상황의 소재는 수를 대상으로 한 집합이 주를 이루고 있다. 변화성을 포착하여 이를 변수로 표현하는 과정보다도 이미 주어진 식에 수를 대입하여 함수값을 구하거나 그래프를 그리는 활동만이 강조되고 있다. 특이한 사항이지만 불필요한 상황에까지 변수를 지나치게 과다하게 사용하는 경우도 지적할 수 있다. 예를 들면 'A=$\{a,b,c,d,e\}$, B=$\{b,c,e\}$일 때, A∩B를 구하라(답 : $\{b,c,e\}$)'는 문제에서 알 수 있듯이 교집합의 원소를 구하는 문제의 소재로 변수를 원소로 갖는 집합을 사용함으로써 '다른 기호로 표시되는 변수는 결코 같은 값을 가질 수 없다'는 잘못된 생각을 갖도록 하는 유도하는 경우도 발견된다. 한편, 중학교 시기에 이루어졌던 변수 개념 학습이 보다 심화되는 고등학교 시기의 변수 지도 내용을 보면 고등학교 시기에서는 변수가 암묵적으로 사용되면서 중학교 시기에서 다룬 변수 개념이 보다 다양한 문제 상황에서 적용되어 변수가 대신하는 대상(행렬, 수열 등)의 범위가 확장되고 변수에 대한 형식적 조작이 보다 복잡하게 나타나지만 변수는 즉각적으로 도입된 상태에서 문제 해결에 필요한 알고리즘의 한 요소로 다루어지는 경우가 대부분이다. 변수가 나타내는 대상에 대한 고려나 변화를 함의하는 문제 상황을 변수를 사용하

표 Ⅳ-14 : 중등학교 수학에서 제시되고 있는 변수 개념

구분	동적인 변화(실제적 변화)의 측면		정적인 변화(가상적 변화)의 측면	
	변화 강조	대입 강조	대입 강조	대표 강조(일반화)
중1학년	▶함숫값의 변화 → 정비례, 반비례의 예	▶일차방정식의 활용: → 나이, 입장료, 책의 수, 거리, 농도, … 등에 관한 문제 해결 ▶$y=ax$, $y=a/x$ 의 그래프(증감표 만들기) ▶호의 길이와 넓이 공식 → 계산문제 ▶도형의 겉넓이와 부피 공식 → 계산 문제	▶문자에 수를 대입하여 식의 값 구하기 → 대입하여 계산하는 연습 ▶방정식, 미지수, 해, 항등식의 정의 ▶n각형의 내각의 크기의 합 $180°\times(n-2)$ → 계산 문제 ▶함수 : 두 집합의 원소 사이의 대응 관계 → 함수식 세우기, 함숫값 구하기	▶집합기호 A, B, X, … 원소기호 a, b, x, … ▶ 일반적인 수에 대한 표현 →a^2, a^3, … →약수와 배수 $a=b\times c$ ▶수직선 위의 점 A, B, C, … ▶교환법칙 $a+b=b+a$, 결합법칙 $a+(b+c)=(a+b)+c$ ▶점 A, B, 선분 AB, 각 $\angle AOB$, 면 $ABCD$, 직선 l, m, 평면 P, …
중2학년	▶기울기의 의미 → (y의 증가량)/(x의 증가량)	▶일차함수의 활용(시간, 소리의 빠르기, 선분의 길이, 물의 높이, …) → 계산 ▶연립방정식의 활용(사과의 값, 사람 수, …) ▶부등식의 활용(사람 수, 연필 값, 책의 수, …) ▶그래프 그리기(대입활동 강조)	▶등식의 변형 → 문자를 다른 문자식으로 바꾸어 식을 변형 ▶미지수가 두 개인 일차방정식: 해가되는 x, y의 값 구하기 ▶해가 무수히 많은 경우와 해가 없는 경우 ▶부등식의 함숫값 구하기 ▶직선의 방정식, 연립방정식의 해 구하기	▶지수법칙 $a^m\times a^n=$ $am+n$ ▶짝수,홀수:$2m$, $2m+1$ 연속하는 세 자연수: $n-1$, n, $n+1$ ▶일차방정식 $ax+by+c=0$(a, b, c는 상수, $a\neq 0$ 또는 $b\neq 0$) ▶부등식의 성질 $A<B$ 이면 $A+C<B+C$ ▶일차함수 $y=ax+b$(a, b는 상수, $a\neq 0$) ▶A지점에서 B지점까지 가는 경우의 수. ▶사건 A가 일어날 확률 $p=a/n$ ▶사건 A의 기대값 $a\times p$ ▶명제 $p\rightarrow q$ ▶점 A, B, 선분 AB, 각 $\angle AOB$, 면 $ABCD$, 직선 l, m, 평면 P, … $\triangle ABC$, $\square ABCD$, …
중3학년	▶상관관계: x값의 변화와 y값의 변화와의 관계	▶이차함수 $y=ax^2$의 그래프 ⇒ 대입 강조 ▶이차함수의 최댓값, 최솟값 구하기 ▶이차함수의 응용(시간, 속도, 높이, …) → 풀이를 통해 변수의 값 구함 ▶피타고라스 정리의 활용(변의 길이, 높이, 넓이, 거리, …)	▶$(x-1)2=4$, $x-1$을 한 개의 변수로 생각하면 $x-1=2$ 또는 $x-1=-2$ ▶이차방정식의 근을 구하는 풀이 ▶인수분해를 이용한 방정식 풀이 ▶이차방정식의 근의 공식 → 방정식 풀이에 이용 ▶방정식의 활용: 구하고자 하는 수 x ▶이차함수의 해	▶일반화된 의미의 수→제곱근 a:$\sqrt{a}$, → 실수의 대소관계 $a<b$, $a>b$, … ▶이차방정식의 일반식 $ax^2+bx+c=0$ ▶이차함수 $y=ax^2+bx+c$($a\neq 0$, a, b, c는 상수) ▶변량의 값 x_1, x_2, x_3, … ▶변량의 개수 n ▶평균 M, 분산 S^2, 표준편차 S

중 3 학 년			▶평균 M, 분산 S^2, 표준편차 S를 공식에 의해 구하기 ▶피타고라스 정리를 이용해 삼각형이 변의 길이 구하기 ▶삼각형의 넓이: 공식 $S=(1/2)ac\sin B$에 의한 계산 ▶삼각비를 이용한 각의 크기 또는 변의 길이 계산	▶피타고라스 정리 : $a^2+b^2=c^2$ ▶변 AB, 사각형 $ABCD$, $\angle C$ ▶원 O, 호 AB, 각AOB, 삼각형AOM, ▶두 원의 위치 관계: 반지름의 길이 r, r' 중심거리 d ▶$\sin A = a/c$, … ▶삼각비 사이의 관계식
고 등 학 교 시 기	▶ 극한 개념의 등장으로 인해 변하는 수학적인 대상을 다룸 (수열의 극한, 구분구적법, 미분, 적분, ……)		▶ 변수가 대신하는 대상의 범위 확장 (행렬, 복소수, 순열, 조합, ……)	
(고등학교 시기)	중학교 시기에 다룬 변수 개념이 보다 다양한 문제 상황에서 적용되어 변수 사용이 보다 빈번해지고 변수에 대한 형식적인 조작을 행하는 과정이 많아진다. 그리고 그 과정은 중학교 시기에 비해 더욱 복잡하게 나타난다.			

여 조직해 나가는 과정을 의미 있게 다루는 내용보다는 어떤 문제 상황을 해결하기 위해 그 문제 상황을 변수를 사용해 기계적으로 번역하고 그것을 형식적 조작에 의해 처리하는 과정이 주를 이루고 있는 것이다.

이상의 내용을 종합하여 현재 학교수학에서 이루어지고 있는 변수 개념 지도의 특징을 크게 3가지로 나누어 정리해 볼 수 있다.

첫째, 변수를 주로 방정식의 해에 대한 자리지기로 다루는 경향이 강하다. 이는 초, 중등학교 시기에 제시되는 변수 개념을 정리한 위의 표에서 분명히 확인할 수 있듯이, 변수에 대한 '변화'나 '대표'의 의미보다도 '대입'의 의미가 강조되고 있다는 사실에서 명백해진다. 대수에서 문자가 사용되기 시작한 것은 '미지의 것'을 찾는 행위에서 비롯된 것이므로 '미지수'로서의 변수의 의미가 수학에서 중요한 역할을 하는 것은 분명하지만 이는 변화를 설명하고 일단의 상황을 동시 고려하는 변수의 본질을 이해하는 데에는 대단히 제한된 의미만을 보여줄 뿐이다. 교과서는 변수 개념의 의미와 그 본질을 이해하게 하는데 목표를 두기보다는 변수를 문제 해결을 위한 알고리즘적 조작의 수단으로 다루고 있는 것이다.

둘째, 변수 개념의 본질이 그 발생의 맥락에서 의미 있게 형식화되고 있지 않다. 이 역시 변수가 함의하는 '변화'의 의미와 '대표'의 의미를 소홀히 다루고 있음을 말하는 것이다. 변하는 대상이라는 변수의 본질을 부각시킬 수 있는 함수 단원에서조차 변수는 주로 수를 대상으로한 집합 위에서만 취급되고 있으며 다가이름이라는 변수의 본질은 일반화의 맥락에서 의미 있게 다루어지고 있지 않다. 일반화된 표현은 구체적인 상황에서 충분한 예가 주어지지 않은 채 직접적으로 도입되고 있으며 일반화된 표현을 특수한 경우에 적용하는 과정조차 충분히 제시되고 있지 않다.

셋째, 변수가 나타내는 대상이나 주어진 문맥에서 변수가 갖는 의미에 대한 고려가 충분히 이루어지고 있지 않다. 변수는 주로 형식적 조작의 대상으로 다루어지면서 교과서는 학생들에게 서로 관계를 맺고 있는 변수 기호들이 갖는 의미를 이해시키려는 노력을 하고 있지 못하다. 이를 수학 학습 수준 이론에 따라 설명한다면 교과서는 변수에 의미를 부여할 수 있는 변수 개념 학습의 제1, 2, 3수준을 소홀히 한 채, 변수를 탈문맥화한 상태에서 형식적 처리의 대상으로 다루는 제4수준의 학습에 치중하고 있다고 할 수 있다. 이러한 학습에 의해서 학생들은 변수를 포함하고 있는 문제를 조작적으로 혹은 기계적으로 바르게 해결할지는 모르지만 변수의 본질과 그 의미를 충분히 경험하지 못했기 때문에 형식적 조작에 의해 다루어지는 변수는 학생들에게 실질적인 의미를 주기 어렵게 된다.

(3) 제 7차 교육과정의 변수 개념 지도

위에서는 2차~6차 교육과정기에 대한 교과서 분석을 행하였다. 여기서는 제7차 교육과정의 교과서를 분석하여 변수 개념 지도의 변화와 특징을 살펴보고자 한다.

수학에서 변수 개념은 형식적인 기호의 지도에 그쳐서는 안되고 기호화된 변수가 무엇을 의미하는 것이며 그것이 수학에서 어떤 일을 하는 것인가에 대한 이해가 가능하도록 지도되어야 한다. 본 절에서는 제7차 교육과정의 함수 개념 도입의 변화에 따른 변수 개념 도입의 변화를 다루면서 학생들에게 변수 사용의 실질적인 의미를 주기 어렵게 하는 요인으로 교과서에서 다루어지는 변수의 형식적인 처리의 문제를 논의하고자 한다.

① [7-가] 단계 수학에서의 변수

a. 문자로 이루어진 집합과 변수

집합 단원의 교과서 내용을 보면 $\{a, b, c\}$, $\{x, y, z\}$와 같은 문자의 집합을 흔히 발견할 수 있는데 문자를 원소로 하는 집합의 사용은 변수 개념의 인지적 장애로서 Wagner(1983)가 지적한 바 있는 서로 다른 문자는 항상 다른 대상을 의미한다는 생각을 초래할 수 있다. 즉, 변수를 표시하는 기호의 변화는 변수가 나타내고 있는 대상의 변화를 함의한다는 오개념을 불러 일으켜 학생들이 대수적 표현을 이해하는데 있어서 인지적 갈등을 유발할 수 있다는 것이다(Wagner, 1983, p.477; Leinhardt et al., 1990, p.42; 拙稿, 1992, pp.74-75). 이에 대한 지도상의 문제점은 이미 제 6차 교육과정에 따른 수학교과서의 내용을 예로 하여 다루어진 바 있다(拙稿, 1999). 그러나 현재 제 7차 교육과정에 의한 중학교 [7-가] 단계 교과서 13종을 검토해보면 여전히 문자로 이루어진 집합이 사용되고 있음을 확인할 수 있다. 대부분의 교과서가 일반화된 표현으로서의 문자사용과 동시에 같은 문자를 특수한 대상으로 다루는 혼합된 양상을 보이고 있다. 다음의 예를 보자.

일반적으로 집합은 알파벳 대문자 A, B, C, …… 로 나타내고, 원소는 알파벳 소문자 a, b, c …… 로 나타낸다([7-가]단계 수학, '집합'지도 내용에서 인용).

교과서에서 위와 같은 설명이 제시되는 것은 아래와 같이 주로 원소와 집합 사이의 포함관계를 설명하기 위해서 선행되는 작업이다.

a가 집합 A의 원소일 때, a는 집합 A에 속한다고 하고, 기호로 $a \in A$ 와 같이 나타낸다.

또 a가 집합 A의 원소가 아닐 때, a는 A는 집합 A는 집합 a에 속하지 않는다고 하고 기호로 $a \notin A$와 같이 나타낸다.([7-가]단계 수학, '집합'지도 내용에서 인용)

대부분의 교과서는 위의 표현에서 A 집합 안에 있는 임의의 원소를 우리가 보통 소문자 a를 써서 나타낸다는 의도를 암시하고 있다. 위에서 문자 A는 임의의 집합, 문자 a는 어떤 집합 A안에 있는 임의의 원소를 나타내기 위해 사용되었다. 이러한 문자 사용에서 우리는 다가이름이라는 변수의 본질을 경험하게 되고 중요한 수학적 사고 중의 하나인 일반화를 표현하는 수단으로서의 변수 사용을 익히게 된다.

위의 내용과 관련하여 제 7차 교육과정에 의한 교과서를 보면 대부분의 교과서가 문자 A와 a 등을 이용하여 임의의 집합과 원소에 대한 일반화된 설명(예를 들면, $a \in A$와 같은 포함 관계)을 제시한 이후에도 일반화된 문자로 사용된 동일한 문자를 원소로 하는 $\{a,\ b,\ c\}$와 같은 집합을 다루고 있음을 확인할 수 있다. 이러한 지도내용은 이는 변수 개념 이해와 관련하여 문제를 제기할 수 있는 부분이다. 교과서에 제시된 아래의 탐구활동의 예를 들어보자.

◉ 합집합과 교집합의 원소의 개수 사이에 어떤 관계가 있는가?

탐구 활동

두 집합 $A=\{b, c, f\}$, $B=\{a, b, c, d, e\}$가 있다. 두 집합 A, B에 대하여 다음 물음에 답하여 보자.

1. $n(A)$, $n(B)$, $n(A\cap B)$의 값을 각각 구하여 보자.
2. $n(A\cup B)$의 값을 구하여 보자.
3. $n(A)+n(B)-n(A\cap B)$의 값을 구하고, 2의 값과 비교하여 보자.

그림 IV-9: 문자로 이루어진 집합을 다루는 예
([7-가]단계'집합과 자연수'단원에서)

그림 IV-9의 탐구활동에 대해 교과서는 그림 IV-10과 같은 벤다이어그램을 이용한 풀이과정을 제시하고 있다. 이 그림은 과연 적절한 것인가? 그림 IV-11의 경우는 어떠한가? 교과서의 '집합과 자연수' 단원에서 a, b, c, ⋯를 집합의 원소를 대표하는 일반화된 문자로 사용하는 것과 그림 IV-9,10의 경우를 어떻게 타협할 것인가? 그림 IV-9에 사용된 집합의 원소인 문자 a, b, c를 그림 IV-12에서와 같이 사용된 문자 a, b, c와 어떻게 차별화 할 것인가? 수학에서 변수로 사용되는 문자 a, b, ⋯ 등은 상황에 따라 같은 값을 가질 수도 있는데 위의 탐구활동에서 이러한 사실을 어떻게 처리할 것인가? 우정호(1998)는 수학에서 괄호{ }는 일종의 언어적인 표현이므로 그 안에도 언어적인 표현이 들어가야 하며 그 지시하는 대상이 명확하지 않으면 안된다고 말하였다(우정호, 1998, p.132). 학교수학은 a, b, c는 알파벳 a, b, c가 아닌 다른 것을 나타낼 수 있는 변수로 사용되고 있다는 사실 즉, 그것들이 일종의 수학 형식언어로 사용되고 있음을 간과해서는 안된다. 교과서의 정답은 위의 그림 IV-10에 따라 하나의 답을 제시하고 있지만 사실상 문자 a,b,c,d,e,f가 수학에서 변수로 사용되는 형식언어라는 점을 생각할 때 그것들이 경우에 따라 같은 값을 가질 수도 있음을 의식하지 않을 수 없다.

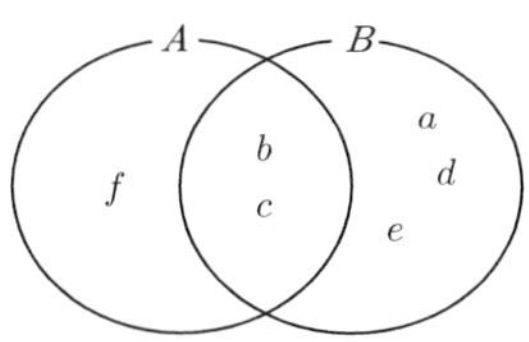

그림 IV-10: 탐구 활동에 대한 벤다이어그램

보기 집합 $A=\{a, b, c\}$.
$B=\{a, b, c, d, e\}$에서 $A\subset B$이고,
$B\not\subset A$

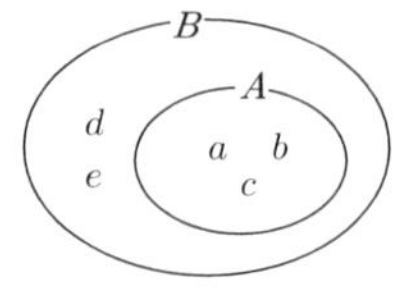

그림 IV-11: 문자로 이루어진 집합 사이의 포함관계
([7-가] 단계'집합과 자연수'단원에서)

등식의 성질

❶ 등식의 양변에 같은 수를 더하여도 등식은 성립한다.

$a=b$이면 $a+c=b+c$

❷ 등식의 양변에서 같은 수를 빼어도 등식은 성립한다.

$a=b$이면 $a-c=b-c$

❸ 등식의 양변에 같은 수를 곱하여도 등식은 성립한다.

$a=b$이면 $a\times c=b\times c$

❹ 등식의 양변을 0이 아닌 같은 수로 나누어도 등식은 성립한다.

$a=b$, $c\neq 0$이면 $\dfrac{a}{c}=\dfrac{b}{c}$

그림 IV-12: 일반화된 표현에서의 문자 a,b,c
([7-가] 단계'문자와 식'단원에서)

위와 같이 경우에 따라 여러 가지 값을 가질 수 있는 수학의 형식언어인 문자 $a, b, c, \cdots$를 집합의 원소로 무의식적으로 자주 사용하게 되면 학생들은 수학에서 사용되는 문자 $a, b, c, \cdots$는 결코 서로 같은 값을 가질 수 없다는 인식을 갖게 될 수 있다. 이러한 생각을 갖게 되면 변수를 다루는 문제 상황에서 $a=b$, $x\in\{a,b,c\}$, $\{a,b,c\}\bigcap\{1,2,3\}\neq\varnothing$와 같은 수학적 표현을 이해하는데 곤란을 겪게 될 수 있는 것이다(우정호, 1998, p.133, pp.243-244). 따라서 문자를 집합의 원소로 사용하는 꾸민 수학의 내용을 교과서에서 자주 다루는 것은 자칫 수학에서의 문자 사용의 유연성에 대한 이해의 결여로 변수 개념의 형성에 곤란을 초래할 수 있다는 사실을 항상 염두에 두고 그 사용에 있어서 신중한 주의를 기울여야 할 것이다(拙稿, 1999, p.26).

위의 탐구활동에 제시된 문제는 $A=\{$나,다,바$\}$, $B=\{$가,나,다,라,마$\}$로 바꾸어도 합집합과 교집합의 원소의 개수에 관한 개념을 똑같이 다룰 수 있다. 이러

한 교수학적인 조치는 학생들이 변수 개념 학습에서 겪는 인지적 어려움을 자연스럽게 방지해 줄 수 있는 세심한 배려인 것이다.

b. 기호 $+a, -a$ 와 변수

[7-가]단계 수학 교과서의 '정수와 유리수'단원에서 기호 $+a$, $-a$는 각각 '플러스 a', '마이너스 a'라고 읽도록 지도하고 있다. 그림 IV-13의 교과서 제시문을 보자.

여기서, +를 양의 부호, −를 음의 부호라고 하며, $\boldsymbol{+a}$와 $\boldsymbol{-a}$는 '플러스 a', '마이너스 a' 라 읽는다.

또, 양의 부호 +가 붙은 수를 **양수**, 음의 부호 −가 붙은 수를 **음수**라고 한다.

● +3은 '플러스 3'으로 읽고, −3은 '마이너스 3'으로 읽는다.

그림 IV-13: 기호 $+a$, $-a$ 의 지도
([7-가]단계 수학교과서의'정수와 유리수'단원에서)

$+a$, $-a$를 각각 '플러스 a', '마이너스 a'라고 읽는 문제는 변수 개념에 대한 인지적 장애를 유발할 가능성이 있다. 더욱이 '+가 붙은 수는 양수'라는 표현에 따라 '$+a$'의 의미를 이해하는 문제는 더욱 어려워진다. 이는 x는 양수이고 $-x$는 음수라고 생각하게 되는 변수에 대한 오개념의 근원이 될 수 있다.

제 6차 교육과정에 이어 제 7차 수학과 교육과정에서도 [7-가]단계 '수와 연산' 영역의 '정수와 유리수' 지도내용에서 <용어와 기호>에 $+a, -a$를 명시적으로 포함하고 있음을 고려할 때, $+a, -a$의 의미에 대한 충실한 지도가 요망된다.

$+a$, $-a$를 각각 '플러스 a', '마이너스 a'라고 읽는 문제는 어떻게 수정되어야 하는가? 교사는 $-a$가 'a와 절대값이 같고 부호가 반대인 수'라는 개념으로 알고 있다. 그것을 '마이너스 a'로 읽는 것은 학생들에게 어떤 의미로 전달되는 것인가?

이에 대한 답을 얻기 위해 미국의 교과서 Addison-Wesley Mathematics Grade 6(1991)의 예시문을 들어보자.

+3은 '양수 3(positive three)', −8은 '음수 8(negative eight)'로 읽는다. +3과 상반인 수(the opposite of +3)는 −3이다(김흥기, 2001, p.145에서 재인용).

Mathematics(1994)에는 다음과 같이 기술되어 있다.

> $-a$를 "음수 a" 또는 "마이너스 a"라고 읽으면 안되고 "a와 반대(상반)인 수"라고 읽는다(같은 책, p.145에서 재인용).

그리고 이에 대한 이유로 수학에서 부호 "$-$"가 다음과 같은 세 가지 의미를 갖고 때문이라고 말하고 있다.

> 기호 $-$는 세 가지로 사용된다.
>
> '마이너스(Minus)'는 뺄셈을 나타내는 조작기호를 나타내기 위해 사용된다.
>
> '음수(Negative)'는 수직선 위에서 원점을 기준으로 왼쪽에 있는 수들을 나타내는데 사용된다.
>
> '상반(Opposite)'은 원점으로부터 같은 거리에 있으나 반대 방향에 위치해 있음을 의미하기 위해 사용된다. 따라서 이는 양수일 수도 있고 음수일 수도 있는 것이다(같은 책, p.146에서 재인용).

그리고 위의 설명에 다른 보기로 다음을 들고 있다.

< $-$기호 사용의 예>

1. $(-2)+(+9)$: 음수(Negative)
2. $-(+6)+(+4)$: 상반(Opposite)
3. $(+4)-(+7)$: 마이너스(Minus)
4. $-x$: 상반(Opposite) → $-$가 변수 앞에 홀로 제시되어 있을 때에 그것은 항상 상반(Opposite)을 나타낸다.
5. $x-y$: 마이너스(Minus) → $-$가 두 개의 변수 사이에 제시되어 있을 때에 그것은 항상 뺄셈(Minus)을 나타낸다.

위의 설명은 $-x$ 기호의 올바른 사용을 강조하고 있다. 기호 $-x$는 "x와 반대(상반)인 수"로 읽어야 하며 "음수 x" 나 "마이너스 x"로 읽어서는 안된다는 것이다. 이렇게 하여야 만이 수학에서 접하는 여러 가지 많은 혼란을 덜 수가 있는 것이다. 이러한 설명에 비추어보면, 현재 우리나라 [7-가]단계 수학 교과서에서 $+a$, $-a$를 여전히 '플러스 a', '마이너스 a'라고 읽는 문제는 재고의 여지가 있음이 틀림없다.

c. 방정식과 변수

2차 교육과정기(1963년~1973년)에 사용된 교과서에서 변수라는 용어는 2학년 등식과 부등식 단원에서 처음 등장하는데 다음과 같이 변수는 그 용어에 대한 정의 없이 방정식의 해에 대한 자리지기의 개념으로 곧바로 도입되고 있다.

> 방정식에 들어있는 문자를 미지수 또는 변수라 한다(이성헌, 1967, p.50).

3학년 방정식 단원에서는

> 이차방정식을 성립시키는 미지수(변수)의 값을 근이라 한다(이성헌, 1973, p.96).

라는 표현으로 미지수는 곧 변수라는 것을 명시적으로 강조하고 있다. 또한

> 변화하는 두 수량 x, y중 x의 값이 정해지면 그에 대응하여 y의 값이 단 하나로 정해지는 관계가 있을 때, y는 x의 함수라고 하고……(중략)
> 위에서 x, y를 변수라고 한다. 특히, x를 독립변수, y를 종속변수라고 한다(이성헌, 1967, p.119).

와 같이 변수를 함수 단원에까지 확장하여 사용하면서 변수를 함수 관계에서의 변하는 양을 나타내는 개념으로 다루고 있다. 그러나 방정식의 미지수로 변수로 설명하는 것은 제2차 교육과정기의 교과서에서만 발견할 수 있는 특징이다.

제2차 교육과정 이후에는 모든 교과서에서는 변수를 함수의 관계식에서 나타나는 문자로 도입하고 있다. 제7차 교육과정에 따른 [7-가]단계의 교과서에서도 마찬가지이다. 오른쪽 그림 IV-14에 제시된 바와 같이 방정식에서 사용된 문자변수도 미지수라는 용어로만 설명하고 있을 뿐이다.

방정식에서의 x는 방정식의 해가 되는 것을 찾기 위해서 여러 가지 수를 대입해 볼 수 있다는 사실에 의해 변수 개념으로 파악된다. 그러나 교사들은 일차방정식에서 x는 단 하나의 값을 갖기 때문에 x가 변하지 않고 고정된다는 생각을 하여 그것을 상수로 보고 이러한 생각을 확장하여 n개의 해를 갖는 n차 방정식의

경우에서도 x를 상수로 취급하고 있는 것이다. 그들의 생각은 방정식에서 미지수로 사용되는 x는 이미 정해져 있는 것이기 때문에 변수가 될 수 없다는 것이다. 이러한 생각에는 모순이 있다. 첫째, 방정식에서 n개의 값을 갖는 문자를 변수로 여기지 않으면서 실제 그들은 변수를 여러 가지 값을 갖는 문자라고 생각하고 있다. 둘째, 근을 하나 갖는 일차방정식에서는 x의 값이 하나이기 때문에 그것을 상수로 보는 것이 언뜻 생각하기에는 옳은 것 같지만 일차방정식을 확장하여 생각해보면 경우가 달라진다. 일차방정식 $ax+b=0$에서 $a=0$이고 $b=0$인 부정방정식의 경우를 예로 들어보자. 이 일차 방정식은 무수히 많은 해를 가지기 때문에 이 경우 x가 갖는 값도 하나가 아니라 모든 실수가 되는 것이다.

등식 $x-12=332$와 같이 x의 값에 따라 참이 되기도 하고, 거짓이 되기도 하는 등식을 x에 대한 **방정식**이라고 한다. 이 때, x를 **미지수**라 하고, 방정식을 참이 되게 하는 미지수 x의 값을 그 방정식의 **해** 또는 **근**이라고 한다.

또, 방정식의 해를 구하는 것을 방정식을 푼다라고 한다.

예를 들어, 등식 $x-12=332$는 방정식이고, 이 방정식의 해는 $x=344$이다.

1 x가 집합 $\{-1, 0, 1, 2\}$의 원소일 때, 다음 방정식의 해를 구하여라.

(1) $3x+1=-2$　　(2) $-x-1=x-5$

그림 IV-14: [7- 가]단계의 방정식 지도 내용

위의 결과를 보면 학교수학에서 방정식에서 미지수로 사용되는 문자의 의미에 대한 일관된 해석을 해야 할 필요성이 느껴진다. 교사와 학생들 모두 방정식에서 미지수로 사용되는 문자는 이미 정해져 있는 몇 개만의 값을 대신하는 것으로 보는 경향이 있는데 이러한 생각은 문제 상황의 결과적 측면 즉, 방정식의 풀이 결과에 국한된 생각이라고 할 수 있다.

'미지수(변수)' 또는 '변수인 미지수'라는 표현은 미지수가 변수의 한 측면이고 미지수로 사용된 문자를 변수로 부를 수 있음을 강조하는 것으로써 문자변수의 변화성을 드러내면서 변수에 대한 개념 이미지를 명확히 해주는데 교수학적으로 도움이 되는 것이다.

② '규칙성과 함수' 영역에서의 변수

a. '함수' 지도 관점과 변수

변수 개념지도와 관련하여 제7차 교육과정에서 주목해야 할 부분은 함수 개념 도입의 변화이다. 우리나라 제6차 교육과정까지 중학교 1학년에서의 함수는 '두 집합 사이의 원소 사이의 대응 관계'로 정의되었다. 그러나 제7차 교육과정의 7단계에서 함수는 '변화하는 두 양 사이의 관계'로 정의되면서 동시에 정비례나 반비례 등의 비례관계를 이용하여 도입된다.

우리나라 제3차 교육과정이후부터 제6차 교육과정까지 유지되었던 대응 관점의 함수 정의는 현대 수학적인 경향을 지나치게 추상적인 방식으로 지적되어 온 바, 학생들에게 보다 친숙하게 수용될 수 있고 실생활과 관련을 짓기도 용이한 비례와 변화의 관점으로 함수의 정의가 달라진 것이다. 개념을 도입하는 관점의 변화는 교육 내용의 양이라는 측면에서는 변화를 주지 못하지만 학생들이 좀 더 자연스럽게 받아들일 수 있는 방식으로 도입되기 때문에 내용의 난이도는 다소 낮아졌다고 할 수 있다(박경미, 2000, p.39).

제7차 교육과정에서 대응 관계로 도입하던 함수 개념을 비례 관계를 이용하여 도입하는 것은 함수의 개념이 종속에서 대응으로 발달해 왔다면 종속에서 대응의 순서로 함수를 지도하는 것이 학생들이 함수를 받아들이고 이해하는데 더욱 효과적이라는 생각을 반영하고 있는 것이다.

함수의 정의가 '두 집합 사이의 원소 사이의 대응 관계'에서 '변화하는 두 양 사이의 관계'로 변화된 것은 변수 지도에 어떠한 영향을 주는 것인가? '학생들에

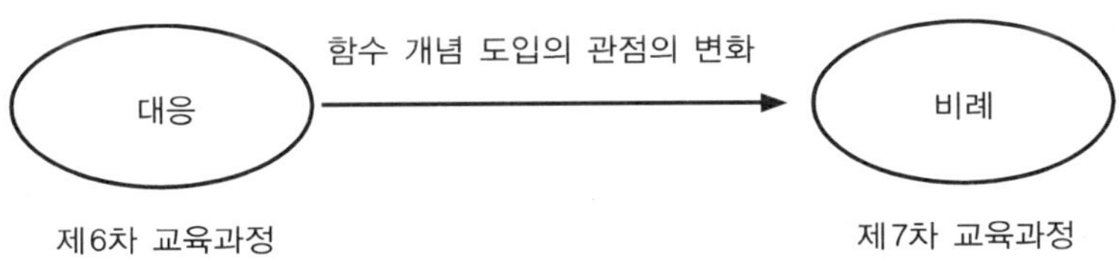

그림 IV-15: 함수 개념 도입의 관점의 변화

게 보다 친숙하게 수용될 수 있고 실생활과 관련을 짓기도 용이한 비례와 변화의 관점'이라는 위의 설명에 비추어 보면 변수의 본질을 '실제적으로 변화하는 것' 즉 '변하는 대상'으로 변수를 다루겠다는 의도가 깔려있다고 볼 수 있다.

〈7-가 단계〉

(다) 규칙성과 함수

1 함수와 그래프

① 정비례 관계와 반비례 관계를 이해하고, 그 관계를 식으로 나타낼 수 있다.

② 함수의 개념을 이해한다.

③ 순서쌍과 좌표를 이해한다.

④ 함수의 그래프를 그릴 수 있다.

2 함수의 활용

① 함수를 실생활 문제에 활용할 수 있다.

〈용어와 기호〉 정비례, 반비례, 함수, 정의역, 공역, 함수값, 치역, 변수, 좌표, 순서쌍, x좌표, y좌표, 원점, 좌표축, x축, y축, 좌표평면, 제 1, 2, 3, 4 사분면, 함수의 그래프, $y=f(x)$

〈학습 지도상의 유의점〉

① 생활 장면에서 변화하는 두 양을 조사하여 비례 관계를 이해하게 한다.

② 함수 개념의 도입은 비례 관계를 이용한다.

[심화과정]

① 실생활의 다양한 소재에서 함수관계가 있는 것을 찾아보고, 이를 식으로 나타낼 수 있다.

그림 IV-16: 제7차 수학과 교육과정에 제시된 [7-가] 단계 수학의 함수부분(교육부, 1997, p.68)

자연현상에서 일어나는 사건을 통해 규칙성을 얻는 활동은 이 영역의 가장 기초적인 학습 활동이며 아울러 변수와 변역의 개념에 대한 학습 활동도 동시에 이 활동에 포함된다(서울특별시교육청, 2000, p.224).

함수, 변수가 다루어지는 '규칙성과 함수'영역에 대한 위의 교육청 자료내용을 보면 자연현상에서 일어나는 사건을 통해 함수를 도입하는 것을 기본전제로 하고 있으며 이 역시 '실제적으로 변화하는 것' 즉 '변하는 대상'인 변수의 본질을 강조하고자 함이 내포되어 있는 것이다.

제7차 교육과정에서의 변수 지도는 '변하는 대상'으로서의 변수의 본질을 부각시키려는 의도가 강하며 이는 제1, 2차 교육과정의 지도 특징과 비슷하지만 다루는 문제 상황은 그 때 보다 훨씬 다양하고 현실적인 측면을 고려하여 제시하고자하는 것으로 파악된다. 이는 <학습 지도상의 유의점>에서 명시적으로 밝히고 있는 항목 즉, '① 생활 장면에서 변화하는 두 양을 조사하여 비례 관계를 이해하게 한다'에서 더욱 분명하게 드러난다.

또한 함수 도입에 이용하는 정비례와 반비례의 개념은 제 6차 교육과정에서는 초등학교 6학년에 제시되었던 내용으로써 그것을 중학교 1학년 단계(7 단계)에서 다루기로 한 것은 좀 더 초등화된 내용을 통해 함수를 다루게 함으로써 학생들에게 실제적으로 변화하는 양상을 보이고자 하는 뚜렷한 시도가 엿보이는 것이다.

b. 변수 개념 정의 비교

제7차 교육과정에 의한 중학교 [7-가] 수학 교과서 13종(각 교과서의 구분을 편의상 A~M으로 칭함) 및 교사용지도서 13종을 검토하여 변수 개념 정의를 비교하여 본다. 여기서는 13종 교과서와 교사용 지도서의 내용에서 변수 개념이 명시적으로 다루어진 변수의 정의 부분과 변수가 명시적으로 다루어지진 않았지만 변수 개념을 함의하고 있는 내용들(함수 개념 정의, 함수 단원 도입 내용)을 발췌하여 보았다.

모든 교과서에서 공통적으로 관찰되는 특징은 함수 단원을 도입할 때의 설명이나, 학습 목표상의 진술 또는 지도상의 유의점에서 변수의 의미를 '변화하는 양'으로 다루고 있다는 것이다. 좀 더 자세히 설명하면 '우리 생활 주변에서 서로 관련을 가지고 변화하는 양', '관계를 가지면서 변화하는 것', '생활 장면에서 변화하는 두 양' 이라는 표현으로 '변하는 대상'으로서의 변수의 본질을 부각시키고 있다. 그러나 변수 정의를 도입하는 시기와 변수 정의의 내용은 13개 교과서에서 서로 상이하게 관찰된다. 표 IV-15의 변수 정의 내용을 비교 분석한 것이 표 IV-16이다.

표 IV-16의 내용을 보면 우리나라 교과서에서 변수에 대한 개념 정의가 일관된 표현으로 다루어지고 있지 못함을 관찰할 수 있다. 또한 변수 값의 변화의 강조점을 주목해 보면 변수 개념을 도입하는 문제 상황이 실세계의 변하는 대상인 경우도 있고, 그렇지 않은 경우도 있음을 쉽게 파악할 수 있다.

변수가 함의하고 있는 '변화'의 의미는 실세계의 변하는 대상에서 가장 생명력 있게 그리고 가장 자연스럽게 나타난다. 변수의 변화성은 그 변화가 동적일 때 가장 생생하게 경험될 수 있는 것이다. 실세계의 변하는 대상에 대한 풍부한 경험은 변수라는 형식적 개념이 형성되기 전의 발생 상태를 경험하게 하여 변수에 대한 아이디어를 제공하는 원천이 된다.

표 IV-15 : [7-가]단계 수학 교과서 분석

교과서 구분	함수단원도입내용	변수 정의 도입 시기	변수 개념 정의	함수 개념 정의
A	우리 생활 주변에는 **서로 관련을 가지고 변화하는 양**들이 많이 있다. 이를테면, 편지의 우편요금은 무게에 따라 달라지고, 기차 요금은 거리에 따라 달라지며, … 또, 달린 거리는 시간에 따라 달라지고… 어떤 **변화하는 두 양** 사이의 관계 중 특별한 규칙을 가지는 관계를 함수라고 한다. (p.136)	정비례, 반비례 → **변수 정의** → 함수 도입	[용기에 물을 넣을 때 x 분 후의 수면의 높이 y의 관계식 유도; $y=2x$] $x=1,2,3,\cdots$ $y=2,4,6,\cdots$ **과 같이 여러 가지 값을 가질 수 있는 문자를 변수**라고 한다(p.144).	또한 **두 변수 x, y에 대하여** x의 값이 정해지면 이에 따라 y의 값이 단 하나 정해지는 관계가 있을 때, y를 x의 함수라고 한다 (p.144)
B	달린 시간과 달린 거리의 관계처럼 우리의 생활주변에는 **함께 변하는 두 개의 양**이 서로 관련되어 있는 것이 많다. … 이들 양 사이의 관계를 식으로 나타내어 그 성질을 공부하고 이를 바탕으로 함수개념을 공부한다(p.134).	**변수 정의** → 정비례, 반비례 → 함수 도입	[지하철 승차권 x 장과 요금 y 원 과의 관계식 유도; y=600x] **x=1, 2, 3, …이면 y=600, 1200, 1800, … 위의 x, y 와 같이 여러 가지 값을 취하는 문자를 변수라고 한다**(p.135).	**함께 변하는 두 변수 x, y에 대하여** x의 값이 정해지고 그에 대응하는 y의 값이 하나로 결정될 때, y는 x의 함수라고 한다 (p.140)
C		정비례 → **변수 정의** → 반비례 → 함수 도입	정비례 관계를 나타내는 식 $y=ax$에서 **x, y와 같이 여러 가지 값을 취할 수 있는 문자를 변수라고 한다**(p.135).	**어떤 변수** x의 값이 하나 정해지면 변수 y의 값이 하나로 정해질 때, y는 x의 함수라고 하고, … (p.140)
D		정비례, 반비례 → 함수 도입 → **변수 정의**	[자기 번호의 2배의 수가 적힌 카드 선택상황; 학생의 번호를 x, 카드의 숫자를 y] **x, y와 같이 여러 가지로 변하는 값을 나타내는 문자를 변수라고 한다**(p.123).	학생의 번호를 x, 카드의 숫자를 y라고 하면, $y=2x$ 인 관계식을 얻을 수 있다. 이와 같이 변하는 두 양 **x, y에서** x의 값이 정해지면 y의 값이 오직 하나씩 결정되는 것을 함수라 하며… (p.123)
E	우리 주변의 사건이나 자연현상을 살펴보면, **관계를 가지면서 변화하는 것**을 찾아볼 수 있다. 이와 같은 사건이나 현상의 상호관련성을 설명하려는 노력에서 함수라는 개념이 생겨났다. (p.139)	**변수 정의** → 정비례, 반비례 → 함수 도입	[한 변의 길이가 x cm인 정사각형의 둘레의 길이 y cm: y = $4x$] 여기서 **변하는 양을 나타내는 문자 x, y를 변수라고 한다**(p.140).	일반적으로 변하는 두 양 **x, y에 대하여** 변수 x의 값이 정해짐에 따라 변수y의 값이 오직 하나로 정해질 때, y는 x의 함수라 한다 (p.145)
F	우리가 일상생활에서 대하는 것 들 중에는 **두 가지 양이 서로 관련되어 변하는** 즉, 어떤 한 가지 값이 변하면 다른 값도 그에 따라 변하는 것이 많이 있다. 17세기 경 이렇게 **변화하는 두 가지 양**의 관계를 나타내는데 쓰이는 효율적인 방법으로 함수가 도입되었다(p.134).	정비례, 반비례 → **변수 정의** → 함수 도입	[창문의 열린 부분의 가로 길이를 $x$cm, 열린부분의 넓이를 $y$cm] 문자 x, y는 **여러 가지로 변하고 있는 수량**을 나타내게 된다. 이러한 x, y와 같이 **변하고 있는 여러 가지 값을 나타내는 문자를 변수라고 한다**(p.141).	앞의 정비례 관계에서와 같이 두 변수 **x, y에 대하여** x의 값이 결정되면 이에 다라 y의 값이 하나로 결정될 때, y를 x의 함수라 하고, … (p.142)
G	달리는 속력에 따라 공기저항의 변화를 수학적으로 표현할 수 있을까? 달리는 속력과 공기저항처럼 **함께 변하는 두 양** 사이의 관계를 알아보는데 쓰이는 도구가 바로 함수이다(p.139).	정비례, 반비례 → **변수 정의** → 함수 도입	[x분 동안에 잰 총 맥박수 y의 관계식 유도] 이 때 **x, y와 같이 여러 가지 값을 가질 수 있는 문자를 변수라고 한다**(p.144).	두 변수 **x, y에 대하여** x의 값이 결정됨에 따라 y의 값이 하나로 결정될 때, y를 x의 함수라고 한다(p.144)
H	우리 생활 주변에는 어떤 하나가 변하면 그와 관련있는 다른 것도 변하는 규칙적인 현상을 흔히 볼 수 있다.……이와 같이 **규칙적으로 변화하는 두 수량** 사이의 관계를 관계식, 표, 그래프 등으로 나타내면 이들의 변화 관계를 쉽게 알아볼 수 있다(p.144).	정비례, 반비례 → **변수 정의** → 함수 도입	[x 분 동안 수족관에 넣은 물의 양 y L의 관계식 유도] x는 0, 1, 2, 3, … 10 과 같이 여러 가지 값을 가질 수 있고, 또 y도, … 이 때, **x, y 와 같이 변화하는 여러 가지 값을 가지는 문자를 변수라고 한다**(p.152).	**변화하는 두 양 x, y에 대하여** 변수 x의 값이 하나 정해지면, 그에 따라 변수 y의 값이 하나씩 정해지는 관계가 있을 때, 이 관계를 y는 x의 함수라고 하며…(p.154)

그러나 학교수학에서 실세계의 변하는 대상을 '다루는' 과정은 그리 간단치는 않다. 그 이유는 실세계의 변하는 대상이라는 것이 대부분 시간에 종속하여 연속적으로 변하는 속성을 가지고 있기 때문이다. 속도, 온도, 거리, 나이 등은 모두 시간에 따라 연속적으로 변하는 변수인 것이다. 이러한 대상들은 측정치로 표현되면 불연속적으로 변하는 변수로 취급된다. 거리나 시간, 온도 등이 개념적으로는 연속적이라 하더라도 그들의 측정치는 불연속적일 수밖에 없는 것이다. 예를 들면 1분 간격으로 온도를 측정하여 이를 수치로 나타낸다면 온도는 불연속적인 변수로 지각되는 것이다. 측정 행위 혹은 대입 행위는 항상 불연속적으로 이루어지기 때문에 연속적으로 변하는 것에 대한 개념에 접근해 가는 데에는 많은 어려움이 존재한다. 변하는 대상이 변수라는 조직 수단에 의해 수학적으로 처리될 때에는 그 변화의 양상을 파악하는 단계에서 항상 측정 행위가 개입되기 때문에 사실상 연속이라는 속성이 가려지기 쉬운 상황이 벌어지게 되어 변수의 본질이 갖는 고유의 속성이 보존되지 않게 되는 것이다. 변수의 본질과 그 표현 밑에 깔려 있는 이러한 미묘한 점들이 어쩌면 학생들이 변하는 대상으로서의 변수의 본질을 이해하는데 영향을 주고 있는지도 모른다(Leinhardt et al., 1990, p.23). 그렇다고 변수를 변하는 대상으로부터 경험시키는 것이 불가능한 것은 아니다.

오히려 함수의 개념을 '종속'으로 다루고 변수를 '변하는 대상'으로 경험시키려는 의도가 깔린 제 7차 교육과정의 수학 학습 지도에서는 학생들에게 변수 개념을 형성시키는데 위와 같은 어려움을 학습에 도입하여 그 특징을 적극적으로 이용할 수 있다. 변수가 수학적으로 처리될 때 변하는 대상의 속성이 불가피하게 전환되는 위와 같은 과정을 학습자에게 뚜렷하게 의식화시킬 수 있다면 변수가 어떠한 필요성에서 소생한 것인지에 대한 즉, '수학적인 처리 수단을 이용한 변화하는 세계의 설명'이라는 그 개념 발생의 근원에 대한 이해를 한층 더 심화시켜줄 수 있을 것이다.

그러나 표 IV-16에 제시되어 있듯이 제 7차 교육과정에 따른 교과서의 변수 도입 내용과 정의 표현을 분석해 보면 연속적으로 변하는 실재인 시간이나 길이 등에 대하여 그들의 불연속적인 측정치를 가지고 몇 개의 값을 대입, 계산하여 종속된 또 다른 값을 정확히 구해내는 계산 과정을 강조하고 있거나, 아니면 변하는 대상의 의미가 가려진 불연속적인 소재를 선택하여 제시하거나 심지어는 표 IV-16의 8의 경우처럼 집합론적인 접근을 시도함으로써 변수의 근원에 대한 학생들의 이해를 심화시키기 위한 보다 신중한 노력이 관찰되고 있지 못하는 것이다.

표 IV-16 : [7-가] 단계 수학 교과서 13종의 변수 개념 정의 석

구분	변수값의 유형 / 변수 정의	변수값 변화의 강조점		
		불연속적	소재는 연속적이나 불연속적인 값을 강조	연속적
1	여러 가지 값을 갖는(취하는) 문자	B, G	A	C
2	변하는 양을 나타내는 문자			E, M
3	변화하는 여러 가지 값을 가지는 문자		H	K
4	여러 가지 값을 대신하는 문자			I
5	여러 가지 값을 나타내는 문자			F, J
6	여러 가지로 변하는 값을 나타내는 문자	D		
7	여러 가지로 변하고 있는 수량			F
8	어떤 집합에 속하면서 여러 값을 가지며 변하는 문자	L		

c. 변수 개념 도입 시기

표 IV-15~16을 보면 변수 개념 도입의 시기가 교과서별로 차이가 있음을 쉽게 알 수 있다. 제7차 교육과정에 의한 [7-가]단계 교과서 13종을 변수 도입 시기와 관련하여 구분하여 보면 다음과 같이 네 부류로 대분된다.

변수 정의 → 정비례, 반비례 → 함수 도입 : 2개 교과서
정비례 → **변수 정의** → 반비례 → 함수 도입 : 2개 교과서
정비례, 반비례 → **변수 정의** → 함수도입 : 6개 교과서
정비례, 반비례 → 함수도입 → **변수 정의** : 3개 교과서

이렇게 개념 정의의 도입시기가 다른 것은 무엇을 의미하는가? 쉽게 생각할 수 있는 것은 변수의 개념 정의가 반드시 함수 개념 정의와 같이 등장할 필요는 없다는 것을 함의하는 것은 아닌가? 즉, 함수 개념이 다루어지기 이전에 변수가 먼저 정의되는 작업이 그리 어려운 것이 아님을 의미하는 것이 아닌가? 물론 변하는 대상으로서의 변수의 본질이 함수 개념과 더불어 명확하게 다루어지는 것은 필요하다. 그러나 다가이름으로서의 변수의 본질을 학교수학에서 간과할 수 없다는 것을 생각할 때 앞에서 논의한 문자변수의 사용과 관련하여 변수의 개념정의를 보다 이른 시기에 도입하는 것도 생각해 볼 수 있지 않은가? 일반화된 표현에서의 문자 변수의 의미와 그 사용법에 대한 지도가 소홀히 이루어지고 있는 현재의 상황에서 변수의 변화성을 좀 더 이른 시기에 명확히 드러내고 지도할 수 없

는가의 문제가 좀 더 깊이 논의될 필요가 있다고 생각된다.

변수 개념을 도입할 때 '변하는 대상'으로 먼저 접근할 것인가 '다가이름'으로 먼저 접근할 것인가는 쉽게 결정될 수 있는 문제는 결코 아니다. 어느 경우든 '변하는 대상'과 '다가이름'의 두 가지 본질을 파악할 수 있게 하는 것이 중요하다. 제 7차 교육과정에서도 다시 '종속'을 함수의 본질로 파악하기로 한 것도 함수가 본래 '두 변수사이의 종속'을 조직하는 수단으로 생겨났다는 그 발생의 맥락을 고려한 것이라고 볼 수 있다. [7-가] 단계에서 함수의 본질을 종속으로 파악하게 하고, [10-나] 단계에서 다시 대응으로서의 함수의 본질을 경험하게 하는 것(교육부, 1997, p.93)과 유사하게 변수의 지도도 '변하는 대상'으로서의 접근에서 '다가이름'으로의 접근으로 나아가는 것이 그 개념의 발생적 상황에 따르는 자연스런 지도 순서라고 생각한다. 즉, 변수 개념은 그 개념이 발생한 맥락과 연관 지어 보았을 때 '변하는 대상'으로서 먼저 경험하는 것이 자연스럽다고 생각되는 것이다.

그러나 현재의 교과서는 '다가이름'으로 사용되는 문자변수를 함수 단원 이전에 교과서 곳곳에서 다루고 있기 때문에 변수에 대한 지도에 어려움이 발생한다. 분명한 것은 학생들은 수학의 언어인 문자 변수를 그 개념이 정의되기 이전에 너무나 많은 학습 상황에서 무의미한 형식적 문자로 경험하고 있다는 것이다.

이상의 내용을 종합해 볼 때, 학교수학의 내용 중에는 변수가 명시적으로 다루어지는 내용이 아닐지라도 변수 개념 형성에 상당한 영향을 줄 수 있는 교수-학습 상황이 많이 있음을 알 수 있다. 또한 함수 개념의 도입 관점에 따른 변수 개념의 접근 방식의 문제에 대해서도 교사들의 연구와 지도 방안에 대한 고민이 필요하다. 변수 개념 지도와 관련하여 대수적 언어의 교수-학습 상에서 쉽게 관찰되는 결함과 그 동안 무의식중에 간과되어왔던 지도상의 문제점들이 무엇인지가 명확히 파악되면 올바른 변수 개념의 지도를 위한 교수방법의 개선에 관한 연구가 활발히 이루어질 수 있을 것이다.

V.

변수 개념의 학습 – 지도 방향 탐색

변수 개념은 자리지기라는 하나의 포괄적 개념 아래 실제적 변화와 가상적 변화라는 상이한 의미를 가지는 복합 개념으로서 그 본질은 변하는 대상과 다가 이름의 두 가지로 정리된다. 그리고 이 두 가지 본질은 실제 수학의 문맥에서 여러 가지 방식으로 사용되고 있고, 변수로 사용되는 문자의 의미는 수학적인 사용 방식에 따라 구분되어 이해된다. 따라서 변수는 하나의 패러다임으로 지도될 수 있는 단일차원의 개념이 아니라 몇 가지의 패러다임을 통해서 다각도로 접근되어야 그 풍부한 의미가 살아날 수 있는 다차원적인 개념이라고 말할 수 있다. 그러나 학생들이 변수를 어떻게 인식하고 있고 어떠한 방법으로 사용하고 있는가에 대해 조사한 선행 연구에서 밝히고 있듯이 학생들은 변수의 본질을 깨닫고 있지 못하는 것은 물론이거니와 변수 개념의 다양한 의미와 변수의 표현 및 변수를 사용하는 방식에 대한 이해가 빈약한 상황에서 단지 변수를 형식적 조작의 대상으로 다루고 있음이 드러났다. 본 책에서는 이러한 현상에 대한 원인을 찾아보고 변수에 대한 학생들의 개념적 이해를 꾀하는 구체적인 지도 방안을 제시하기 위해, 우선 그 동안 이루어져 온 변수 개념 지도의 실태를 파악하고 문제점을 발견하여 그에 대한 대안을 마련하려는 시도를 하였다. 교사의 변수 개념에 관한 조사와 교과서 분석을 실시하여 실제로 학교수학에서 변수 개념의 본질이 교사와 교과서에 의해 얼마나 의미 충실하게 다루어지고 있는가를 알아보았다. 그 결과 대부분의 교사들이 극히 제한된 변수 개념을 가지고 있으면서 학생들을 지도할 때에도 자신의 불완전한 변수 개념을 반영하면서 변수를 몇 가지 예를 통해 도입하고, 간략한 설명에 의존하는 수준에 그치고 있으며, 교과서에서는 여러 가지 수학적 상황에서 변수가 암묵적으로 사용되기만 할 뿐 그 개념이 본질에 입각하여 의미 있게 다루어지고 있지 못하다는 사실이 드러났다. 이러한 상황에서 학습자의 올바른 변수 개념 형성을 꾀하는 것은 지나친 바람일 뿐만 아니라 가능한 일도 아닐 것이다. 그렇다면 변수 개념의 진정한 '이해'를 목적으로 하는 지도 방법은 어떠한 출발점 상에서 어떠한 방법으로 진행되어야 하는가?

기존의 수학 교과서에서는 변수 개념의 본질을 인정하고 그 본질을 강조하여야 한다는 점에는 동의하고 있는 것으로 보이나, 알고리즘적 사고와 계산 패턴의 인식을 강조하는 수학교육 환경 하에서 한정된 지면과 부족한 시간 속에서 변수 개념의 본질을 극명하게 드러내는 데에는 역부족이었던 것으로 생각된다. 따라서 변수 개념의 지도는 형식주의적 지도 방식에 따라 진행될 수밖에 없었다는 사실은 필연적인 결과이었는지도 모른다. 따라서 의미 풍부한 변수의 심층은 가려지고 자리지기라는 변수의 표층만이 드러난 채 변수는 형식적 조작의 대상으로 취급되어 왔다. 그리고 그러한 지도방식 아래 교육을 받아온 교사의 변수 개념 이해 상태가 그리 만족스럽지 않다는 것이 드러났고, 그러한 교사의 지도 아래 변수 개념을 학습해 온 학생들 역시 변수를 올바로 파악하고 있지 못하다는 것이 조사결과에 의해 확인되었다. 결국 변수 개념의 올바른 이해를 위해서는 기존의 지도방식이 적절히 보완, 수정되어야 할 것이다. 이 책에서는 기존의 형식주의적 지도방식에 대한 대안으로 수학적 사고의 재발명 방법을 제시하면서 변수 개념의 역사 발생적 지도 방식의 도입을 주장하고자 한다. 개념 '이해'에 있어서 역사 발생적 지도 방식이 가지는 이점에 대하여는 Fischer의 열린 수학과 Freudenthal의 수학교육 이론에 대한 고찰을 통해 이미 II장에서 충분히 언급한 바 있다. 따라서 본 장에서는 변수 개념의 역사 발생적 지도 방향에 입각한 변수 개념 지도의 일반적인 방향을 제시하고 그에 따른 지도의 구체화 다시 말하면, 제시된 일반적인 방향이 어떤 수준에서 어떠한 형태로 구체화되어야 하는가에 대한 문제를 다루어 보고자 한다. 그러나 아래에 제시하는 구체적인 방안들이 현재 학교수학에서 그대로 재현되기란 쉬운 일은 아닐 것이다. 그것은 시간 부족, 학생 수와 지도내용의 과다 등의 현실적인 문제가 뒤따르기 때문이다. 소수의 학생들을 대상으로 하고 충분한 시간이 주어지지 않는다면 사실상 개념 지도가 재발명 방법에 의해서 충실히 이루어지기란 불가능하다. 그러나 이 책에서 주장하는 것은 현실적 상황에 미루어 변수 개념의 형식주의적 지도 방식을 탈피하기 어렵다고 할지라도 교과서나 교사는 역사 발생적 지도 방식의 구현을 시도하는 끊임없는 노력을 해야 한다는 것이며 그러한 지도 방식이 구체적으로 교과서 내용을 구성하거나 교사의 지도 방식을 결정하는데 적극적으로 반영될 수 있어야 한다는 것이다.

1. 변수 개념의 지도 방향

변수 개념 지도의 출발점은 말할 필요도 없이 그 본질에서부터 시작하여야 한다. 이미 제II장에서도 언급하였듯이, 학습자가 변수 개념을 이해한다는 것은 변수 개념의 핵심 원리를 수단으로 하여 변수로 조직될 필요가 있는 현상을 볼 수 있는 안목을 가지고 있다는 것을 말한다. 현상을 볼 수 있는 안목이라는 것을 구체적으로 해석하면, 변하는 대상을 포함하고 있는 문제 상황 속에서 '변하는 대상'을 변수 개념으로 포착하고 필요한 경우 그것으로 문제 상황을 수학적으로 조직해 나갈 수 있다는 것이다. 여기서 개념의 핵심 원리라는 것은 Bruner에 의하면 지식의 구조, Freudenthal에 의하면 본질로 설명되는 것이다. 개념의 본질은 개념의 구체적인 사례들을 의식적 혹은 무의식적으로 반복하여 접하는 과정에서 포착되는 것이 아니라 개념의 핵심을 반영하고 있는 문제 상황을 능동적으로 해결해 가는 과정 속에서 인식될 수 있는 것이다. 이러한 맥락에서 보면, 지나치게 간략화된 변수 정의와 함께 수학적 문제 상황 속에서 변수 기호가 되는 문자를 단순히 제시하는데 그치는 기존의 지도 방식은 개선될 필요가 있다고 생각된다. 이 책에서는 변수 개념의 본질로부터 출발하여 변수 개념의 발생적 배경을 중요시하고 변수 개념을 형성해 가는데 있어서 학습자의 풍부한 경험과 능동적인 참여를 강조하는 역사 발생적 지도방식에 입각하여 다음의 다섯 가지 변수 개념 지도 방향을 제안하고자 한다.

첫째, 실세계의 변하는 대상에 대한 풍부한 경험이 제공되어야 할 필요가 있다. 변수가 함의하고 있는 '변화'의 의미는 실세계의 변하는 대상에서 가장 생명력 있게 그리고 가장 자연스럽게 나타난다. 변수의 변화성은 그 변화가 동적일 때 가장 생생하게 경험될 수 있는 것이다. 실세계의 변하는 대상에 대한 풍부한 경험은 변수라는 형식적 개념이 형성되기 전의 발생 상태를 경험하게 하여 변수에 대한 아이디어를 제공하는 원천이 된다. 따라서 학습자는 변수 개념의 '발생 상태'로 돌아가서 그 개념 발생의 맥락과 연결되어 있는 관계를 이해하게 되고 그러한 이해를 바탕으로 변수를 의미 있게 사용할 수 있는 기회를 얻게 되는 것이다. 이러한 사실은 형식화된 수학이 아닌 '발생 상태의 수학'에서 학습자가 개념의 아이디어의 배경과 상호작용하는 과정을 중요시하는 Fischer(1984)의 열린 수학 개념이 뒷받침한다.

실세계의 변하는 대상에 대한 경험에서 중요한 것은 교사가 학습자에게 단지 변하는 실세계의 현상을 제공하는 단계에서 그치는 것이 아니라 그들로 하여금 변화의 특징을 파악하도록 하는 기회를 마련해 주는 것이다. 이는 학습자가 주목해야 할 대상이 어떠한 관계 속에서 어떻게 변하여 가는지 이해하여야 함을 말하는 것이다. 이러한 이해를 바탕으로 학습자는 변하는 대상의 존재뿐 만 아니라 그것이 변수로 조직되어 수학적으로 표현되었을 때 수학적 문맥에서 변수가 갖는 의미를 실세계의 현상과 관련지어서 명확하게 인식할 수 있는 것이다. 실세계의 변하는 대상에 대한 풍부한 경험은 변수를 이용하여 생활 주변에서 발견되는 변하는 현상을 수학적으로 해석해 보는 경험으로 연결되고 이는 다시 변수 개념을 실생활에 적용하게 하는 밑거름이 된다는 이점도 있다. Freudenthal은 덜 형식화된 학교수학의 수준에서는 실세계에서 수학을 이해하고 응용하기 위해서 변하는 대상과 교수학적으로 필연적으로 연결될 수밖에 없다는 것을 강조하고 있다(Freudenthal, 1983, p.494).

그러나 학교수학에서 실세계의 변하는 대상을 '다루는' 과정은 그리 간단치는 않다. 그 이유는 실세계의 변하는 대상이라는 것이 대부분 시간에 종속하여 연속적으로 변하는 속성을 가지고 있기 때문이다. 속도, 온도, 거리, 나이 등은 모두 시간에 따라 연속적으로 변하는 변수인 것이다. 이러한 대상들은 측정치로 표현되면 불연속적으로 변하는 변수로 취급된다. 거리나 시간, 온도 등이 개념적으로는 연속적이라 하더라도 그들의 측정치는 불연속적일 수밖에 없는 것이다. 예를 들면 1분 간격으로 온도를 측정하여 이를 수치로 나타낸다면 온도는 불연속적인 변수로 지각되는 것이다. Rosnick은 측정 행위 혹은 대입 행위는 항상 불연속적으로 이루어지기 때문에 연속적으로 변하는 것에 대한 개념에 접근해 가는 데에는 많은 어려움이 존재한다고 말하고 있다(Rosnick, 1982, p.60). 변하는 대상이 변수라는 조직 수단에 의해 수학적으로 처리될 때에는 그 변화의 양상을 파악하는 단계에서 항상 측정 행위가 개입되기 때문에 사실상 연속이라는 속성이 가려지기 쉬운 상황이 벌어지게 되어 변수의 본질이 갖는 고유의 속성이 보존되지 않게 되는 것이다. 변수의 본질과 그 표현 밑에 깔려있는 이러한 미묘한 점들이 어쩌면 학생들이 변하는 대상으로서의 변수의 본질을 이해하는데 영향을 주고 있는지도 모른다(Leinhardt et al., 1990, p.23). 그렇다고 변수를 변하는 대상으로부터 경험시키는 것이 불가능하다는 것을 주장하는 것은 아니다. 오히려 여기서의 주장은 학습자의 변수 개념을 형성시키는데 위와 같은 특징을 적극적으로 이용할 수 있다는 가능성을 보이는 것이다. 변수가 수학적으로 처리될 때 변하는 대상의 속성이 불가피하게 전환되는 위와 같은 과정을 학습자에게 뚜렷하게 의식화시킬 수 있다면 변수가 어떠한 필요성에서 소생한 것인지에 대한 즉, '수학적인 처리

수단을 이용한 변화하는 세계의 설명'이라는 그 개념 발생의 근원에 대한 이해를 한층 더 심화시켜 줄 수 있을 것이다. 그러나 기존의 변수 개념 지도에서는 연속적으로 변하는 실재인 시간이나 길이 등에 대하여 그들의 불연속적인 측정치를 가지고 몇 개의 값을 대입, 계산하여 종속된 또 다른 값을 정확히 구해내는 계산 과정만을 강조하였을 뿐 변수의 근원에 대한 학생들의 이해를 심화시키기 위한 보다 신중한 노력은 하지 않았던 것이다.

둘째, 변하는 대상을 수학적으로 처리 가능하도록 문자화해 나가는 단계를 의식화시키는 것이 필요하다. '변화'를 함의하고 있는 주어진 문제 상황에서 학생들이 직접 변수를 구성해 나가는 '과정'을 의식적으로 경험해 본다는 것은 변수의 사용, 변수의 표현, 변수의 의미에 대해 그들이 겪는 어려움을 완화시키는데 상당한 도움을 줄 수 있을 것이다.

변하는 대상을 수학적으로 처리 가능하도록 문자화해 나가는 단계는 3단계로 이루어질 수 있다. 1단계는 주어진 문제 상황 속에서 변하는 대상 사이의 불변의 관계를 포착하는 단계로서 이를테면, '자동차가 일정한 속도로 간 거리는 달린 시간에 비례한다' 또는 '임의의 수와 0과의 곱은 항상 0이다'와 같은 불변의 관계를 이해하는 단계이다. 여기서 불변의 관계는 변수의 불변성으로 설명되는데 그것은 변수가 어떠한 값을 취하더라도 그 관계가 보존된다는 것을 의미한다. 2단계는 변하는 대상들 사이의 불변의 관계를 수학적으로 표현하기 위해 변하는 대상을 문자로 고정, 변하는 대상을 마치 변하지 않는 것처럼 심리적으로 고정시키는 단계이다. 이 단계가 변수 개념의 핵심을 이루는 단계이다. 3단계는 변하는 대상이 심리적으로 고정될 때, 그것이 임의의 문자로 표현되어도 변하는 대상 사이의 불변의 관계가 보존된다는 것을 이해하는 단계이다. 이 역시 변수가 나타내는 또 하나의 불변성으로써 변수를 나타내고 있는 문자가 다른 문자에 의해 치환되어도 불변의 관계는 변하지 않는다는 것을 뜻한다. 이것이 변수의 또 하나의 불변성인 변수 기호의 임의성이다. 변수를 구성해 가는 위와 같은 3단계는 그림 V-1과 같이 도식화될 수 있다.

학습자가 변수 개념을 바르게 형성할 수 있으려면 변수로 조직될 필요가 있는 현상에서 변하는 대상 사이에 존재하는 불변의 관계를 포착하여 그 관계를 나타내기 위해 변하는 대상을 마치 변하지 않는 것처럼 하나의 문자로 고정시켜 임의의 문자로 표현하기까지의 각 단계를 이해할 수 있어야만 하는데, 그러한 이해를 위해서는 먼저 위의 각 단계에 대한 의식화가 필요하다고 생각된다. 각 단계가 학습자의 의식 아래 진행되어갈 때, 그는 자기와의 의사소통을 통해 피드백과

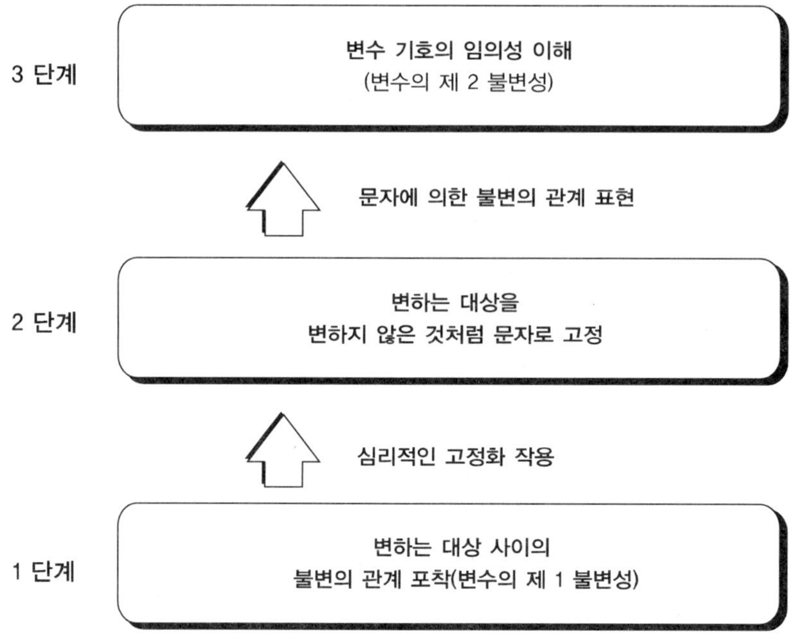

그림 V-1 : 변수 구성의 3 단계

반성, 확인, 조절의 경험을 하게 되고 위의 각 단계를 순차적으로 바르게 이루어 내면서 비로소 변하는 대상을 변수로 구성하는 과정을 완전하게 깨닫게 되는 것이다. 위의 각 단계를 정확히 행할 수 있는 학생만이 주어진 문제 상황을 변수를 사용하여 올바로 표현할 수 있다.

위의 각 단계에 대한 의식화는 van Hiele가 주장하는 수학적 사고의 학습 수준에 따라 학습자가 수학적 사고 활동에 능동적으로 참여하는 것을 의미한다. 실제로 변수를 구성해 가는 위의 3단계는 변수 개념의 학습 수준과 관련이 있다. 변하는 대상 사이의 불변의 관계를 포착하는 첫 단계는 변수 개념 학습의 제1수준에서 인식했던 변하는 대상의 실체에 대한 분석이 일어나면서 그 속에 포함된 내적 질서와 성질을 파악하고 변화표와 같은 도구를 이용해 변하는 대상들 사이의 함수적 연관을 파악하는 변수 개념 학습의 제2수준 즉, van Hiele가 말하는 서술적 수준에 해당한다. 변하는 대상을 변하지 않는 것처럼 심리적으로 고정하고 이를 문자로 표현하면서 변수 기호의 임의성을 이해하는 변수 구성의 2, 3단계는 전 단계에서 파악한 함수적 연관을 문자와 식을 사용하여 상징으로 기술하는 대수화 과정이 일어나는 변수 개념 학습의 제3수준 즉, van Hiele가 말하는 이론적 수준에 해당한다. 따라서 변하는 대상을 수학적으로 처리 가능하도록 문자화해 나가는 단계를 의식화한다는 것은 바로 변수 개념 지도가 변수 개념의 학습 수준에 따라 학습자의 능동적인 참여 속에서 바르게 이루어진다는 것을 의미하는 것이다.

셋째, 특수에서 일반으로, 일반에서 특수로의 상호 전환의 과정이 학습자의 직접적인 경험으로 제공되어야 한다. 학생들이 일반화된 명제를 구성하는 수단인 다가이름으로서의 변수의 본질을 이해하고 수학적 문맥에서 그것을 올바로 사용하도록 도와주기 위해서는 위의 과정이 변수 개념 지도에서 반드시 행해져야 한다. 이는 Freudenthal이 주장하고 있듯이 학생들이 '결과로서의 수학'을 단순히 접하는 과정에서가 아니라 결과로서의 수학을 '만들어 가는 활동'에 참여함으로써 비로소 수학적 개념을 능동적으로 형성해 나갈 수 있다는 사실을 말하는 것이다. 다가이름으로서의 본질은 일반화의 핵심요소라는 의미에서 변수 개념 학습에서 상당히 중요하게 다루어져야하는 내용이므로 학생들이 그 구성과 사용을 직접적으로 경험해보아 실제로 일반화의 맥락에서 사용된 변수에 그 의미를 부여할 수 있고 구체를 통해 일반화를 구성해나갈 수 있는 능력까지도 가지는 것이 필요하다.

특수에서 일반으로의 경험은 주로 동치인 구체적인 대상들을 변수로 대치하거나 낱낱의 과정을 일반적인 형식으로 확장하는 절차에 의해서 이루어지고 일반에서 특수로의 경험은 주로 변수에 구체적인 대상(값)을 대입하거나 일반적인 형식을 특수한 경우에 적용하는 절차에 의해서 이루어진다(Freudenthal, 1983, p.488). 어떤 의미에서 본다면 특수에서 일반으로 일반에서 특수로의 상호 전환의 과정은 구체에서 추상으로 추상에서 구체로의 상호전환 과정과도 같다. 그 과정을 도식화하면 그림 V-2와 같다.

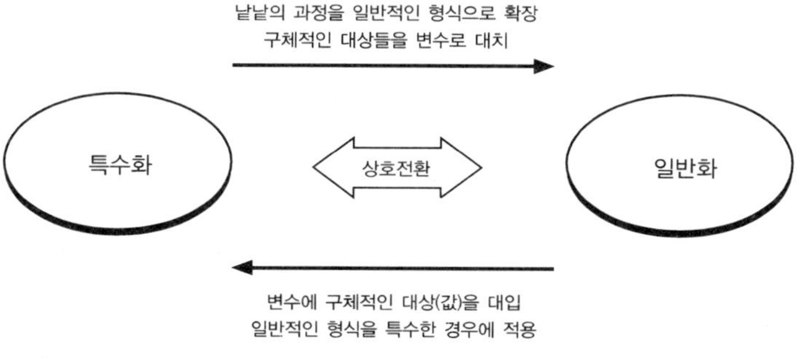

그림 V-2 : 특수화 / 일반화의 상호전환

그 동안 학교수학에서는 학생들에게 변수에 값을 대입시키는 과정(일반 → 특수)만을 경험시켰을 뿐 구체적인 상황을 변수로 구성해가는 과정(특수 → 일반)을 경험시키는 것에는 상당히 소홀했던 것이 사실이다. 변수로 표현된 일반화된 식이나 명제는 연역적으로 제시되었을 뿐이다. 따라서 학생들은 변수의 본질인 다가이름을 일반화의 맥락에서 자신의 사고 안에 의미 있게 내면화시키지 못하였고 이는 결국 학생들의 '제한된 변수 개념'이라는 결과를 초래한 것이다. 변수 개념의 발달사에서도 밝히고 있듯이 대수적 사고가 보다 상위의 수준으로 발달할 수 있는 시점은 바로 일반화가 형식화되는 수준이므로 구체적인 상황을 변수로 구성해 가는 과정 즉, 특수 → 일반의 과정을 소홀히 한다는 것은 대수적 사고의 구조적인 단계로의 진행을 어렵게 하고 대수의 조작적인 측면에 머무르는 결과를 초래하여 결국 계속적인 대수 학습에 의한 지식이 성장은 기대하기 어려워지는 것이다.

학교수학에서 일반화/특수화의 직접경험의 과정은 어느 한 쪽에 치우침 없이 동일한 정도로 다루어져야 할 뿐만 아니라 그러한 과정은 다양한 문제 상황에서 주어져야만 한다. 이는 위와 같은 경험이 수의 계산 규칙을 일반화하거나 일반화된 계산 규칙에 수를 대입해 보는 상황 즉, 수를 대상으로 한 문제 상황에서만 이루어져서는 안된다는 것이다. 일반화/특수화의 과정은 도형의 성질을 일반적으로 표현하거나 기하에서의 일반적인 명제를 종이 위에 그려진 특수한 도형의 경우에 적용하는 경우, 논리에서 다루어지는 명제의 공통 구조를 $p \rightarrow q$로 일반화하여 표현하거나 그러한 표현을 특수한 경우에 적용하여 변수에 명제의 일부가 되는 조건을 넣어보는 경우 등 거의 모든 수학적 상황에서 일어날 수 있는 것이다. 일반화/특수화의 과정이 다양한 문제 상황에서 주어져야만 학생들은 다가이름이 여러 가지 수학적 상황에서 사용되고 있다는 것을 인식할 수 있다. 따라서 다양한 문제 상황에서 특수에서 일반으로 일반에서 특수로의 두 가지 과정에 대한 풍부한 경험을 거친 학생들만이 다가이름으로서의 변수의 본질을 완전하게 이해할 수 있으며 일반화를 위해 변수를 사용하는 방식, 변수가 나타내는 대상에 대한 인식을 올바로 할 수 있는 것이다. 따라서 특수에서 일반으로 일반에서 특수로의 상호전환의 과정은 교과서의 제시나 교사의 설명(학습자의 입장에서 보면 간접경험)으로만 이루어져서는 안되고 학생들에 의한 직접경험으로 구성되어야 할 필요가 있는 것이다. 그러한 경험이 제공되지 않는다면 학생들은 개념에 의미를 부여할 수 있는 변수의 심층 구조로 동화되지 못한다. 이는 Skemp가 말한 바와 같이 변수가 개념이 없는 상태로 만들어져서 계속적인 학습에서 변수를 이용한 지식

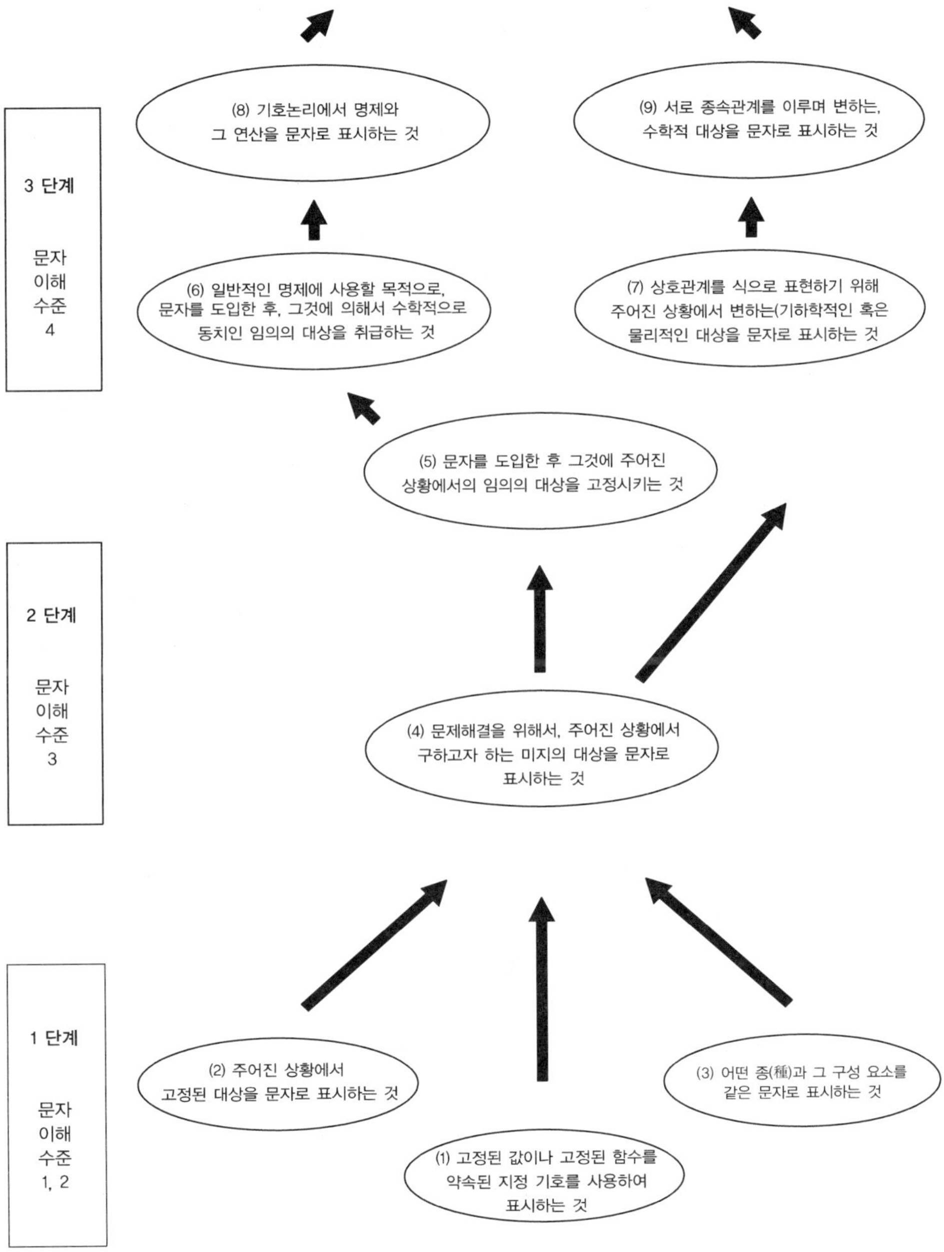

그림 V-3 : 문자 사용의 위계적 단계

의 성장은 기대하기 어려워지는 것이다.

넷째, 변수 사용에 대한 이해를 심화시키기 위하여 변수를 포함하여 수학에서 나타나는 문자의 다양한 사용법에 대한 구분을 명확히 하고 그것을 적절한 단계에 따라 순차적으로 도입하는 것이다. 이러한 과정 역시 변수 개념의 학습 수준에 대한 고려와 관련이 있다. 이는 변수가 구체적 상황을 통해서 무의식적으로 다루어지면서 학생들이 변수에 대한 심상을 갖기 시작하는 초보적 수준에서부터 변수 개념이 본격적으로 의식화되면서 명시적으로 다루어진 후, 변수에 대한 형식적 조작이 가능해지는 수준에 이를 때까지 변수의 핵심적인 표현 수단인 문자의 다양한 사용법이 아동의 인지발달에 맞는 수준 즉, 아동의 문자 이해 수준을 고려하면서 적절한 순서대로 도입되어야 함을 말하는 것이다. 그림 V-3에서 제시하고 있는 것은 Freudenthal이 제시하는 문자사용의 9가지 유형을 그 위계적인 도입 순서에 따라 재구성해 본 것이다(Freudenthal, 1991, pp.81-84). 이러한 재구성을 위해 Küchemann(1981)이 밝히고 있는 문자 사용의 6가지 유형과 문자 이해의 4가지 수준 그리고 van Hiele(1986)의 수학 학습수준 이론에 따른 변수 개념의 학습 수준을 참고로 하였다. 그림 V-3에서 제시된 단계는 수학에서 나타난 문자 사용의 발달 단계와도 평행한 것으로서 고정된 대상 → 변하는 대상 → 임의의 대상으로의 변화 단계를 따르고 있다.

〈그림 V-3에 제시된 단계의 예시〉

⑴의 예: cm(길이에 수를 대응시키는 사상), kg(무게에 수를 대응시키는 사상)을 사용한 측정값 표현

⑵의 예: 영희, 철수, 순이가 차례로 줄서는 방법은 몇 가지인가라는 문제에 답하기 위해 영희, 철수, 순이를 각각 A, B, C로 하는 것

⑶의 예: 여자에 대해 F, 남자에 대해 M, 미국인에 대해 A를 쓰는 것 일반적으로 축약어로 선택된다.

⑷의 예: 방정식을 세울 때 구하고자 하는 어떤 수를 x로 놓는 것

⑸의 예: 특정한 지점 사이의 상호거리에 대한 설명을 하기위해 지도 위에 표시된 여러 개의 점

⑹의 예: 임의의 수 a, 평면 위의 임의의 점 A, 임의의 삼각형 △ABC

⑺의 예: 운동에서 시간과 거리, 도형에서 가로좌표, 세로좌표

⑻의 예: 임의의 조건에 대해 p, q를 사용한 조건명제 p → q의 표현

(9)의 예: 임의의 자연수 n에 대한 수열의 일반항과 합의 기호 an, sn

학교수학에서 문자를 사용하는 방법 또는 문자를 사용한 수학적 표현을 학생들에게 제시할 때는 반드시 이와 같은 단계를 신중하게 고려하여야 한다. 특히 초등학교 시기에서부터 자주 등장하기 시작하는 산술 규칙의 일반화된 표현, 도형 단원에서 사용되는 점, 선분 등에 대한 다가이름은 상당히 이른 단계에서도 충분한 설명 없이 사용되고 있다는 것은 교사나 교과서 저자들의 주의가 요망되는 부분이다.

다섯째, 위와 같은 문자 사용법을 적절한 단계에 따라 도입하는 것에 그치지 않고 각각의 문제 상황과 연결하여 변수가 갖는 의미를 상황에 맞는 설명으로 재해석해주는 것이 필요하다. 변수에 대한 정의를 제시하였다 하더라도 학생들이 그 정의를 바탕으로 하여 각 문맥에서 사용되는 변수의 다양한 의미를 포착하기란 쉬운 일이 아니다. 이는 앞에서도 언급하였듯이 변수의 핵심이 간단한 하나의 표현으로 수렴될 수는 없기 때문이다. 교과서에서 제시되는 변수의 정의를 통해 학생들이 변수 사용의 제 측면을 즉각적으로 이해하기를 기대하는 것은 지나친 바람일 것이다. 학생들의 사고가 숙련된 수학자의 사고처럼 항상 그렇게 유연한 것은 아닌 것이다. 그러므로 학생들에게 실제 문제 상황에서 변수가 나타내는 다양한 의미와 그 역할을 변수 정의를 바탕으로 적절히 재해석(편의상 이를 보조 설명이라고 부르겠다)하여 제시하여야 할 필요가 있는 것이다.

교과서에서 변수에 대한 정의는 상당히 간단하게 제시되기 때문에 여러 가지 문제 상황을 접하는 과정에서 변수의 다양한 의미를 이해시키려는 노력이 필요한 것이다. 교과서나 교사에 의한 이러한 노력이 이루어지지 않는다면 학생들은 변수의 아이디어를 의미 있게 경험하기 어려울 것이다. Fischer(1984)는 개념의 밑바탕에 깔린 아이디어와 함께 도입되는 개념이 학습자의 이해에 용이하고 의사소통에 유용하며 이후의 학습과정에 효과적으로 적용될 수 있다고 하였다. 특정한 상황에 사용된 변수의 의미와 그 역할에 대한 보조 설명은 학생들이 변수의 형식적인 정의를 밑바탕으로 하여 변수가 수학적 문맥에서 담당하고 있는 다양한 역할과 그에 대한 의미를 더욱 분명하게 포착할 수 있도록 도와줄 것이다. 그러나 보조 설명에 어떤 정해진 패턴이 있는 것은 아닐 것이다. 그것은 교사의 판단아래 문제 상황에 맞게, 학생의 이해 수준을 고려하면서, 적절한 표현 형태로 제시될 수 있을 것이나, 반드시 변수 개념을 바르게 함의하고 있는 표현이어야 할 것이다. 그림 V-4는 변수의 정의를 바탕으로 한 보조 설명의 몇 가지 예를 제시한

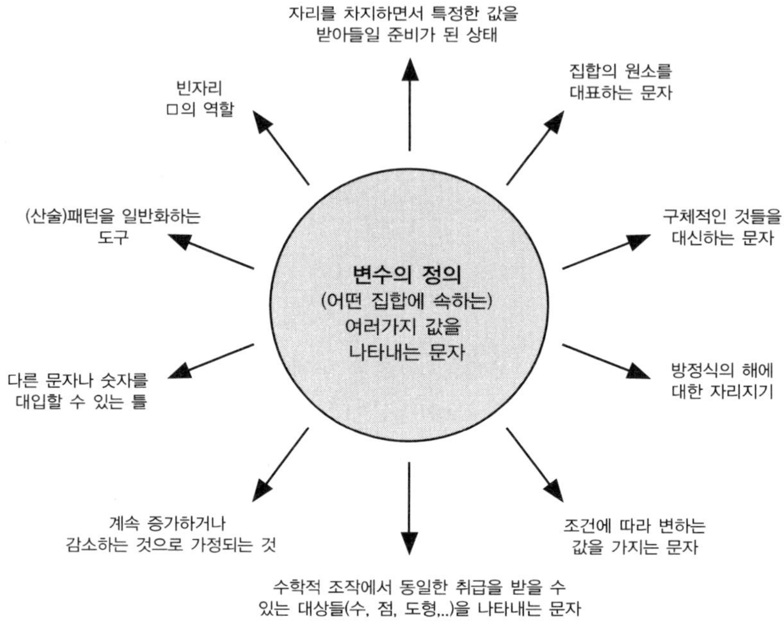

그림 V-4 : 변수의 정의를 바탕으로 한 보조 설명의 예

것이다.

그림 V-4에서 제시된 예와 같이 어쩌면 변수에 대한 형식적인 정의보다도 특정한 상황에 관련되어 있는 보조 설명이 다면적인 특징을 가지는 변수 개념을 학생들이 올바로 이해할 수 있도록 도와주는 데 더욱 큰 효과를 발휘할 지도 모른다.

2. 변수 개념 지도의 구체화

본 절에서는 앞에서 제시된 변수 개념 지도의 5가지 방향을 구체화하여 적용하는 과정에 대해 생각해 보고자 한다. 변수에 대한 학생들의 개념적 이해의 심화를 위한 지도를 위해 제시한 변수 개념 지도의 방향은 학교수학에서 실제적으로 적용되어야만 그 의미가 살아날 수 있을 것이다. 이는 제시된 변수 개념 지도 방향이 실제로 학교수학에서 변수를 가르치는 과정에 어떠한 방법으로든 구체화되어 나타나야 함을 말하는 것이다. 따라서 본 절에서는 제시된 변수 개념 지도 방향에 근거한 지도의 구체화, 다시 말하면 제시된 변수 개념 지도의 방향이 학교수학의 수준에서 어떠한 내용에 대해 어떠한 방법으로 적용되어야 하는가에 대하여 논의한다.

먼저 학교수학을 초등학교 시기와 중등학교 시기로 나누고 각 시기에 대하여 지도되어야 할 변수 개념이 무엇인가에 대해 생각해본다. 그리고 지도될 내용에 대하여 앞에서 제시된 5가지 지도방향에 따른 구체적인 지도 방법의 예를 간략히 다루어 보고자 한다. 여기서 행하는 논의는 수학적 개념의 학습수준 이론에 따른 변수 개념의 위계적 관계 구조와 학습 수준을 기본 바탕으로 하고 있다.

본 절에서는 앞에서 제시된 5가지 변수 개념 지도 방향을 편의상 다음과 같이 일련번호를 부여하여 다루었다.

지도방향 ① 실세계의 변하는 대상에 대한 풍부한 경험을 제공함.

지도방향 ② 변하는 대상을 수학적으로 저리 가능하도록 문자화해 나가는 단계를 의식화시킴.

지도방향 ③ 특수에서 일반, 일반에서 특수로의 상호 전환의 과정을 학습자의 직접 경험으로 제공함.

지도방향 ④ 문자의 다양한 사용법에 대한 명확한 구분과 함께 그것을 적절한 단계에 따라 순차적으로 도입함.

지도방향 ⑤ 특정한 문제상황에서 변수가 갖는 의미를 상황에 맞는 알맞은 설명으로 재해석해 줌.

(1) 초등학교 시기

초등학교 시기는 변수에 대한 형식적인 정의가 도입되기 이전에 변수 개념을 받아들일 준비를 갖추게 되는 시기이다. 이 시기에 이루어지는 변수 개념 학습을 통해 학생들은 변수에 대한 심상을 얻게 되는데, 이는 변수에 대한 개념 이미지를 형성하는 원천이 된다. 초등학교 시기에 형성된 변수에 대한 개념 이미지는 중학교 시기에 이르러 변수에 대한 정의가 도입되면서 변수가 본격적으로 사용되기 시작할 때 변수의 아이디어와 변수의 표현, 변수의 사용 방식을 이해하는데 결정적인 영향을 주는 요인이 된다. 초등학교 시기에 비록 변수라는 용어를 명시적으로 사용하지는 않는다 하더라도 실제적으로 변수가 지도되는데, 이 시기에 이루어지는 변수에 대한 학습은 변수 개념 형성을 위한 준비학습이 이루어진다는 의미에서 학교수학에서 중요하게 다루어져야만 한다.

초등학교 시기의 학생들의 인지 수준은 실제 경험과 관련된 추론을 할 수 있는 구체적 조작 단계의 수준으로서 변수 개념과 관련하여서는 대입과 같은 기본 조작을 할 수 있는 수준이다(김응태, 박한식, 우정호, 1984, p.138). 변수 개념 학습 수준에 있어서는 제2수준의 학습이 본격적으로 이루어지는 시기이다. 경우에 따라서는 초등학교 시기 이전부터 이미 이루어져 온 제1수준의 학습이 계속되는 학생들도 있을 수 있다.

앞에서 논의된 바와 같이, 제2수준의 변수 학습에서의 특징은 제1수준에서 인식했던 변하는 대상의 실체에 대한 비형식적인 분석이 일어나면서 그 속에 포함된 내적 질서와 성질을 파악하는 것으로서 구체적으로는 측정 행위를 통해 변하는 대상을 '수치화' 또는 '계량화'하면서 '변화표'와 같은 도구를 이용해 변하는 대상들 사이의 함수적 연관을 파악하는 것이다. 그리고 언어적 표현에 의해 함수적 연관을 나타내는 공식을 받아들이게 된다. 한편, 고정된 미지의 것에 대한 이름으로 기호 □를 도입하고 간단한 문장제에서 구하고자 하는 대상의 수를 기호 □로 놓고 문장제를 수학적으로 표현하는 과정을 행할 수 있다. 그러나 처음에는 □를 고정된 상태에서의 구체적 대상을 대신하는 기호로 다루게 된다. 기호 □의 도입으로 초보적인 일반화를 표현하는 과정에까지 이를 수 있는데 이는 특수한 사례들로부터 규칙을 발견하는 과정에서 파악된 것을 기호로 표현하는 것이다. 예를 들면, 수의 성질을 일반적으로 나타내는 □ + △ = △ + □ 등과 같은 표현을 할 수 있다. 이 시기의 학생들에게는 아직 '일반화된 수 개념'이 발달되어 있지 않기 때문에 기호 □, △를 임의의 수로 이해하지는 못한다(Rosnick, 1982, pp.27-28). 이 수준에서는 기호 □, △가 구체적인 수를 대신하는 것이라는 생각을 갖게 하는 정도로 충분하다. 따라서 규칙 발견하기의 학습과정에서는 구체적인 예들을 충분히 제시하는 것이 중요하다.

앞에서도 언급하였듯이 Collis(1975)는 구체적 조작 단계에 있는 학생들의 사고 수준을 구분하고 있는데, 그 구분을 크게 다음의 두 가지로 보고 있다. 하나는 문자가 유일하게 정해져 있는 특정한 수를 나타내는 것이라고 생각하는 수준이고 다른 하나는 문자가 여러 가지 수를 대신할 수 있다는 생각을 할 수 있어서 대입과 같은 기본 조작을 할 수 있는 수준이다. 전자는 초등학교 저학년 시기에 해당되고 후자는 초등학교 고학년 시기에 해당된다고 할 수 있다.

① 초등학교 저학년 시기

초등학교 저학년 시기는 취학 전부터 이미 이루어져 온 변수 개념 학습의 제1수준에서 제2수준으로 이행이 이루어지는 시기로서 실세계의 변하는 경험적 대상의 존재에 대한 인식으로부터 초보적이나마 그러한 대상이 가지는 여러 가지 성질들을 직관하고 그것을 이해하는 과정이 일어난다. 따라서 개념과 무관하게 변화를 함의하는 실세계의 대상인 시간이나 길이, 무게, 온도 등의 실체를 다루는 과정에 대한 풍부한 경험이 필요해진다. 이 시기의 학생들은 '변하는', '임의의'라는 의미를 이해할 수 없으므로 학습 과정이 주로 고정된 대상에 대한 이름을 부여하는 활동, 구체적인 대상의 수를 구하는 활동에 치중된다. 고정된 상태에 있는 구체적인 대상을 다루거나 대상의 수를 구하는 행위에서부터 미지수에 대한 기호 □를 다룰 수 있다. 이때, '어떤 수'에 대해 기호 □를 도입하는 과정과 그것을 사용하는 방법에 대한 설명이 명확하게 주어져야 한다. 또한 기호 □가 도입됨으로써 자리지기로서의 변수 사용이 본격화되는데, 이 때는 학생들이 변수에 대한 이미지를 형성하는 중요한 단계이므로 자리지기로서 사용되는 기호를 문맥에 따라 적절하게 표현하는 것이 중요하다. 동일 문맥에서 상이한 대상에 대해 같은 기호를 사용해서는 안된다는 것이다. 이 시기에 일반화의 의미와 그에 대한 표현을 본격적으로 다룰 수는 없지만 앞으로의 학습을 위한 준비 단계로서 '규칙 발견하기'와 같은 학습 내용을 통해 일반화를 이해하고 이를 받아들일 수 있는 심적 상태를 만들어주는 노력이 이루어져야 한다. 이러한 노력의 일환으로서 수의 사칙연산에 대한 학습을 할 때에도 수를 임의로 계속 바꾸어 놓은 계산 문제를 제시하기보다는 4 + 5와 5 + 4를 동시에 제시하는 것과 같이 덧셈의 교환법칙을 함의하는 문제 상황을 드러내면 학생들로 하여금 계산 과정 그 자체만 관심을 두게 하지 않고 두 가지 상황에서 결과가 같다는 것에 주목시킬 수 있다. 이 시기의 학생들은 이를 우연적인 결과라고 생각하겠지만 몇 번의 반복 경험이 이루어지면 바꾸어 더해도 결과가 같다는 사실을 의식하게 되고 이는 교환법칙을 받아들이고 이를 일반화할 수 있는 심적 준비상태를 형성하게 하는 밑거름이 될 수 있다. 이 시기에 도형 학습에서 점, 선, 면, 각 등에 대한 개념을 다루게 되면서 기하학적 대상을 칭하는 다가이름을 사용하기 시작하는데, 초등학교 저학년 수준에서는 '임의의'라는 의미를 이해할 수 없으므로 다가이름은 교과서 위에 그려진 도형을 전제로 하면서 그 대상을 심리적으로 고정시켜 놓은 상태에서 다루어야 한다. 변수의 동적 측면에 있어서는 변하는 실재와의 경험으로부터 '변화'에 대한 인식과 그 변화의 성질을 포착하게 하는 학습이 이루어져야 한다. 이 때는 단지 반복되는 감각 경험에 의존해서 '변화'의 성질을 파악하는 것이 아니라 측정 행위를 통한 수량화 작업을 통해 '변화'를 객관적으로 설명한다. 초보적이나마 관계에 의한 변화를 함의하고 있는 문제 상황을 제시할 수도 있다.

이와 같은 사항을 중심으로 하여 초등학교 저학년 시기에 지도되어야 할 변수 개념에 관한 내용과 그것을 지도하는 방법의 예를 다음과 같이 제시한다.

어떤 수에 대한 이름 도입
(2, 3학년: 여러 가지 문제 단원)

(지도방향 ④, ⑤ 적용)

이 시기에는 미지수 기호 □를 하나의 값을 대신하는 기호로 다룬다.

▶ 어떤 수를 □로 표시하는 이유를 설명한다(문자 도입의 필요성 암시).

교사 : "그 값을 모르므로 값이 정해지기 전까지의 그것을 대신하는 이름이 필요 하지요?"

▶ 어떤 수에 대한 이름을 학생들 나름대로 만들어 보게 하는 열린 문제를 제공하는 방법을 사용한다(학생의 활동).

교사 : "어떤 수에 대한 이름을 어떻게 나타내면 좋을까요?"(교과서에서는 '어떤 수를 □로 나타냅니다'라는 식으로 기호를 직접적으로 도입하고 있음)

학생들의 반응 : 어떤 수를 대신하는 이름(또는 기호)에 대한 다양한 응답을 보임.

교사 : (학생들의 다양한 응답으로부터) "여러분이 나타낸 것처럼 어떤 수는 ( ), ○ 또는 △ 등 다양한 방법으로 표시할 수 있어요(변수 기호의 임의성 암시). 이제부터는 문제에서 구하고자 하는 어떤 수를 □로 나타내기로 약속합시다."

▶ 기호 □를 포함하고 있는 문제를 다룰 때는 기호 □가 담당하고 있는 역할에 대한 설명을 한다.

교사 : "기호 □는 주어진 식에서 자리를 차지하면서 특정한 값을 대신하고 있는 것입니다."

자리지기 기호의 신중한 도입
(2학년: 곱셈의 기초 단원)

(지도방향 ④, ⑤ 적용)

▶ 한 문맥 내에서 상이한 대상에 대해 동일한 기호를 사용하지 않는다.

(현 교과서에서는 자리지기 기호를 문맥과의 연결 없이 거의 모두 □로 통일하고 있다. 예를 들면 '8 + 8 = □, 8 × □ = □'와 같이 한 문맥 내에서 상이한 값을 갖는 대상에 대해 동일한 기호를 사용함으로써 후에 학생들이 위의 표현을 $8x = x$로 형식화하는 오류를 범할 가능성을 보여주고 있다)

교사 : "수학에서는 한 문제에서 다른 기호가 같은 값을 가질 수는 있지만(주어진 대상을 지칭하기 위해 변수로 임의의 문자를 선택할 수 있다는 사실이 암시됨), 같은 기호가 동일한 문제 내에서 다른 값을 가지는 것은 아닙니다."

▶ 서로 다른 대상에 대한 기호를 구분해야 하는 이유에 대해 다음과 같은 설명을 해 줄 수 있다.

교사 : "서로 다른 사람에게 같은 이름을 부여한다면 살아가는데 많은 곤란이 발생할 수 있는 것처럼 수학에서도 서로 다른 대상을 같은 이름으로 칭한다면 혼란이 생길 수 있겠지요?"

공통의 규칙 발견하기
(2, 3학년: 여러 가지 문제 단원)

(지도방향 ②, ④ 적용)

일반화에 대한 학습의 준비 단계로 이 시기에는 규칙을 발견하게 하는 문제를 많이 다룰 필요가 있다.

▶ '3 → 6, 4 → 7, 5 → 8, …'등과 같이 일정한 규칙이 있는 문제에 대해 구체적인 예를 충분히 제시하고 난 후 학생들로 하여금 규칙에 주목하게 한다(학생의 활동).

교사 : "다음의 예들에 어떤 일정한 규칙이 있는지 알아볼까요?"

▶ 발견된 규칙에 대한 언어적 표현을 해 보도록 한다(학생의 활동). 이는 문자를 이용해 규칙을 형식적으로 표현하기 위한 준비 학습이 된다.

교사 : "주어진 예에서 어떤 공통된 규칙을 발견하였으면 그 규칙을 말로 조리 있게 표현해 보세요"

(현 교과서에서는 위에서 제시된 '3 → 6, 4 → 7, 5 → 8, …'에서의 규칙을 학생들이 발견하고 표현해 보도록 하는 과정이 생략된 채 단순히 □ $\overrightarrow{\triangle}$ ○로 표시하여 제시하고 있다. 그러나 이러한 표현의 의미를 학생들은 이해하기 어

렵다. 이 시기의 학생들은 아직 '임의의'라는 의미를 받아들일 준비가 되어 있지 못할 뿐 만 아니라 서로 관계를 맺고 있는 대상에 대해 사용된 기호 □, ○와 그 대상들 사이에 부여된 관계를 나타내기 위해 사용된 기호 △와의 역할 차이도 구분하지 못한다).

대상을 고정시킨 다가이름 (2, 3학년: 도형 단원)

(지도방향 ④ 적용)

이 시기의 학생들은 구체적인 조작 수준에서 고정된 대상을 다룰 수 있는 인지 수준에 있다. 점, 선과 같은 기하학적 대상에 대해 사용되는 다가이름은 교과서나 칠판에 그려진 도형 그림을 전제로 하면서 논의의 대상을 심리적으로 고정시켜 다룰 수 있도록 지도한다.

변하는 대상에 대한 학습 (2학년: 길이재기 단원, 3학년: 들이와 무게 단원)

(지도방향 ① 적용)

변하는 대상을 소재로 한 학습에서 '변화성'을 체험할 수 있게 한다.

▶ 측정 학습에서, 고정된 상태 있는 여러 개의 독립된 대상을 제시하여 이를 측정하게 하는 것보다는 하나의 대상을 변하는 상황으로 제시하여 측정하도록 하는 문제를 제시한다. 이는 후에 변하는 대상을 나타내는 변수의 '변화성'을 보다 분명하게 인식시키는데 도움을 줄 수 있다.

▶ 비교 학습에서, 학생들이 시각적인 비교에만 의존하게 하지 말고 초보적이나마 관계에 의한 비교를 할 수 있는 문제를 만들어 제공한다. 예를 들면 '항아리와 주전자에 담긴 물의 양을 비교하시오'라는 문제보다는 '수도꼭지에서 10분에 한 주전자씩의 물이 흘러나오는데 처음엔 10분 동안 물을 받고, 다음엔 30분 동안 물을 받았다(그림 표현 첨가). 두 경우의 물의 양을 비교하시오'라는 문제가 변하는 대상의 시간에 종속된 변화성을 더욱 부각시킬 수 있는 문제이다.

② 초등학교 고학년 시기

초등학교 고학년 시기에는 학생들이 문자가 여러 가지 수를 대신할 수 있다는 생각을 할 수 있어서 대입과 같은 기본 조작이 가능해짐으로 전 단계에서 고정된 대상에 대해 사용된 기호 □가 문자 x로 전환되어 도입될 수 있다. 이 때 중요한 것은 변수로 사용되는 미지수에 대해서 그 계산 결과에만 관심을 둘 것이 아니라 미지수로 사용된 문자에 여러 가지 값을 넣어보면서 식의 참, 거짓을 판별해보는 과정 속에서 변수의 변화성을 체험하게 하는 것이다. 문자가 여러 가지 값을 가질 수 있다는 생각으로부터 일반화된 표현을 구성해 보는 것이 가능해지고 학생들은 덧셈의 교환법칙을 □ + △ = △ + □로 표현하는 것을 이해할 수 있다. 그러나 이미 언급하였듯이, 이 시기의 학생들은 기호 □, △를 임의의 수로 이해하는 것이 아니라 구체적인 수들을 대신하는 기호라고 생각하는 수준에 있으므로 규칙 발견하기의 학습과정에서는 일반화의 예가 되는 구체적인 사례들을 충분히 제시해야 할 필요가 있다. 문자에 의한 일반화된 표현이 본격적으로 사용되는 중학교 시기에 변수에 의한 일반화를 의미있게 받아들이기 위해서는 일반화된 의미로 사용되는 기호 표현을 직접적으로 제시해서는 안된다. 비형식적으로라도 학생들로 하여금 일반화된 표현을 구성해 보도록 하고 일반화된 표현을 다시 특수한 경우에 적용해 보는 과정을 체험시키도록 지도하는 것이 필요하다. 또한 실세계의 변하는 대상에 대한 성질과 그들 사이의 관계에 주목할 수 있는 기회 역시 충분히 주어져야 한다.

이 시기의 변수 개념 지도에서 중요시 해야할 내용은 미지수로 사용되는 변수의 변화성 체험, 수의 계산 규칙이나 수의 성질에 대해 일반화된 의미로 사용되는 기호의 의미와 그 적용, 변하는 대상의 변화성 인식과 변하는 대상들 사이의 관계에 주목하는 것이다. 이와 같은 사항을 중심으로 하여 이 시기의 학생들에게 지도되어야 할 변수 개념에 관한 내용과 그것을 지도하는 방법의 예를 다음과 같이 제시한다.

미지수에 대한 변수 기호 x 도입
(6학년: 방정식 단원)

(지도방향 ④, ⑤ 적용)

저학년 시기에 사용된 기호 □를 문자 x로 전환한다.

▶ 식의 참, 거짓을 판별하는 과정에서 x의 변화성을 부각시킨다. 미지수 기호 x는 여러 개의 값을 대신할 수 있다는 것을 실제 대입과정을 통해 느끼게 한다(학생의 활동).

교사 : "식 $26 + x = 50$에서 x에 여러 가지 값을 넣어 보면서 식의 참, 거짓을 알아봅시다"

교사 : "x에 25를 넣으면 식이 거짓이죠? x에 23을 넣으면 어떤가요? … x에 24를 넣어야 식이 참이 되는군요."

▶ 식에 사용된 문자에 일련의 수를 넣어 볼 수 있다는 사실로부터 x의 값의 변화성과 그 역할에 대한 설명을 해줄 수 있다.

교사 : "위의 식은 x가 24일 때만 참이 되지만 식이 참이 되는 x값을 구하기 위해서 우리는 x에 여러 가지 수를 넣어보아야 합니다. 위의 식에서 x는 여러 가지 값을 대신하는 문자이지요."

일반화의 의미로 사용되는 기호 도입
(5, 6학년: 분수의 곱셈, 나눗셈 단원)

(지도방향 ②, ③, ④, ⑤ 적용)

수의 계산 규칙을 나타내는 표현 $\frac{\triangle}{\square} \times \frac{☆}{○} = \frac{\triangle \times ☆}{\square \times ○}$이나 교환법칙을 의미하는 표현 □ + △ = △ + □을 도입한다.

▶ 먼저 구체적인 경우에 대한 예를 충분히 제시하고 구체적인 경우로부터 규칙을 발견하여 이를 말로 표현해 보도록 한다(학생의 활동).

교사 : "다음 예들에 어떤 공통된 규칙이 있는지 생각해 봅시다."

교사 : "규칙을 발견하였으면 그것을 말로 조리 있게 표현해 보세요."

▶ 기호 도입의 필요성에 대한 언급을 한다.

교사 : "말로 표현한 규칙을 기호로 표현하면 훨씬 더 간단하게 정리되고 다음에 새로운 예가 나왔을 때, 그 규칙을 쉽게 적용할 수 있겠지요?"

▶ 기호 표현을 학생들이 직접 구성해 보도록 한다(학생의 활동).

교사 : "발견된 규칙을 어떤 기호를 사용하여 표현해 볼까요?"

학생들의 반응: 위의 예에서 교환법칙을 □ + ○ = △ + ☆, □ + □ = □

+ □로 잘못 표현하는 학생들도 있을 것이다.

▶ 교사에 의한 표현 □ + △ = △ + □이 적절하다는 것을 학생들의 판단에 의해 느끼게 한다(학생의 활동).

교사 : "선생님이 쓴 표현과 여러분이 쓴 표현을 비교해 보고 자신들의 표현이 바른지 아닌지를 잘 생각해 보세요."

▶ 기호에 의해 일반화된 표현 □ + △ = △ + □의 각 성분에 수를 실제로 넣어 보면서 일반화된 식을 구체적인 경우에 적용하는 과정을 행한다(학생의 활동).

교사 : "□ , △에 수 1, 2 또는 4, 3 등을 넣어서 계산해 볼까요?"

▶ 마지막으로 교사는 제시된 표현에서 기호 □ , △의 역할에 대한 설명을 해 준다.

교사 : "이 식에서 기호 □ , △는 구체적인 수를 대신하고 있는 것이지요. 우리는 이 기호에 우리 마음대로 여러 가지 수를 넣어 볼 수 있어요."

대상을 고정시킨 다가이름
(4학년: 평면도형 단원)

(지도방향 ④ 적용)

저학년 시기에서와 마찬가지로 점, 선과 같은 기하학적 대상에 대해 사용되는 다가이름은 교과서나 칠판에 그려진 도형 그림을 전제로 하면서 논의의 대상을 심리적으로 고정시켜 다룰 수 있도록 지도한다. 학생들은 변수 개념의 제3수준의 학습이 이루어지는 중학교 시기에 가서 비로소 '임의의'란 의미에 대한 이해를 완전하게 할 수 있다.

변하는 대상들 사이의 불변의 관계 주목
(5학년: 좌표와 그래프 단원, 6학년: 정비례 반비례 단원)

(지도방향 ①, ② 적용)

▶ 그래프 학습의 소재

판매된 책의 수와 같이 가상적 변화를 소재로 하는 것보다는 온도, 거리, 물의 양 등과 같이 실제적 변화를 소재로 한 학습경험을 제공한다.

▶ 학생들로 하여금 변하는 두 양 사이의 관계에 주목할 수 있는 기회를 갖도록 안내한다. 특히 정비례/반비례 단원에서 대응표를 보고 곧바로 식을 (기계적으로) 만들기보다는 대응표에 있는 값들의 변화를 관찰하여 두 양 사이의 관계를 말로 조리 있게 표현하도록 하면서 자연스럽게 '관계에 의한 변화성'을 인식할 수 있도록 한다.

언어적 표현에 의한 공식 도입 (4학년: 평면도형 단원)

(지도방향 ① 적용)

(예) (직사각형의 넓이) = (가로의 길이) × (세로의 길이)

▶ 언어적 표현에 의한 공식 구성에서 변하는 양 사이의 관계를 관찰할 수 있도록 한다. 단지 공식을 제시한 후 곧바로 수치계산에 적용하기보다는 공식을 구성하고 있는 각 성분들 사이의 관계를 해석하여 설명한다(변하는 모양의 관찰 기회 부여).

교사 : "이 식에서 가로의 길이(또는 세로의 길이)가 길어지면 직사각형의 넓이 가 넓어짐을 알 수 있지요."

▶ 공식 적용을 위한 계산 문제로서 한 성분의 변화가 다른 성분의 변화에 미치는 효과를 분명하게 파악할 수 있는 문제를 제공한다. 예를 들면, 가로, 세로 길이가 모두 다른 직사각형을 제시하는 것보다 한 쪽의 길이는 같고 다른 한쪽의 길이가 변하는 직사각형을 제시하면 학생들로 하여금 공식을 구성하고 있는 각 성분들 사이의 관계를 보다 쉽게 파악하게 하는데 도움을 줄 수 있다.

(2) 중등학교 시기

중등학교 시기는 변수 개념 학습의 제3수준이 본격적으로 전개되는 시기로서 변수 개념의 형식적인 정의가 도입되고 다양한 문제 상황에서 변수가 명시적으로 사용된다. 또한 문제 상황에 따라 변수에 대한 형식적 조작이 행해지는 제4수준의 학습도 이루어지는 시기이다. 이 시기의 학생들의 인지수준은 변수 개념에 대한 완전한 이해가 가능한 형식적 조작단계에 해당된다. 따라서 이 시기의 학생들은 변하는 상황에 있는 논의의 대상을 변수로 파악하고 이를 문자로 표현하면서 변수 개념을 형식화할 수 있어야 한다.

중학교 시기부터 산술에서 대수로의 급격한 전환이 이루어지면서 본격적인 대수화가 시작되고 학습하여야 할 수학의 내용이 상당히 다양해지면서 변수도 대수, 기하, 명제, 집합, 확률, 통계 등 여러 단원에서 나타나게 된다. 그러나 이제까지 사용해오지 않았던 문자를 갑작스럽게 도입하게 되기 때문에 사용되는 문자의 의미와 그 역할에 대한 충분한 설명이 무엇보다도 절실하게 요구되는 시기이다. 다양한 단원에서 변수가 사용됨으로써 변수의 제 측면이 모두 다루어지고 있다해도 과언이 아닌 중등학교 시기에는 변수의 '변화성', '대표성', '대입 가능성'의 세 가지 측면이 교과서 전반에 걸쳐 등장하게 된다. 따라서 실제로 변하거나 변하는 것으로 가정되는 대상을 고려하여 변화하는 대상 사이의 관계를 해석하는 학습, 일단의 상황을 동시에 고려하기 위해 변수를 집합 안의 임의의 원소로 가정하여 일반화된 표현을 구성 또는 적용하는 학습, 계산 조작을 위해 변수에 값을 대입하면서 변수를 여러 가지 값을 취하는 문자로 다루는 학습, 그리고 변수에 대한 형식적 조작을 행하는 학습이 모두 이루어진다. 특히 이 시기의 변수 사용의 중요한 특징은 산술에서 대수로의 급격한 전환에 따라 변수가 다양한 수치의 대표자로서 사용되는 것이라고 할 수 있으므로 이 시기에서는 변수의 '대표'의 의미와 그 적용에 대한 충분한 설명을 하는 것이 필요하다(NCTM, 1989, p.102). 이와 관련하여 일반화의 맥락에서 사용된 부정소의 의미를 이해시키는 과정이 필요하다. 예를 들면 이차함수의 일반식 $y=ax^2+bx+c\ (a\neq 0)$에서 학생들이 a, b, c를 변수로 볼 수 있도록 지도해야 한다는 것이다. 현행 교과서는 이를 상수로 다루고 있는데, 이는 학생들이 일반화된 식의 의미를 명확히 포착하는데 어려움을 주는 요인이 된다. 학생들이 부정소의 의미를 이해하지 못하면 방정식의 일반해의 의미와 그 역할을 파악할 수 없을 것이다. 또한 이 시기에는 수 이외의 수학적 대상을 대신하는 다가이름으로서의 변수 사용이 본격화되는데 그것을 직접적으로 도입하여 암묵적으로 사용해서는 안된다. 다가이름은 그 사용의 필요성이 느껴지는 상황 속에서 도입하여 학생들이 그것의 의미와 역할을 이해할 수 있도록 지도해야 된다. 학생들이 기하학적 대상에 대한 기호로 점 A, △ABC 라든가 논리에서 명제에 대한 기호 p, q, 임의의 집합에 대한 기호 A 등을 변화의 측면에서 바라볼 수 없다면 그들은 이러한 기호에 의해 표현되는 일반 명제가 수학에서 발휘하고 있는 강력한 힘을 인식할 수 없을 것이다.

또한 이 시기에서는 변수의 '변화성'을 자연스럽게 부각시킬 수 있는 실세계의 변하는 대상을 소재로 하는 문제 상황을 제공하는 것에도 소홀히 해서는 안된다. 특히, 변수의 동적 변화성을 가장 자연스럽게 다룰 수 있는 함수 단원에서는 문제 상황의 소재로서 실세계의 변하는 대상을 많이 다루어야 한다.

여러 가지 문제 상황에서 변수가 다양한 의미로 사용되면서 변수의 제 측면이 모두 나타나고 있는 중등학교 시기의 변수 개념 지도는 변수가 나타내는 대상과 그 의미에 대한 설명, 일반화된 표현의 구성과 그 적용, 변하는 대상들의 '변화성'에 대한 인식과 그들 사이의 관계를 변수로 표현하는 과정에 대한 학습을 중요하게 다루어야 한다. 이러한 내용을 중심으로 하여 중학교 시기에 지도되어야 할 변수 개념에 관한 내용과 그 지도 방법의 예를 아래에 제시하였다.

아래에 제시되는 내용은 변수 학습이 보다 심화되는 고등학교 시기에도 그대로 적용될 수 있다. 고등학교 시기는 중학교 시기에서 다룬 변수 개념이 보다 다양한 문제 상황에서 적용되고 변수가 나타내는 대상들의 범위가 확장되면서 변수와의 형식적 조작이 보다 복잡해지는 특징이 있다. 이때는 교사가 변수 개념이 학생들의 사고 안에 이미 내면화되어 있다고 가정하고 변수를 즉각적으로 도입, 암묵적으로 다루면서 변수를 형식적 조작의 대상으로 의미 없이 다루기 쉬운 시기이므로 교사는 변수의 아이디어, 변수의 의미, 변수를 구성해나가는 과정에 대해 보다 충실한 지도를 행하는 것이 요망된다.

산술의 일반화
(1학년: 수와 식 단원)

(지도방향 ②, ③, ⑤ 적용)

초등학교 수준에서 다루었던 표현 □ + △ = △ + □를 문자를 사용하여 $a+b=b+a$로 형식화한다.

▶ 단지 기호 □, △를 문자 a, b로 전환하는 것에 그치는 것이 아니라 구체적인 예를 충분히 제시하여 학생들로 하여금 공통의 규칙을 발견하게 하고 이를 형식화하는 과정(그 과정은 (1)의 ②에서 '일반화의 의미로 사용되는 기호 도입' 내용에서 이미 제시하였다)을 충실히 이행한다(학생의 활동).

▶ 식을 구성하고 그 식을 다시 특수한 경우에 적용해 보는 과정을 행한다. a, b가 모두 다른 값을 가지는 경우만 다루어서는 안되고 2 + 2 = 2 + 2와 같이 a, b가 같은 값을 가지는 경우의 예도 다룬다(이 과정은 변수 개념이 결여되어 있는 학생들에게서 나타나는 오류인 '다른 문자는 결코 같은 값을 가질 수 없

다'는 생각을 완화시키는데 도움을 준다).

▶ 식 $a+b=b+a$에서 a, b가 가지는 의미와 그 역할에 대한 설명을 한다.

교사 : "a, b에는 우리가 원하는 어떠한 수(즉, 임의의 수를 의미)라도 대입될 수 있고 주어진 식에서 a, b는 수의 성질을 일반적으로 나타내기 위해 사용된 문자이다."

일반화된 식에서의 부정소 (1, 2, 3학년: 함수 단원)

(지도방향 ③, ④, ⑤ 적용)

2차 함수 단원에서의 예: 이차함수의 일반식 $y=ax^2+bx+c\,(a\neq 0)$

▶ 먼저 이차함수의 예를 충분히 제시한다.

▶ 제시된 이차함수들이 모두 $y=ax^2+bx+c$ 꼴의 공통 형태를 가짐에 주목하게 한다.

▶ 제시된 이차함수의 예들은 $y=ax^2+bx+c$ 에서 각 a, b, c에 구체적인 수가 대입된 것임을 설명하고 실제로 이차함수를 만들어 보게 함으로써 a, b, c의 변화성을 체험하게 한다(학생의 활동).

교사 : "a, b, c에 원하는 수를 넣어 각자 몇 개의 이차함수를 만들어 보세요"

▶ 현 교과서에서 a, b, c를 '상수'로 표현하는 것은 수정되어야 한다. a, b, c를 상수로 칭함으로써 학생들은 위 식이 함의하는 일반화의 의미를 포착하지 못하게 된다. a, b, c를 '부정소' 또는 '아직 정해지지 않은 상수'라고 표현하는 것이 바람직하다.

▶ 이차함수의 일반식 $y=ax^2+bx+c$ 에서 문자 a, b, c가 갖는 의미와 그 역할에 대한 설명을 한다.

교사 : "a, b, c는 임의의 수를 대신하는 것으로서 이차함수의 일정한 패턴을 일반화하고 있는 문자이다."

명제를 나타내는 다가이름
(2학년: 도형의 성질 단원; 정리와 증명)

(지도방향 ②, ③, ④, ⑤ 적용)

▶ 구체적인 명제의 충분한 예를 통해 명제의 공통 구조를 끌어내고 이를 문자로 표현한다.

교사 : "제시된 명제들을 잘 살펴보면 모두 '~이면~이다'라는 구조를 가지고 있음을 알 수 있지요? 각각의 명제는 '~이면~이다'라는 구조에서 ~에 해당하는 내용이 서로 다를 뿐입니다. 이 때 우리가 ~에 해당하는 내용을 기호 p, q로 표현한다면 조건명제를 일반적으로 $p \rightarrow q$로 나타낼 수 있습니다."

▶ 기호 표현 $p \rightarrow q$ 도입 후, 이를 앞에서 제시된 명제의 구체적인 예에 적용시켜본다(학생의 활동).

교사 : "예로 제시된 각 조건명제에서 p, q에 해당되는 내용이 무엇이지요?"
"각 경우에 따라 p, q에 해당하는 내용이 각각 다르지요? 즉, 명제가 바뀜에 따라 p, q가 대신하는 내용도 변함을 알 수 있지요?"

▶ p, q에 다양한 조건을 넣어 새로운 조건명제를 만들어 보면서 p, q가 임의의 조건을 나타내고 있으며 p, q에 해당되는 내용이 변할 수 있음을 직접 경험하게 한다(학생의 활동).

교사 : "p, q에 여러분이 원하는 조건을 넣어 새로운 조건명제를 만들어 보고 명제의 참, 거짓을 판별해 보세요."

▶ $p \rightarrow q$에서 변수 p, q가 갖는 의미와 그 역할에 대한 설명을 해준다.

교사 : "p, q는 명제의 공통 구조를 일반화하는 역할로 사용되고 있고 p, q에는 어떠한 조건이라도 들어갈 수 있습니다. p, q는 경우에 따라 변하는 여러 가지 조건을 대신하는 변수가 되는 것으로서 수학에서 사용되는 변수는 수만을 대상으로 하는 것이 아니라 이렇게 명제 내의 임의의 조건을 대신하는 것도 존재하는 것입니다."

임의의 기하학적 대상을 나타내는 다가이름
(1학년: 기본 도형 단원)

(지도방향 ③, ④, ⑤ 적용)

명제 '△ABC에서 세 변 $\overline{AB}$, $\overline{BC}$, $\overline{AC}$의 수직이등분선은 한 점 O에서 만난다'를 증명하는 과정에서 △ABC가 임의의 삼각형을 나타내고 있으며 변수 사용의 한 측면임을 인식시킨다.

▶ 학생들로 하여금 위 명제의 증명을 직접 행하게 하기 위한 첫 번째 과정으로 먼저 학생들에게 각자 하나의 삼각형을 그리도록 한다(학생의 활동).

교사 : "위의 성질이 성립되는지 확인하기 위해서 먼저 노트에 각자 하나의 삼각형을 그려서 봅시다."

▶ 학생들이 증명을 직접 실행하도록 한다(학생의 활동).

교사 : "각자 노트 위에 그려놓은 삼각형에 대해서 선생님이 증명해 보였던 방법(각 변의 중점을 잡고, 수직이등분선을 그리고, ……)과 같이 위의 명 제를 증명해 보세요"

(잠시 후)"여러분이 그린 삼각형에서 위의 명제가 증명되었지요?"

학생들의 반응 : 자신이 그린 삼각형에서 위의 성질이 증명됨을 확인한다.

▶ 모두 다른 모양을 가지는 여러 가지 삼각형에서 위의 명제가 증명되었음을 이해시킨다.

교사 : "자신이 그린 삼각형 모양과 주변에 앉아있는 친구들이 그린 삼각형의 모양을 비교해 보세요"

학생들의 반응 : 학생들은 삼각형의 크기나 모양이 서로 다름을 확인한다.

교사 : "각자 다른 삼각형을 그렸는데도 위의 명제에서 나타내는 성질이 성립하였지요?"

학생들의 반응 : 학생들은 삼각형의 크기나 모양이 위의 명제를 증명하는 과정에 영향을 미치지 않았음을 이해한다.

▶ 위 명제에 제시된 기호 △ABC는 특정한 모양이나 특정한 크기의 삼각형을 나타내는 것이 아니라 임의의 삼각형을 나타내고 있음을 설명한다.

교사 : "위의 명제에서 △ABC는 어떠한 삼각형이라도 대신할 수 있는 이름이라는 것을 알 수 있지요?"

▶ 기호 △ABC가 변수임을 설명한다.

교사 : "△ABC를 나타내기 위해 그린 삼각형의 모양이나 크기가 서로 달랐어도 위의 명제가 모두 증명되었습니다. 이는 위의 명제에서 기호 △ABC가 나타내는 내용이 변할 수 있음을 의미하는 것으로써 여기서 기호 △ABC는 임의의 삼각형을 일반적으로 나타내고 있는 변수라고 볼 수 있습니다."

수 이외의 대상에 대한 일반화
(1, 2학년: 방정식 단원, 3학년: 확률 단원)

(지도방향 ④, ⑤ 적용)

일반화의 의미로 사용된 기호가 어떤 대상을 대신하고 있는지에 대한 설명을 명확히 한다. 예를 들면,

▶ 등식의 성질에 대한 표현 $a = b \Rightarrow a + c = b + c$에서

교사 : "여기서 a, b, c는 임의의 수에 대해 사용된 변수입니다."

▶ 연립방정식 $A = B = C$ 모양의 풀이법에 대한 설명에서

교사 : "여기서 A, B, C는 임의의 문자식에 대해 사용된 변수입니다."

▶ A지점에서 B지점까지 가는 경우의 수에 대한 설명에서

교사 : "여기서 A, B는 임의의 장소에 대해 사용된 변수입니다. A, B는 서울, 부산을 나타낼 수도 있고 우리 학교의 1층, 3층을 나타낼 수도 있습니다."

임의의 집합을 나타내는 다가이름
(1학년: 집합과 자연수 단원)

(지도방향 ③, ④, ⑤ 적용)

예를 들면 교집합 $A \cap B$의 기호를 도입할 때, 기호 A, B가 임의의 집합을 대신하는 이름임을 이해시킨다.

▶ 두 집합의 공통인 부분집합을 구하는 구체적인 예를 많이 제시한 후, 임의의

집합을 나타내는 변수 A, B를 도입하여 두 집합의 공통인 부분집합을 기호 A ∩B로 일반화한다.

교사 : "다음에서 두 집합에 공통으로 속하는 원소로 이루어진 집합을 알아보고 그것을 일반적으로 기호로 표현해 봅시다"

집합	집합	두 집합에 공통으로 속하는 원소로 이루어진 집합
{1, 3, 5} {2, 4, 8} {a, b, c} {귤, 배, 감} : :	{2, 3, 4, 5} {1, 2, 3} {a, c, d, f} {사과, 포도, 감} : :	{3, 5} {2} {a, c} {감} : :
A라 하자	B라 하자	A∩B로 나타내기로 하자

▶ A∩B의 기호 도입 후, 기호 A, B의 의미와 그 역할에 대한 설명을 한다.

교사 : "위 표의 예에서 알 수 있듯이 기호 A∩B는 두 집합의 공통 부분을 일반적으로 나타내는 것입니다. 여기서 말하는 두 집합은 어떠한 원소로 구성된 것이라도 가능하므로 기호 A, B는 임의의 집합을 대신하는 이름으로 사용된 것입니다. 이는 기호 A, B가 대신하고 있는 내용이 변할 수 있음을 의미하는 것으로서 여기서 기호 A, B는 변수임을 알 수 있습니다."

문자를 포함한 식의 계산
(3학년: 식의 연산 단원)

(지도방향 ④, ⑤ 적용)

변수를 형식적인 조작의 대상으로 다룰 때에는 그것을 기계적 조작이 행해지는 단순한 기호로만 취급하지 말고 때때로 주어진 문맥에서 변수가 대신하고 있는 대상이나 변수가 담당하고 있는 역할에 대한 고려를 해 주는 것이 필요하다. 예를 들면,

▶ 인수분해와 식의 전개 과정에서

교사 : "여기서의 문자에는 임의의 수가 대입될 수 있습니다. 임의의 수에 대한 분배법칙 $a(b+c)=ab+ac$도 인수분해와 식의 전개 과정이 적용

된 표현입니다."

▶ 다항식$(a+b)(x+y)$를 전개할 때 먼저 $x+y$를 P로 놓고 주어진 식을 $aP+bP$로 나타낸 후 $ax+ay+bx+by$로 이르는 과정에서

교사 : "문자 P는 식의 형태를 쉽게 파악하고 식을 간단히 하기 위해 사용된 것으로서 여기서는 $x+y$라는 문자식을 대신하고 있는 것입니다. 이렇게 수학에서는 식의 전개 과정이나 풀이 과정을 간단히 설명하기 위해 문자식을 다른 하나의 변수로 대치하기도 합니다."

"여기서 문자 a, b, x, y는 일반적으로 수를 대신하고 있는 변수이지만 경우에 따라서는 문자를 포함하는 식을 대신할 수도 있습니다. 또 문자 P는 다항식을 대신하여 사용된 변수입니다."

변하는 대상을 소재로 한 문제 상황 제공
(1, 2, 3학년: 함수 단원)

(지도방향 ① 적용)

함수 단원은 변수의 동적 변화성을 가장 자연스럽게 다룰 수 있는 단원이다.

▶ 함수는 실세계의 변화에 대한 인간의 의식에서 발생된 것임을 분명히 인식시킨다.

교사 : "우리 주위에 있는 많은 것들은 변하고 있습니다. 급속하게 변하는 것도 있고, 알아보기 어려울 정도로 느리게 변하는 것도 있고, 복잡하게 변하는 것도 있고, 규칙적으로 변하는 것도 있지요, 우리 주위에서는 실로 다양한 변화를 볼 수 있습니다. 함수는 변하는 두 양 사이의 관계를 밝히기 위해 생겨난 개념으로서 변하는 두 양 x, y 사이의 함수 관계로부터 우리는 한 값 x의 변화에 따라 다른 한 값 y를 결정하여 그 변화의 특징을 파악할 수 있습니다."

교사 : "이와 같이 함수는 변화하는 두 양을 x, y로 놓고 그들 사이의 관계를 밝히기 위해 얻어진 개념으로서 우리 주위에서는 한 값의 변화가 다른 값의 변화를 수반하고 있는 여러 가지 상황을 함수 관계로 파악할 수 있습니다."

▶ 변수의 동적 변화성을 부각시킬 수 있는 소재를 다룬다.

[일상적 현상으로서의 소재]

양초의 연소 시간과 남은 길이, 물탱크에 물을 넣는 시간과 그 깊이, 자동차가 소비한 휘발유의 양과 달린 거리 등.

[물리적 현상으로서의 소재]

용수철의 길이와 무게, 대기 기온과 온도, 금속에 가한 열과 늘어난 길이 등.

[도형적 현상으로서의 소재]

정사각형의 한 변의 길이와 넓이, 원의 반지름의 길이와 둘레의 길이 등.

변하는 대상의 고유의 속성 강조 (1, 2, 3학년: 함수 단원)

(지도방향 ① 적용)

▶ 위의 소재에서 다루고 있는 변하는 대상들이 시간에 종속하여 연속적으로 변하는 성질이 있음을 인식시킨다.

교사 : "대기의 기온이 10°C 에서 20°C로 갑자기 변하는 것이 아니라 10°C 에서 조금씩 오르기 시작하여 20°C에 이르는 것과 같이 현실세계의 변하는 대상은 시간에 지남에 따라 점차적으로 변해 가는(즉, 점진적으로 변하는 또는 연속적으로 변하는) 특징을 가지고 있습니다."

▶ 측정에 의해 변하는 대상의 연속성이 불가피하게 전환되는 과정을 의식하게 한다.

교사 : "변하는 대상들 사이의 관계를 나타내는 식에서 변수는 연속적으로 변하는 대상을 대신하고 있습니다.
(측정에 의해 그 값을 구하여 대응표를 만들거나, 한 측정값을 대입하여 다른 측정값을 구하는 과정에서)이렇게 변수가 몇 개의 값으로 표현되는 과정에서는 변수가 불연속적으로 변하는 것으로 생각됩니다. 그러나 이는 변하는 대상들 사이의 관계를 수학적으로 해석하게 될 때 변하는 대상의 연속성이 가려진 것일 뿐입니다."

▶ 그래프 그리기 단원에서는 주어진 식에서 특정한 값의 순서쌍을 찾아 좌표평면에 점을 찍고 변화의 특징에 주목하게 한다(학생의 활동).

교사 : "완성된 그래프의 모양을 보고 어떠한 관계에 의해서 두 양이 변해 가는지를 생각해 보고 그 변화의 특징을 찾아보세요."

교사 : "그래프의 점이 띄엄띄엄(불연속적으로) 나타나는 것은 실세계의 변화를 객관적으로 설명하기 위해 몇 가지 상황에 있는 대상의 값을 측정한 결과로서 실제의 변화를 전반적으로 표현한 연속 그래프의 일부분에 해당되는 것입니다."

언어적 표현의 공식에서 기호적 표현의 공식으로 전환
(1학년: 평면 도형 단원)

(지도방향 ③, ④, ⑤ 적용)

예를 들면 초등학교 시기에서 직사각형의 넓이를 구하는 공식을 (직사각형의 넓이)=(가로의 길이)×(세로의 길이)로 제시하였던 것을 A=LW의 형태로 제시할 수 있다.

▶ 문자의 도입 필요성과 수학에서 공식이 발휘하는 위력을 설명한다.

교사 : "초등학교 때 말로 표현했던 공식을 문자를 사용해서 표현하면 훨씬 간단하게 나타낼 수 있겠지요? 그리고 기억하기도 쉽고요.

수학에서 공식은 여러 가지 경우에 적용되는 일반적인 관계를 정리하여 나타낸 것으로서, 공식을 사용함으로써 우리는 특수한 경우마다 반복되는 사고를 줄일 수 있습니다."

▶ 일반적으로 공식에서 사용되는 문자는 그것이 대신하는 대상의 첫머리 글자를 따서 이름을 붙인다는 것을 설명한다. 이는 학생들이 공식을 풀어서 해석할 때 뿐 만 아니라 공식을 기억하게 하는데 큰 도움을 줄 수 있다. 또한 이를 통해 변수 학습에서 학생들은 문자를 의미와 연관지우는 과정을 훨씬 더 효과적으로 행할 수 있게 된다.

교사 : "직사각형의 넓이 공식 A=LW에서 A, L, W는 각각 area, length, width의 첫머리 글자를 따서 만든 것입니다."

▶ 공식을 이루는 각 문자에 대한 설명을 한다.

교사 : "여기서 문자 A, L, W의 값은 문제 상황에 따라 변하게 됩니다. A, L, W는 임의의 양(길이, 넓이)을 대신하는 변수로 사용된 것입니다."

▶ 공식을 적용할 때는 공식을 구성하는 각 성분 사이의 관계에 주목하도록 한다. 공식 적용을 위한 계산 문제로 한 성분의 변화가 다른 성분의 변화에 미치는 효과를 더욱 분명하게 파악할 수 있는 문제(예를 들면, 가로, 세로 길이가

모두 다른 직사각형을 제시하는 것보다 한 쪽의 길이는 같고 다른 한쪽의 길이가 변하는 직사각형을 제시하는 것)를 제공한 후,
교사 : "L이 상수이고 W가 변할 때, A에는 어떠한 변화가 일어납니까?"

初, 중등학교 각 시기에 지도되어야 할 변수 개념에 관한 내용과 그것을 지도하는 방법의 예를 다룬 이제까지의 논의를 통해 학교수학의 각 단계에서 적용되어야 할 변수 개념 지도의 계열을 그림 V-5와 같이 도식화해 보았다. 그림 V-5는 Ⅲ장에서 다룬 변수 개념의 위계적 관계 구조와 학습 수준을 바탕으로 초, 중등학교의 각 시기에 지도되어야 할 변수 개념에 관한 내용을 그 도입 순서대로 재구성해 본 것이다.

그림 V-5에서 보는 바와 같이, 학교수학에서의 변수 개념의 지도는 변수에 대한 형식적인 정의가 도입되는 중학교 시기에 갑자기 시작되어서는 안되고 초등학교 시기부터 초보적이나마 변수를 다루는 활동을 제시하고 그것을 점진적으로 형식화해 나가는 과정을 통해서 학생들이 변수의 의미를 내면화해 나갈 수 있도록 이루어져야 한다.

본 절에서는 학교수학의 각 단계에서 변수 개념의 내용을 어떤 수준에서 어떻게 도입하여야 하는가에 대한 논의를 하였지만, 변수 개념 지도 계열에 따라 본 연구에서 제시하고 있는 지도 방법은 극히 제한된 예를 가지고 간략하게 다룬 것에 불과하다. 실제 학교수학에서는 교과서 저자나 교사들이 변수가 사용되는 여러 문맥에서 변수를 구성해나가는 과정에 대해 보다 충실한 지도를 행하고자 하는 의지가 절대적으로 필요하다고 생각된다. 이는 변수 개념이 학생들의 사고안에 이미 내면화되어 있다고 가정하고 변수를 즉각적으로 도입하거나 암묵적으로 다루면서 변수에 대한 형식적 조작을 강조하는 기존의 지도 방식에서 과감히 벗어나야 함을 말해주는 것이다.

현재의 학교수학에서는 변수를 주로 형식적 조작의 대상으로 다루고 있으며 변수의 의미에 대한 고려가 소홀했던 것이 사실이다. 변수 학습 수준의 제2수준인 서술적 수준에서 변수의 본질과 그 의미를 충실히 다루지 않은 채, 제3수준인 이론적 수준에서 변수를 본격적으로 다루고 있으며, 과제 → 산출 식의 교재 내용에 따라 변수를 제4수준인 형식적 조작의 수준에서 의미에 대한 고려 없이 다루는 경향이 있다. 이러한 학습상황에서 학습자는 변수의 본질적인 의미를 충분히 경험하지 못하기 때문에 변수의 형식적 처리는 학습자에게 실질적인 의미를 주기 어렵게 된다.

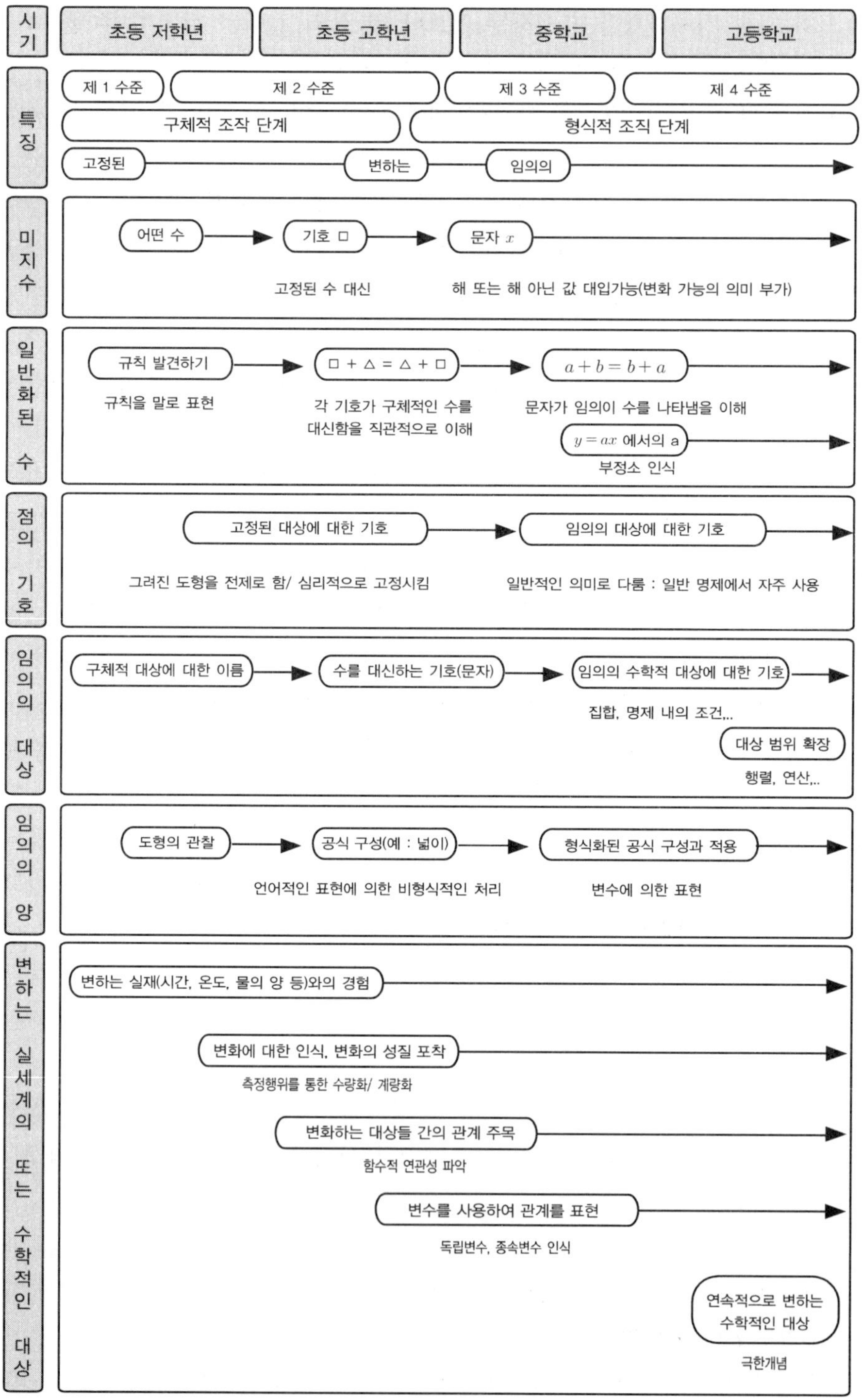

그림 V-5 : 학교수학에서의 변수 개념 지도 계열

학교수학에서는 변수를 항상 그 의미와 연관지으면서 다루어 나가는 과정이 중요시되어야 한다. 이에 따라 교과서 저자나 교사들은 변수 개념을 학습 수준에 맞는 지도 계열에 따라 도입하면서 변수가 사용되는 문제 상황에서는 학생들이 변수를 구성해 나가는 과정과 변수가 대신하는 대상 그리고 주어진 문맥에서 변수가 담당하고 있는 역할에 대해 반성할 수 있는 기회를 갖도록 안내해주는 입장에 있어야 할 것이다.

VI.

요약 및 결론

이 책의 내용은 크게 두 가지로 정리된다. 하나는 변수 개념을 분석하여 변수 지도에 관한 연구와 변수 지도의 실태에 대한 평가와 반성을 할 수 있는 이론적 토대를 마련하고자 한 것이고, 다른 하나는 학교수학에서의 변수 개념 지도의 실태를 확인, 반성하면서 바람직한 변수 개념 지도를 위한 구체적인 지도 방안을 모색한 것이다.

전자에 대해서는 변수의 본질에 대한 수학적 접근, 심리학적 접근, 인식론적 접근을 시도하고 변수 개념의 학습 수준을 규명하였다. 후자에 대해서는 교사들의 변수 개념에 대한 이해도 조사와 교과서 분석을 실시하여 변수 개념 지도의 실태에 대한 평가와 반성을 통해 현재의 변수 개념 지도 방식에 대해 보다 발전적인 대안을 마련해 보는 과정을 행하였다.

위와 같은 일련의 과정들은 변수에 대한 학생들의 '개념적 이해'를 위한 학습 지도 방안을 모색하기 위한 것이었다. 선행 연구의 결과는 수학 학습에서 변수 개념이 차지하는 중요성에도 불구하고 변수 개념에 대한 학생들의 개념적 지식이 결여되어 있음을 밝히고 있다. 대수 학습에서 무엇보다도 중요한 것은 산술적 사고에서의 '경험적 사고'와 대비되는 변수의 개념과 식의 동치 변형에 대한 '논리적 사고'이다(우정호, 1994, p.109). 변수는 산술에서 대수로의 전이를 위한 기초가 되며 수많은 수학적 아이디어들을 이해하기 위한 토대가 된다. 변수 사용으로 인해 생기는 위력이 대단히 큼에도 불구하고 그리고 수학에서 변수가 상당히 많이 다루어지고 있음에도 불구하고 학생들은 그 의미에 대한 고려 없이 변수를 형식적 조작의 대상으로 다루고 있다는 선행 연구의 결과들은 그 동안 학교수학에서 이루어져 온 변수 개념 지도에 문제점이 크다는 것을 지적하고 있다. 그것은 상이한 심층 구조를 가지는 변수의 다양한 의미를 가린 채 변수를 표층적 차원에서 도입하여 주로 해답 찾기를 위한 알고리즘 과정의 기호 조작으로서 다루고 있다는 지적이다.

변수는 '변화의 설명'과 '동시 고려'라는 근원에서 비롯된 것으로 변하는 대상과 다가이름이란 두 가지 본질을 갖는 개념이다. 변하는 대상으로서의 변수의 본질은 실제적 변화를 함의한다는 의미에서 동적 변화로, 다가이름으로서의 변수의 본질은 실제적이라기보다는 가상적 변화를 함의한다는 의미에서 정적 변화로 해석된다. 이는 수학에서 변하는 대상들 사이의 불변의 관계를 나타내기 위해 발생된 개념으로서 외적인 문제 상황은 다를지라도 결국 무엇인가를 대신한다는 자리지기의 개념으로 통합된다. 변수 개념의 표층이 바로 자리지기로 나타나는 문자 기호이며 그 이면에 있는 심층은 동적 변화와 정적 변화라는 상이한 두 가지 구조로 구분된다. 또한 변수의 상이한 심층 구조는 변수가 대신하는 대상의 유형과 그 성질에 따라 또 다른 방식으로 구분된다. 이러한 구분은 수학에서 변수를 이용해 표현되는 대수식을 공식, 방정식, 항등식, 함수식 등과 같이 서로 다른 명칭으로 부르는 것과 관계가 있다. 변수는 그 속성이 다양하다는 사실 때문에 수학에서 다양한 의미로 사용되고 있는 것이다. 그러나 현재의 학교수학에서는 변수를 지나치게 간략화된 정의로 제시하고 있기 때문에 학생들이 변수의 다양한 의미를 쉽게 포착하기 어려웠고 결국 학생들의 변수에 대한 개념적 이해의 결여라는 결과가 초래되었다. 이로 인해 학생들은 변수에 적극적으로 의미를 부여할 수 있는 능력을 갖지 못하게 되고 수학에서 변수를 통해 얻을 수 있는 많은 이점을 경험하지 못하게 된 것이다. 그것은 구체적인 학습 상황에서 공식이 수학에서 발휘하는 강력한 힘을 인식하지 못하거나 방정식의 일반해의 의미, 교환법칙이나 배분법칙과 같은 일반화된 법칙이 나타내는 의미와 그 역할을 뚜렷이 파악하지 못하는 상황으로 나타난다. 변수 개념이 내면화되어 있지 않은 학생들은 $a+b=b+a$라는 식을 접하여도 이 식이 모든 수에 대해 성립되는 일반적인 성질을 나타내고 있다는 것을 명확히 인식하지 못하고 심지어는 a와 b가 같은 경우에는 이 식이 적용될 수 없다고 생각하기도 한다. 이 식이 $2+2=2+2$의 경우까지도 포괄하고 있다는 것을 깨닫지 못하는 것이다. 변수 개념 학습에서 나타나는 이러한 현상은 바로 변수 개념에 대한 개념적 이해의 결여에서 발생되는 것이라고 할 수 있다.

따라서 이 책에서는 변수에 대한 학생들의 '이해'의 문제를 해결하기 위한 바람직한 변수 개념의 학습-지도 방향을 탐색해 보고자 하였다. 이를 위해 먼저 변수 개념을 '이해'한다는 것의 의미가 무엇인가를 분명히 밝히고자 하였다. 개념 이해에 대한 칸트의 일반적인 해석을 바탕으로 변수 개념을 이해한다는 것을, 변수에 대한 형식적인 정의 혹은 언어적인 설명을 할 수 있을 뿐 만 아니라 수학적 문맥에서 변수의 속성을 지닌 사례들을 접할 때마다 그것을 변수라는 추상적 개념을 통해서 볼 수 있으며 필요한 경우 변수를 이용하여 주어진 상황을 수학적으로 조직해 나갈 수 있는 능력을 가지고 있는 상태로 파악하였다. 따라서 변수 개념의 이해에는 변수라는 개념적인 수단을 통해 변하는 현상을 볼 수 있는 안목의 형성이 중요한 요소가 되고 그러한 안목의 형성을 위해서는 변수 개념의 지도가 변수의 본질로부터 출발하여야 한다는 사실을 확인하였다. Fischer와 Freudenthal의 수학 학습 지도 이론은 위와 같은 사실을 뒷받침하면서 학습자의 변수 개념 '이해'의 문제를 해결하기 위한 학습-지도 방법에 대한 적절한 방향을 제시하고 있다. Fischer가 제시한 열린 수학의 이론과 Freudenthal의 교수학적 현상학은 개념의 진정한 '이해'는 개념을 구체화한 사례들을 단지 접하는 과정에서 곧바로 형성되는 것이 아니라 개념의 본질을 직접적으로 경험하는 과정에서 생겨나는 것으로서 파악하고, 개념 지도는 개념의 본질을 바탕으로 하여 개념의 발생 상태와 그 개념을 이루는 아이디어의 배경과 관련되어 도입되어야 한다는 점을 강조하고 있다. 이러한 입장에서 보면, 학교수학에서 이루어지는 개념 지도는 개념을 최종적으로 잘 다듬어진 결과로서 다루어서는 안되며 그 이면에 있는 핵심 원리와 관련지어 도입하면서 학생들에게는 개념적 수단을 통해 현상을 조직화해 나가는 과정에 능동적으로 참여할 수 있는 기회를 마련해 주어야 한다.

변수 개념 분석의 첫 번째 단계에서는 변수 개념의 본질을 밝히는 작업을 시도하였다. 변수는 수학 언어에서 뿐 만 아니라 일상언어에서도 그 존재를 확인할 수 있는, 의사소통이 이루어지는 언어체계 속에서 필연적으로 발생하는 하나의 언어학적 현상이며, 변화의 설명과 일단의 상황에 대한 동시 고려라는 근원에서 비롯된 변하는 대상과 다가이름의 두 가지 본질을 가진다. 이는 각각 변수의 동적 측면, 정적 측면을 대표하고 있다. 변수의 동적 측면은 변화하는 세계에 살고 있는 우리가 변화하는 세계를 설명하기 위한 수단으로서, 변수의 정적 측면은 수학적 사고의 중요한 요소인 패턴의 일반화를 표현하는 수단으로서 주요한 의미를 가진다. 그러나 변수라는 공통용어로 서로 관련을 맺고 있는 변하는 대상과 다가이름의 본질은 변수를 자리지기로 보는 현대적 관점에 의해 가려지면서 학교수학에서 그 의미를 충분히 살려내지 못하였음이 드러난다.

변수 개념 분석의 두 번째 단계에서는 변수 개념에 대한 수학적 접근을 시도하여 변수의 본질이 실제 수학적 문맥에서 어떠한 의미와 어떠한 양상으로 재조직화되어 나타나고 있는지를 살펴보았다. 변수는 변화하는 양, 집합의 원소의 총칭, 대상에 대한 일반적인 기호인 여러 가지 정의로 표현되며 현대에는 '변화'를 함의하는 모든 수학적 상황에 적용되는 포괄적인 의미로 사용되고 있다. 변수의 미묘한 특징은 상황에 따라 그 속성이 변한다는 것이다. 변수에는 조건이 붙을 수도 있고 그렇지 않을 수도 있으며 여러 개의 대상을 대신할 수도 있고 단 하나의 대상을 대신할 수도 있다. 또한 연속적으로 변할 수도 있고 불연속적으로 변할 수도 있다. 이러한 다양한 속성으로 인해 대수에서 변수가 담당하고 있는 역할은 여러 가지 용어로 구분되어 표현되고 있는 것이다. 방정식에서는 불연속적으로 변하는 미지수로, 부등식에서는 연속적으로 변하는 미지수로, 다항식에서는 아직 결정되지 않는 상수를 대신하는 부정소로, 항등식에서는 일반화된 수로, 함수에서는 독립변수, 종속변수, 매개변수로 나아가 추상대수에서는 의미와 무관한 임의의 문자로 취급되는 것이다. 변수를 대수에서의 역할이란 관점에서 바라보든지, 학생들이 조작하는 방식의 관점에서 바라보든지 변수 개념이 다면적이란 것은 명백한 사실이다. 변수의 이러한 다면적인 특징으로 인해 학생들이 교과서나 교사의 적절한 도움 없이 변수 개념이 함의하는 다양한 의미를 쉽게 포착하기란 쉬운 일이 아니며, 변수가 수학학습에서 차지하고 있는 그 중요성에도 불구하고 실제로 학생들은 변수의 의미를 올바로 이해하고 있지 못한 결과가 나타나고 있는 것이다.

변수 개념 분석의 세 번째 단계에서는 변수 개념의 심리학적 접근을 시도하여 변수 표현의 중심이 되는 문자의 이해 수준과 변수 개념 학습에서 나타나는 인지적 장애의 유형을 밝혔다. Küchemann(1981)의 연구 결과를 바탕으로 문자 이해의 4가지 수준을 설정하고 이를 Piaget의 인지발달 수준과 관련지어 보았다. 그 과정에서 Piaget가 변수를 올바로 다루는 것은 형식적 조작 수준에서의 능력이라고 말하고 있듯이 변수 개념에 대한 완전한 이해는 형식적 조작 단계 말기에 가서야 비로소 가능해지는 것임을 확인하였다. 변수 개념 학습에서 나타나는 인지적 장애는 학생들이 변수에 대한 형식적 정의를 배우기 이전부터 오랜 시간에 걸쳐 접해온 이러저러한 여러 가지 경험을 통해 형성된 그들 나름대로의 변수에 대한 개념 이미지에서 비롯된다. 인지적 장애를 유발하는 개념 이미지는 변수에 대한 그릇된 개념 이미지 혹은 오개념이라고 불리는데, 이는 변수를 포함하고 있는 몇몇 문제 상황에서는 적절한 지식으로 작용하다가 좀 더 일반적인 문제에 가서는 적용하기 어려운 부적절한 지식으로 판명되는 것이다. 외국학생들과 우리나라 중등학생들을 대상으로 한 실험 결과는 변수 개념에 대한 인지적 장애의 몇 가지 유형을 밝히고 있는데 그러한 인지적 장애는 미성숙된 학습자의 인지상태에서 비롯한 것이라기보다는 일반적으로 교과서나 교사의 부주의한 혹은 부적절한 지도 방식, 제한된 학습경험의 제공에서 비롯된 것으로 해석되고 있다. 이는 교과서나 교사가 학습자의 올바른 변수 개념 형성을 위해 그들에게 풍부한 학습경험을 제공하면서 적절한 지도방식을 취한다면 학생들이 경험하는 인지적 장애를 완화시킬 수 있다는 가능성을 시사하고 있는 것이다. 학생들이 경험하는 인지적 장애를 완화시키고자하는 노력은 컴퓨터 프로그래밍 경험이 아동의 변수 개념 발달에 미치는 영향에 대한 선행연구에서도 찾아 볼 수 있다. 선행연구의 결과는 컴퓨터 프로그래밍 경험이 변수 개념 학습에 영향을 미치는 긍정적 측면과 부정적 측면을 밝히고 있다. 긍정적 측면은 프로그래밍에서 변수를 다루었던 경험이 대수적 사고에 대한 이해를 증진시키고 전통적인 대수 문맥에서 변수를 보다 적절히 다룰 수 있게 하는데 도움을 줄 수 있다는 것이다. 변수에 대한 개념적 토대 제공, 오개념의 완화, 인지적 장애의 해결로 설명되는 긍정적 측면은 구체적으로 학생들이 변수 기호의 임의성을 이해하고 변수를 포함하고 있는 완결되지 않은 대수식을 완전한 하나의 대상으로 받아들이게 하는데 도움을 주었으며 일반적인 방법에 대한 이해를 심화시키고 변수를 사용하여 일반적인 방법을 표현하는 능력을 기를 수 있음을 밝히고 있다. 부정적 측면은 학생들이 변수 개념 그 자체에 무감각해질 가능성이 있다는 점, 프로그래밍의 특성상 명령어와 함께 쓰는 변수 값의 입력은 양의 정수인 경우가 대부분이어서 변수가 가지는 변역에 대한 제한된 상을 가질 수 있게 한다는 점 등이다. 그러나 컴퓨터를 통한 학습은 변수 개념에 대해 이미 알려져 있는 인지적 장애를 해결한다는 측면에서 대체로 그 긍정적 효과를 인정하고 있으며 Shutherland(1987,1991), Tall & Thomas(1991)는 컴퓨터 환경을 변수 개념 발달에 효과적인 학습의 장으로 이용하는 것을 제안하고 있다.

변수 개념 분석의 네 번째 단계에서는 대수적 사고의 역사적 발달 과정 속에서 변수 개념이 어떻게 구조화되어 왔는가를 살펴보았다. 구체적 대상에서 출발하여 내면화 → 압축 → 실재화의 단계를 거치면서 조작적 개념에서 구조적 개념으로 발전되어 가는 개념형성 과정을 모델로 하여 대수의 발달사를 조작과 구조의 관점에서 다루어 보았다. 조작에서 구조로의 진화 과정이라는 대수 체계의 발달사를 통해 변수에 대한 해석이 고정된 미지의 값에서 변하는 양(수), 임의의 양(수)으로, 의미가 부여되지 않은 문자로, 임의의 대상을 나타내는 기호로 변하여 온 과정을 밝히고 대수적 사고가 보다 상위의 수준으로 전개 가능하였던 시점은 바로 일반화가 형식화되는 수준이었음을 확인하였다. 이러한 의미에서 본다면 학교 대수의 교육은 일련의 절차와 구조의 조정으로 해석되고 계속적인 대수 학습을 통한 지식의 성장을 위해서는 대수의 구조적인 면을 이해하도록 할 수 있는 준비가 필요하며, 이를 위해서는 변수 개념 지도가 일반화의 맥락에서 진행될 필요가 있다는 함의점을 찾을 수 있었다. 이는 변수 개념 지도에서 일반화를 가능하게 하는 다가이름으로서의 변수의 본질을 중요시하여야 한다는 사실에 대한 또 하나의 이론적 근거를 제공한 것이었다. 현재 학교수학에서 변수 사용의 중심을 이루는 방정식의 자리지기 역할로서의 미지수는 대수의 조작적 측면을 반영하는 것으로서 변수 학습이 이 수준에 계속 머물러 있게 되면 보다 상위 수준의 대수 학습으로의 진전은 크게 기대하기 어려워지는 것이다.

변수 개념 분석의 마지막 단계에서는 변수 개념의 학습 수준에 대하여 논의하였다. Freudenthal에 의하면 수학적 개념의 학습과정은 바닥 수준에서 출발하여 탐구 수준으로 더 나아가 좀 더 상위의 수준으로 거듭되는 비약에 의해 특징지워지는 수학화 활동으로서, 수학학습의 본질은 인식 수준간의 비약이 이루어지는 불연속적인 과정이다. 따라서 학교수학에서는 학생들의 수학적 사고활동을 강화시키는 방향으로 수학의 학습 지도가 이루어져야 하며 그것은 바로 '수학화의 경험'을 제공하는 문제로 귀착된다. 수학적 개념의 학습 과정에 대한 설명은 van Hiele의 학습 수준 이론에서 더 명확해지는데 van Hiele는 수학 학습을 한 수준에서 다음 수준으로의 비약을 통해 학습의 수준이 상승되어 가는 과정으로 보고 기하학습의 수준에 대한 그의 통찰을 일반화하여 수학 전체의 교수-학습에 적용될 수 있는 보다 확장된 수준 이론을 제시하고 있다. 본 연구에서는 van Hiele가 제시하는 수학적 개념의 학습 수준에 비추어 변수 개념의 학습 수준을 설정하고 이를 바탕으로 변수 개념의 위계적인 관계 구조를 구성해 보았다. 변수를 구체적 상황에서 무의식적으로 다루는 수준에서 변하는 대상에 대한 성질과 그들 사이의 내적 질서에 대한 비형식적인 분석을 하고 이를 기술하면서 변수에 대한 심상을 갖기 시작하는 서술적 수준, 문자에 의해 변화 현상을 조직화하면서 대수화가 이루어지고 변수 개념의 정의가 다루어지게 되면서 변수를 명시적으로 사용하게 되는 이론적 수준, 추상대수에서 변수에 대한 형식적 조작을 행하는 형식적 논리를 파악하는 수준에 이르기까지 변수 개념의 학습 수준을 구분해 볼 수 있다. 변수 개념의 학습은 변수의 형식적인 정의를 도입하면서 갑자기 시작되는 것이 아니라 개념이 정의되기 훨씬 이전부터 변수 개념을 조직하기 위한 구체적인 활동이 존재하여 그 활동을 바탕으로 한 거듭되는 반성과 의식화에 의해 변수의 본질을 점진적으로 형식화해 나가는 과정으로 이루어지는 것이다. 학교수학에서의 변수 개념 지도는 기호화된 변수가 무엇을 의미하는 것이며 그것이 수학에서 어떤 일을 하는 것인가에 대한 보다 명확한 이해가 가능하도록 지도되어야 한다. 이를 위해 기호에 대한 알고리즘적 조작보다 변수의 개념적 이해를 위한 지도를 강조해야 한다. Skemp가 개념의 심층 곧, 개념적 구조가 빈약한 표층 구조의 학습으로는 결국 계속적인 학습에 의한 지식의 성장을 기대하기 어렵다고 말하고 있듯이, 학교수학은 장기적인 안목에서 개념에 풍부한 의미를 부여할 수 있는 즉, 심층적 차원에서의 개념 지도를 행하여야 하며 교사는 그러한 학습-지도의 방법을 모색하는 끊임없는 노력을 해야 한다.

변수 개념 분석을 통해 얻은 변수 개념에 대한 이론적 배경을 바탕으로 실제로 학교수학에서 변수가 어떻게 지도되고 있는지, 다시 말하면 실제로 교사의 변수 개념 이해 상태는 어떠한지, 그들은 학생들에게 변수 개념을 어떻게 지도하고 있는지 그리고 변수 개념을 교수학적으로 변환하여 명시적으로 제시하고 있는 교과서의 내용은 어떠한지에 대한 검토를 행하였다. 변수 개념에 대한 일반적인 인식을 조사하는 문제, 변수 개념의 본질에 대한 이해를 조사하는 문제, 변수 사용의 제 측면에 대한 이해를 조사하는 문제로 질문지를 구성하고 현직교사 194명, 예비교사 139명, 총 333명을 대상으로 조사를 실시하였다. 현직교사를 대상으로 한 1차 조사는 서울대학교에서 실시하는 중등 1, 2급 정교사 자격연수 과정에 참가하고 있는 중등학교 수학 교사들을 대상으로 실시하였고, 예비교사를 대상으로 한 2차 조사는 전주교대 수학교육과, 청주교대 수학교육과, 서울대 수학교육과, 전북대 수학교육과 학생들을 대상으로 실시하였다. 조사 결과는 교사들이 변수 개념을 올바르게 파악하고 있지 못하며 변수 개념을 학생들에게 지도할 때에도 그다지 신중을 기하고 있지 않다는 사실을 잘 보여주고 있다. 이를 구체적으로 살펴보면 많은 교사들이 포괄적인 의미를 가지는 변수를 용어 그대로 해석, 상당히 축소된 의미인 '변하는 수'로 단순히 해석하고, 변수가 나타내는 대상을 극히 제한된 범위에서만 생각하고 있었다. 그들은 변수의 본질인 변하는 대상에서의 의미를 고려하고 있지 않았으며 변수 개념의 본질을 함의하고 있는 문자를 변수의 사례로서 바르게 인식하고 있는 경우도 드물었다. 변수 사용의 제 측면에 대한 문제의 결과를 보아도 상당수의 교사들이 수학적 문맥에서 나타나는 변수의 구체적 사례들을 변수라는 개념을 통해서 바라보고 있지 않음을 알 수 있었다. 교사들은 학생들에게 변수 개념을 지도할 때 그 다양한 의미에 대한 고려 없이 몇 가지의 예를 통해 직접적으로 도입하는 경향이 있었다. 교사들은 변수가 사용된 몇 가지 예 가령, 함수나 방정식에서 사용되는 x, y 따위의 문자들을 예로 들면서 '이와 같이 사용된 문자를 변수라고 한다'라는 식의 설명에 그치고 있으며 때로는 '특별히 설명하지 않는다', '변수 개념을 알고 있다고 생각하고 변수 개념을 언급하지 않을 때가 많다'라고 말하면서 학교수업에서 변수 개념을 암묵적으로 다루고 있음을 나타내고 있었다. 학생들의 변수 개념 '이해'의 문제를 해결하기 위해서는 먼저 교사의 올바른 개념 이해가 선행되어야 할 뿐만 아니라 그들이 학생들에게 변수 개념을 지도하는 방법에 있어서도 개선이 요구된다. 위와 같은 조사 결과는 교사 연수 과정과 같은 교사 재교육 과정에 반영될 필요가 있다.

교사의 변수 개념 이해도 조사에 이어 각 교육과정기에 사용된 중학교 수학 교과서를 분석하였다. 교과서 분석은 변수의 본질과 그 의미가 어떻게 다루어지고 있는가에 주목하면서 진행되었다. 생활중심 교육과정 → 교과중심 교육과정 → 문제해결 중심 교육과정으로의 교육과정 변화의 흐름을 통해 변수에 대한 형식적인 정의도 약간씩의 변화를 겪었으며 변수를 다루기 위한 소재로서 제시되는 문제 상황도 실세계의 변하는 상황에서 수 집합 사이의 관계를 포함하는 상황으로 바뀌어 왔음을 확인할 수 있었다. 변수라는 용어는 주로 함수관계에서 도입되었기 때문에 함수의 본질을 무엇으로 보느냐에 따라 그 정의는 달라진다. 따라서 함수의 본질을 '종속'으로 보는 관점에서 '대응'으로 보는 관점의 변화가 이루어진 3차 교육과정기를 기점으로 하여 변수에 대한 정의는 '변하는 대상'의 개념에서 '집합의 원소'의 개념으로 급격한 전환을 하였다. 그 이후 교과서에는 집합론적 언어가 본격적으로 도입되면서 자연히 변수로 조직되는 현상에 대한 소재는 실세계의 변하는 대상이 아닌 수 집합으로 바뀌어갔다. 따라서 변하는 대상이라는 변수의 본질을 다루는 내용은 교과서에서 점점 사라져 갔고 변수가 함의하는 '변화'의 의미는 여러 가지 값을 대신한다는 다가적인 의미로 받아들여지게 되었다. 그러나 교과서는 집합의 개념을 이용하면서도 다가이름의 본질을 충분히 살려 내지는 못하였다. 변수를 사용한 일반화된 식이나 표현이 교과서에 빈번히 제시되고 있지만 일반화의 맥락에서 사용되고 있는 변수는 직접적으로 도입되고 있으며 일반화하는 과정은 학생들의 능동적인 경험으로서 제공되지 못하였던 것이다. 또한 변수 사용의 제 측면이 전 학년에 걸쳐 다양한 단원에서 제시되고 있기는 하지만 변수에 대한 학생들의 직접적인 경험은 수의 대입이 가능한 형식적인 기호, 문제해결 과정에서의 미지수의 역할을 하는 변수 사용법에 치중되어 있다. 대부분의 교과서는 변수 개념을 논하는데 아주 적은 공간과 시간을 할애하였고 결국 변하는 대상과 다가이름이라는 변수의 본질은 교과서 내에서 의미 있게 제시되지 못하였다.

또한 변수 개념이 초등학교 시기부터 중등학교 시기에 이르기까지 어떠한 지도 계열아래 어떻게 도입되고 있는가에 대해 살펴보기 위해 현행 교육과정의 초, 중등학교 수학 교과서를 분석하였다. 이는 학교수학이 변수 개념의 다양한 측면 가운데 어떤 내용을 어떠한 순서로 다루고 있으며 학생들에게 변수 개념의 본질을 인식시키도록 그 내용을 어떻게 조직하고 있는가를 확인하기 위한 것이었다. 교과서 분석 결과로부터 현행 학교수학에서의 변수 개념 지도의 전체적인 상황을 크게 3가지로 구분하여 정리해 볼 수 있다. 첫째, 현재의 변수 개념 지도는 변수가 방정식의 해에 대한 자리지기의 개념으로 다루어지는 경향이 있다. 이는 변수의 '변화'나 '대표'의 의미보다도 '대입'의 의미가 강조되고 있다는 사실에서 명백하다. 실제로 변화하는 양 사이의 관계를 나타내는 함수에서 변수의 형식적인 정의가 도입될 때도 그러한 변수가 생겨난 원천 즉, '변화하는 대상'으로서의 개념이 빠뜨려진 채 변수는 단지 대입 가능한 형식적인 기호로서 취급되고 있는 것이다. 교과서는 변수의 기본 아이디어를 이루는 변하는 대상에 주목하기 보다는 함수값을 구하거나 조건에 맞는 함수식을 찾는 과정을 부각시키면서 결국 변수를 여러 가지 값을 갖는 문자 내지는 미지수로서 다루고 있는 것이다. 이는 변수의 핵심인 '변화'에 대한 보다 분명한 의식을 회피하고 있는 것이다. 둘째, 변수 개념의 본질이 그 발생의 맥락에서 의미 있게 다루어지고 있지 않다. 이 역시 변수의 '변화'의 의미와 '대표'의 의미를 소홀히 다루고 있음을 지적하는 것이다. '변하는 대상'이라는 변수의 본질을 부각시킬 수 있는 함수 단원에서조차 변수는 주로 수를 대상으로 한 집합에서만 취급되고 있으며 다가이름이라는 변수의 본질이 일반화의 맥락에서 의미 있게 다루어지고 있지 않다. 일반화된 표현은 구체적 상황에서 충분한 예가 주어지지 않은 채 직접적으로 도입되고 있으며 일반화된 표현을 특수한 경우에 적용하는 과정 역시 충분히 제시되고 있지 않다. 또한 변수 사용의 제 측면이 연관성 없이 독립적으로 다루어지면서 그것들이 변수라는 추상적인 개념 아래 잘 정돈되지 못하였음이 관찰된다. 셋째, 변수가 나타내는 대상이나 주어진 문맥에서 변수가 갖는 의미에 대한 고려가 충분히 이루어지고 있지 않다. 변수는 주로 형식적 조작의 대상으로 다루어지고 있고 변수로 사용되는 기호들 사이의 관계만이 중요시될 뿐 학생들에게 서로 관계를 맺고 있는 변수 기호의 의미를 이해시키려는 노력은 찾아보기 어렵다. 이러한 학습에 의해 학생들은 변수를 포함하고 있는 문제를 기계적으로 바르게 해결할지는 모르지만 변수의 본질과 그 의미를 충분히 경험하지 못했기 때문에 형식적 조작에 의해 다루어지는 변수는 학생들에게 실질적인 의미를 주기 어렵게 된다.

학교수학에서는 변수라는 용어가 기본적인 용어로 다루어지면서도 그 개념에 대한 충분한 설명이 제시되고 있지 않은 채, 변수에 대한 아이디어가 여러 가지 수학적 상황에서 암묵적으로 사용되어지는 경우가 많다. 변수에 대한 형식적 정의는 중학교 시기의 함수 단원에서 제시되고 있기는 하지만 그 개념의 풍부함과 의미의 다양성이 충분히 부각되어 지도되기 보다는 함수에 딸린 보조 개념으로서 한번 등장하고는 변수라는 용어의 의미에 대해 학생들이 '이미 알고' 있다고 가정하고 변수를 사용하고 있는 것이다. 교과서 저자나 교사들은 다양한 문맥에서 여러 가지 의미로 접근 가능한 변수 개념을 학생들이 주어진 문제 상황 속에서 그 의미를 즉각적으로 이해해 주기를 바라고 있는 듯하다.

변수 개념 분석과 변수 개념 지도의 실태에 대한 확인 과정을 통해 기존의 변수 개념 지도방식에 대한 반성이 필요함이 확인되었고, 따라서 변수 개념에 대한 학생들의 진정한 이해를 위해서는 현재의 지도 방식이 적절히 수정, 보완될 필요가 있다는 제안을 하게 되었다. 이에 대하여 본 연구에서는 Fischer의 열린 수학과 Freudenthal의 수학교육 이론에서 주장하는 개념의 역사 발생적 지도방식이 학생들의 바람직한 변수 개념 형성에 효과적일 것임을 가정하고 그러한 지도방식에 입각한 변수 개념 지도의 방향을 제시하여 보았다. 제시된 방안들은 변수의 본질과 관련해서 그 발생의 맥락을 되짚어 보고 변수로 조직될 필요가 있는 상황을 학습자가 생생하게 경험하도록 함으로써 변수의 핵심에 접근하도록 해야 한다는 것이다. 그 내용은 다음과 같다. 첫째, 실세계의 변하는 대상에 대한 풍부한 경험이 제공되어야 할 필요가 있다. 변수가 함의하고 있는 '변화'의 의미는 실세계의 변하는 대상에서 가장 생명력 있게 그리고 가장 자연스럽게 나타난다. 둘째, 변하는 대상을 수학적으로 처리 가능하도록 문자화해 나가는 단계를 의식화시키는 것이 필요하다. 변수로 조직될 필요가 있는 현상에서 변하는 대상 사이에 존재하는 불변의 관계를 포착하여 그 관계를 나타내기 위해 변하는 대상을 마치 변하지 않는 것처럼 하나의 문자로 고정시켜 임의의 문자로 표현하기까지의 각 단계를 학생들에게 의식화시키고 실제로 그러한 의식을 통한 변수 조직의 경험을 하게 한다면 변수의 의미, 변수의 표현, 변수의 사용에 대한 그들의 이해를 심화시킬 수 있을 것이다. 셋째, 특수에서 일반으로, 일반에서 특수로의 상호전환 과정이 학습자의 직접적인 경험으로 제공되어야 한다. 이는 학생들이 다가이름으로서의 변수의 본질을 이해하고 일반화를 위해 변수를 사용하는 방식, 변수가 나타내는 대상에 대한 인식을 하는데 도움을 주기 위한 것이다. 넷째, 변수 사용법에 대한 이해를 용이하게 하기 위하여 수학에서 나타나는 문자의 다양한 사용법에 대한 구분을 명확히 하고 그것을 적절한 단계에 따라 순차적으로 도입하는 것이다. 변수의 표현 수단인 문자의 다양한 사용법은 아동의 문자 이해 수준을 고려하면서 도입되어야 변수에 대한 보다 완전한 이해를 꾀할 수 있다. 다섯째, 수학에서 변수가 사용되는 각각의 문제 상황에서 그 문맥과 연결되어 변수가 갖는 의미를 상황에 맞는 설명으로 재해석해 줄 필요가 있다. 변수에 대한 형식적인 정의를 학습하였다 하더라도 학생들은 그 정의를 바탕으로 하여 각 문맥에서 변수가 갖는 의미를 정확히 포착할 수 있을 만큼 유연한 사고를 가지고 있지 못하므로 교사는 특정한 상황에서 사용되고 있는 변수의 의미와 그 역할에 대한 보조설명을 해줄 필요가 있는 것이다.

이 책에서는 이상과 같은 다섯 가지 지도방향을 구체화하기 위해 학교수학의 각 단계에서 변수 개념이 어떤 수준에서 어떻게 도입되어야 하는가에 대해 생각해보았다. 이를 위해 수학적 개념의 학습수준 이론에 따른 변수 개념의 위계적 관계 구조와 학습 수준을 기본 바탕으로 하여 초, 중등학교 각 시기에 지도되어야 할 변수 개념의 내용과 그 지도방법의 예를 구상해 보았다. 그러나 이 책에서 제시하고 있는 지도 방법의 예는 극히 제한된 것에 불과하다. 학교수학에서는 변수가 사용되는 여러 문맥에서 변수의 아이디어, 변수의 의미, 변수를 구성해나가는 과정에 대해 보다 충실한 지도를 행하고자 하는 사고의 전환이 절대적으로 필요하다. 이는 변수 개념이 학생들의 사고 안에 이미 내면화되어 있다고 가정하고 변수를 즉각적으로 도입하여 암묵적으로 다루면서 변수에 대한 형식적 조작을 강조하는 기존의 지도방식에서 과감히 벗어나야 함을 말하는 것이다.

이 책에서 제시하고 있는 변수 개념 지도를 위한 구체적인 방안들이 학교수학에서 그대로 재현되기란 쉬운 일은 아닐 것이다. 그것은 시간 부족, 학생 수와 지도 내용의 과다 등 현실적인 문제가 뒤따르기 때문이다. 그러나 변수 개념 지도의 개선을 시도하는 끊임없는 노력이 이루어져야 할 것이다. 이 책에서 제시하고 있는 변수 개념 지도 방향이 학교수업에서 변수 개념을 지도하는 방법을 개선하는데 기여할 수 있기를 기대한다. 그렇게 되기 위해서는 본 연구의 결과가 변수 개념 지도에 반영되어 그 동안 이루어져온 변수 개념 지도 방식이 실천적으로 보완되고 변수에 대한 학생들의 이해를 심화시킬 수 있는지에 대한 후속연구가 뒤따라야 할 것이다.

참고문헌

강옥기 외 2인(2000). **중학교 수학 7-가** 교사용지도서. (주)두산.

강옥기 외 2인(2000). **중학교 수학 7-가**. (주)두산.

강 완·백석윤(1998). **초등수학교육론**. 서울: 동명사.

강행고 외 9인(2000). **중학교 수학 7-가** 교사용지도서. (주)중앙교육진흥연구소.

강행고 외 9인(2000). **중학교 수학 7-가**. (주)중앙교육진흥연구소.

고성은 외 5인(2000). **중학교 수학 7-가** 교사용지도서. (주)블랙박스.

고성은 외 5인(2000). **중학교 수학 7-가**. (주)블랙박스

교육부(1995). **국민학교 수학 1-1**. 서울: 교육부.

(1995). **국민학교 수학 1-2**. 서울: 교육부.

(1995). **국민학교 수학 2-1**. 서울: 교육부.

(1995). **국민학교 수학 2-2**. 서울: 교육부.

(1996). **국민학교 수학 3-1**. 서울: 교육부.

(1996). **국민학교 수학 3-2**. 서울: 교육부.

(1996). **국민학교 수학 4-1**. 서울: 교육부.

(1996). **국민학교 수학 4-2**. 서울: 교육부.

(1990). **국민학교 산수 5-1**. 서울: 교육부.

(1990). **국민학교 산수 5-2**. 서울: 교육부.

(1990). **국민학교 산수 6-1**. 서울: 교육부.

(1990). **국민학교 산수 6-2**. 서울: 교육부.

교육부(1997). 제7차 수학과 교육과정. 교육부.

교육부(1999). 제7차 중학교 수학과 교육과정 해설. 교육부.

금종해 외 3인(2000). **중학교 수학 7-가 교사용지도서**. (주)고려출판.

금종해 외 3인(2000). **중학교 수학 7-가**. (주)고려출판.

기우항, 박진석, 황석근, 이재돈(1991). **중학교 수학 3**. 교학연구사.

김남희(1992). 변수개념과 대수식의 이해에 관한 연구. 교육학 석사 학위 논문, 서울대학교 대학원.

김남희(1997). 변수(문자)의 의미 이해를 위한 고찰. **대한수학교육학회논문집, 제7권** 제1호, pp.345-356.

김남희(1999). 학교수학의 변수 개념 학습과 관련된 몇 가지 지도 문제에 대하여. **대한수학교육학회지, 학교수학, 제1권** 제1호, pp. 19-37

김남희(2001). 제7차 수학과 교육과정 [7-가] 단계의 변수 개념 지도에 관한 교수학적 논의. **대한수학교육학회지, 수학교육학연구, 제11권** 제1호, pp.67-87.

김남희(2004). 매개변수 개념의 교수 - 학습에 관한 연구. **대한수학교육학회지 수학교육학연구, 제14권** 제3호, pp.305-325.

김승호(1987). 교육의 과정에 있어서 개념의 위치 - 인식의 틀로서의 개념의 성격을 중심으로 -. 교육학 석사 학위 논문, 서울대학교 대학원.

김연식, 우정호, 박영배, 박교식(1995). 수학교육학 용어 해설(3). **대한수학교육학회 논문집, 제5권,** 제2호, pp.227-239.

김응태, 박승안, 오연장, 신현용(1996). **중학교 수학 2.** (주)한샘출판.

김응태, 박한식, 우정호(1984). **수학교육학개론**. 서울대학교 출판부.

김흥기(2001). 제7차 교육과정과 교과서의 문제점. 한국수학교육학회지 시리즈 A, 〈수학교육〉, 제40권 제1호, pp.139-159.

박경미(2000). 중학교 수학교육과정 및 교과서 내용의 양과 난이도 수준 분석. **대한수학교육학회 논문집 수학교육학연구, 제10권** 제1호, pp.35-55.

박교식(1992). 함수 개념 지도의 교수현상학적 접근. 교육학 박사 학위 논문, 서울대학교 대학원.

박규홍 외 7인(2000). **중학교 수학 7-가 교사용지도서**. (주)두레교육.

박규홍 외 7인(2000). **중학교 수학 7-가**. (주)두레교육.

박윤범 외 3인(2000). **중학교 수학 7-가 교사용지도서**. (주)대한교과서.

박윤범 외 3인(2000). **중학교 수학 7-가**. (주)대한교과서.

박두일, 신동선, 강영환(1989). **중학교 수학 1 교사용 지도서**. 교학사.

(1989). **중학교 수학 1**. 교학사.

(1990). **중학교 수학 2**. 교학사.

(1995). **중학교 수학 1** 교사용 지도서. 교학사.

(1995). **중학교 수학 1**. 교학사.
박선화(1993). 개념학습에서 발생하는 인지적 갈등요인에 관한 고찰-개념 정의와 개념 이미지의 관계를 중심으로-. **대한수학교육학회 논문집, 제3권,** 제1호, pp.185-194.
박성택(1996). **초등수학교육**. 교우사.
박을용 外 6인(1995). **수학대사전**. 한국사전 연구사.
박재문(1983). **지식의 구조와 구조주의**. 서울: 형설출판사.
배종수 외 7인(2000). **중학교 수학 7-가 교사용지도서**. 도서출판 한성교육연구소.
배종수 외 7인(2000). **중학교 수학 7-가**. 도서출판 한성교육연구소.
서울특별시교육청(2000). 중학교 교사 연수를 위한 제7차 교육과정 편성과 운영. 서울: 서울특별시교육청.
신항균(2000). **중학교 수학 7-가 교사용지도서**. 형설출판사.
신항균(2000). **중학교 수학 7-가**. 형설출판사.
양승갑 외 6인(2000). **중학교 수학 7-가 교사용지도서**. (주)금성출판사.
양승갑 외 6인(2000). **중학교 수학 7-가**. (주)금성출판사
우정호(1994). H. Freudenthal의 현상학적 수학교육론 연구. **대한수학교육학회 논문집, 제4권,** 제2호, pp.93-128.
우정호(1998). **학교수학의 교육적 기초**. 서울: 서울대학교 출판부.
유현주(1995). 유리수 개념의 교수현상학적 분석과 학습-지도 방향에 관한 연구. 교육학 박사 학위 논문, 서울대학교 대학원.
이성헌(1967). **현대 중학 수학 2**. 동아출판사.
(1969). **현대 중학 수학 1**. 동아출판사.
(1973). **현대 중학 수학 3**. 동아출판사.
이영하 외 3인(2000). **중학교 수학 7-가 교사용지도서**. 교문사.
이영하 외 3인(2000). **중학교 수학 7-가**. 교문사.
이종영(1994). 프로그래밍 맥락에서 변수 개념 지도의 가능성. 교육학 석사 학위 논문, 서울대학교 대학원.
이준열 외 3인(2000). **중학교 수학 7-가 교사용지도서**. (주)도서출판 디딤돌.
이준열 외 3인(2000). **중학교 수학 7-가**. (주)도서출판 디딤돌.
조태근 외 4인(2000). **중학교 수학 7-가 교사용지도서**. (주)금성출판사.
조태근 외 4인(2000). **중학교 수학 7-가**. (주)금성출판사.
조한혁(1991). MAL 언어를 통한 컴퓨터와 수학학습. 서울대학교 수학교육과.

한국교육개발원(1979). **중학교 수학 1.** 문교부.
(1979). **중학교 수학 2.** 문교부.
(1979). **중학교 수학 3.** 문교부.
(1984). **중학교 수학 1.** 문교부.
(1985). **중학교 수학 2.** 문교부.
(1986). **중학교 수학 3.** 문교부.
황석근 · 이재돈(2000). **중학교 수학 7-가 교사용지도서**. 한서출판사.
황석근 · 이재돈(2000). **중학교 수학 7-가. 한서출판사.**
황우형(1993). 한국과 미국학생의 대수 문장제 풀이 비교 연구. **대한수학교육회 논문집, 제3권,** 제2호, pp.105-109.
Arzarello, A.(1991). Procedural and Relational Aspects of Algebraic Thinking. *Proceedings of the fifteenth International Conference for the Psychology of Mathematics Education*, pp.80-95.
Backhouse, J. et al.(1992). *Improving the Learning of Mathematics*. Cassell.
Booth, L. R.(1988). Children's Difficulties in Beginning Algebra. In *The Ideas of algebra K-12*, NCTM 1988 yearbook, pp.20-32.
Burton, L.(1984). Mathematical Thinking: The Struggle for meaning. *Journal of Research in Mathematics Education, 15*(1), pp.35-49.
Clement, J.(1982). Algebra Word Problem Solutions: Through Processes Underlying A Common Misconception. *Journal of Research in Mathematics Education, 13*(1), pp.16-30.
Collis K. F.(1975). *The Development of Formal Reasoning*. Report of a Social Science Research Council. University of Nottingham, Australia: University of NewCastle.
(1974). *Cognitive Development and Mathematics Learning*. paper prepared for PME Workshop, Centre for Science Education, Chelsea Colledge, London, 28 June.
Davis, R. B.(1975). Cognitive Processes Involved in Solving Simple Algebraic Equations. *Journal of Children's mathematical Behavior*, 1(3), pp.7-35.
Davis, R. B., Jockusch, E. and McKnight, C.(1978). Cognitive Processes in Learning Algebra. *Journal of Children's Mathematical Behavior*,

2(1), pp.10-32.

Eicholz, R. E. et al.(1991). *Addison-Wesley Mathematics*(Grade 3∼8). Addison-Wesley.

Eisenberg, T.(1991). Functions and Associated Learning Difficulties. In Tall, D.(Ed), *Advanced Mathematical Thinking*, pp.144-145.

Ericksen, D. E. B.(1988). *Students' Conceptions of Variables and Their Uses for Generalization of Mathematical Patterns*. UMI, AAC 8824840, Michigan State University.

Fisher, K. M.(1988). The Student and Professors Problem Revisited. *Journal of Research in Mathematics Education*, 19(3), pp.260-262.

Fischer, R.(1984). Offene Mathematik und Visualisierung. *mathematica didactica* 7, pp.139-160.

Fouch R. S. & Nichols E. D.(1959). Language Symbolism in Mathematics. In *The growth of mathematical ideas: Grades K-12*, Washington, D. C.: The National Council of Teachers of Mathematics, pp.327-369.

Freudenthal, H.(1973). *Mathematics as an Educational Task*. Reidel, Dordrecht.

(1978). *Weeding and Sowing: Preface to a science of Mathematics Education*. Reidel, Dordrecht.

(1983). *Didactical phenomenology of mathematics structures*. Reidel, Dordrecht.

(1984). The implicit Philosophy of mathematics; History and Education. *Proceedings of the international Congress of Mathematicians*, vol. 2, pp.1695-1709.

(1991). *Revisiting Mathematics Education*. Kluwer Academic Publishers, Dordrecht.

Fujii, T.(1993). A clinical interview on children's understanding and misconceptions of literal symbols in school mathematics. *Proceedings of the seventeenth International Conference for the Psychology of Mathematics Education*, pp.173-180.

Hamley, H. R.(1934). *Relational and Functional Thinking in Mathematics*. New York: The National Council of Teachers of Mathematics.

Hamlyn(1967). The Logical and Psychological Aspects of Learning. In R. S. Peters(ed.)(1973), *The Philosophy of Education*, pp.195-213.

Herscovics, N.(1984). Constructing Meaningful Algebraic Expressions. In Bell, A. et al.(Eds), *Theory, Research & Practice in Mathematical Education*, pp.239-242.

(1989). Cognitive Obstacles Encountered in the Learning Of Algebra. In Wagner, S. and Kieran, C(Eds.), *Research Issues in The Learning and Teaching of Algebra*, The National Council of Teachers of Mathematics, pp.60-86.

Kant(1956). *Kritik der Reinen Vernunft*. Hamburg: Felix Meiner.

Kapadia, R. & Borovcnik, M.(1991). *Chance Encounters: Probability in Education*. Kluwer Academic Publishers, pp.1-26.

Kaput, J.(1979). Mathematics and Learning: Roots and Epistemological Status, In Jack Lochhead and John Clement(Eds.), *Cognitive Process instruction*, Philadelphia: Franklin Institute Press, pp.289-303.

Kieran, C.(1989). The Early Learning of Algebra: A Structural Perspective. In Wagner, S. and Kieran, C.(Eds.), *Research Issues in The Learning and Teaching of Algebra*, The National Council of Teachers of Mathematics, pp.33-56.

(1992). The Learning and Teaching of School Algebra. In *Handbook of Research on mathematics Teaching and learning: A project of NCTM*, pp.390-419.

(1994). A Functional Approach To The Introduction Of Algebra - Some Pros And Cons. *Proceedings of the Eighteenth International Conference for the Psychology of Mathematics Education*, vol.1, pp.157-175.

Küchemann, D. E.(1981). Algebra. In K. M. Hart, M. L. Brown, D. E. Küchemann(Eds.), *Children's understanding of mathematics :11-16*, John Murray, pp.102-119.

Leinhardt, G., Zaslavsky, O., & Stein, M. K.(1990). Functions, Graphs and Graphing: Tasks, Learning and Teaching. *Review of Educational Research*, Vol. 60, No. 1, pp.1-64.

Leitzel, J. R.(1989). Critical Considerations for the Future of Algebra Instruction or Reaction to : “Algebra: What Should We Teach and How Should We Teach It?”. In Wagner, S. and Kieran, C.(Eds.), *Research issues in the Learning and Teaching of Algebra*, Lawrence Erlbaum Associates, The National Council of Teachers of Mathematics, pp.27-32.

Matz, M.(1982). Towards a Process Model for High School Algebra Errors. In Sleeman, D. and Brown, J., S.(Eds.), *Intelligent Tutoring Systems*, Academic Press, pp.25-50.

May, K. O. & Engen, H. V.(1959). Relations and Functions. In *The growth of mathematical ideas: Grades K-12*, Washington, D. C.: The National Council of Teachers of Mathematics, pp.65-73.

NCTM(1989). *Curriculum and Evaluation Standards for School Mathematics*. The National Council of Teachers of Mathematics.

Noss, R.(1986). Constructing a Conceptual Framework for Elementary Through LOGO Programming. *Educational Studies in Mathematics*, Vol.17, pp.335-357.

Polya, G.(1957). *How to solve it*. 2d ed., Princeton, N.J.: Princeton University Press.

Poppe, P. E.(1993). *Representations of Function and The Roles of the Variable*. UMI, AAC 9409911, Georgia State University.

Rosnick, P. C.(1981). Some misconceptions concerning the concept of variable. *Mathematics Teacher*, 74, pp.418-420.

(1982). *The Use of Letters in precalculus Algebra*. UMI, AAC 8219845, University of Massachusetts.

Russell, B.(1960). *An Outline of Philosophy*. Ohio: Meridian Books.

Sakonidis, H. & Bliss, J.(1990). Children's Writing about the Idea of Variable in the Context of a Formula. *Proceedings of the fourteenth International Conference for the Psychology of Mathematics Education*, vol.2, pp.133-140.

Samurcay, R.(1985). Learning Programming : Constructing the Concept of Variable by Beginning Students. *Proceedings of the Ninth*

International Conference for the Psychology of Mathematics Education, Vol. 1, pp.77-82.

Schoenfeld, A. H. & Arcavi, A.(1988). On the meaning of variable. *Mathematics teacher*, 81(6), pp.420-427.

Schwartz, J.(1976). *The semantic Aspects of Quantity*, Technical Report, Massachusetts Institute of Technology, Cambridge

Sfard, A.(1991). On the Nature of Mathematical Conceptions : Reflections on processes and objects as different sides of the same coin. *Educational Studies in Mathematics*, Vol.22, pp.1-36.

Sfard, A. & Linchevski, L.(1994). The Gains and The Pitfalls of Reification - The Case of Algebra. *Educational Studies in Mathematics*, Vol.26, pp.191-228.

Shutherland, R.(1987). What are the Links between Variables in LOGO and Variables in Algebra?. *Recherches en Didactique des Mathematiques*, Vol.8.

(1989). Providing a computer-based framework for algebraic thinking. *Educational Studies in Mathematics*, Vol.20, No.3, pp.317-344.

(1991), Some Unanswered Research Questions on the Teaching and Learning of Algebra. *For the Learning of Mathematics*, Vol.11, No.3, pp.40-46.

Skemp, R. R.(1971). Problem Solving in Mathematics. In *The Psychology of Learning Mathematics*, Lawrence Erlbaum Associates, pp.227-228.

(1982). Understanding the Symbolism of Mathematics. Title of special issue: *Visible Language*, 16(3).

(1989). *Mathematics in the Primary School*. London: Routledge.

Smith, K. J. (1994). Mathematics, Brooks/Cole.

Tall, D.(1989). Different Cognitive Obstacles in a Technological Paradigm or Reaction to : "Cognitive Obstacles Encountered in the Learning Of Algebra". In Wagner, S. and Kieran, C.(Eds.), *Research issues in the Learning and Teaching of Algebra*, The National Council of Teachers of Mathematics, pp.87-92.

Tall, D. & Thomas, M.(1991). Encouraging Versatile Thinking in Algebra Using the Computer. *Educational Studies in Mathematics*, Vol.22, pp.125-147.

Tonnessen, L.(1980). *Measurement of the Levels of Attainment by Colledge Mathematics Students of the Concept Variable*. Ph. D. dissertation, University of Wisconsin, Madison.

Usiskin, Z.(1988). Conceptions of School Algebra and Uses of Variables, In *The Ideas of algebra K-12*, NCTM 1988 yearbook, pp.8-19.

van Hiele, P. M.(1986). *Structure & Insight: A Theory of Mathematics Education*. Academic Press.

Vinner, S. & Drefus, T.(1989). Images and Definitions for the Concept of Function. *Journal of Research in Mathematics Education*, 20(4), pp.356-366.

Wagner, S.(1979). Mathematical variables and Verbal variables: An Essential Difference. *Proceedings of the third International Conference for the Psychology of Mathematics Education*, pp.215-216.

(1981). Conservation of Equation and Function under Transformations of variable. *Journal of Research in Mathematics Education*, 12, pp.107-118.

(1983). What are these things variables?. *Mathematics Teacher*, Vol.76, No.7, pp.474-479.

Wagner, S. & Parke, S.(1993). Advancing Algebra, In Wilson, P. S.(Ed), *Research Ideas for the Classroom/High School Mathematics*, Macmillan Publishing Company, The National Council of Teachers of Mathematics, pp.119-139.

찾아보기

[용어]

【ㅁ】

【ㅂ】

【ㅅ】

■ 김남희
서울대 사범대학 수학교육과 이학사
서울대 대학원 수학교육과 교육학 석사·박사
서울 문성중, 난곡중, 대전 전자고 교사
현재 전주대학교 사범대학 수학교육과 부교수

저서 및 역서

예비 교사를 위한 교직 논술(2009, 도서출판 역락, 공저)
학교수학과 교구(2008, 경문사)
수학교육에서의 컴퓨터 활용(2008, 경문사, 공저)
수학교육과정과 교재연구(2006, 경문사, 공저)
수학교육학연구방법론(2006, 경문사, 공저)
수학적 발견(1)(2)(2005, 경문사, 공역)
Grafeq. 프로그램을 이용한 수학디자인, 그리고 생활의 발견(2005, (주)수학사랑)
미적분학(2002, 경문사, 공저)
초등수학학습지도의 이해(1999, 양서원, 공역)

수학교육학총서시리즈 Ⓑ 수학교육과정론 1
변수 개념의 분석 및 교수-학습

지은이 김남희
펴낸이 박문규
펴낸곳 경문사
펴낸날 2009년 6월 20일 1판 1쇄
등 록 1979년 11월 9일 제9-9호
주 소 121-818, 서울특별시 마포구 동교동 184-17
전 화 (02)332-2004 팩스 (02)336-5193
E-mail kms2004@kyungmoon.com

값 12,000원

ISBN 978-89-7282-997-3
ISBN 978-89-7282-723-1(세트)

★ 경문사 홈페이지에 오시면 즐거운 일이 생깁니다.
http://www.kyungmoon.com